证券业从业人员一般从业资格考试辅导教材（2021—2022）

《金融市场基础知识》模拟试卷

证券从业资格考试辅导教材编写组　编

电子阅读

中国财经出版传媒集团
中国财政经济出版社

图书在版编目（CIP）数据

《金融市场基础知识》模拟试卷 / 证券从业资格考试辅导教材编写组编. --北京：中国财政经济出版社，2021.9

证券业从业人员一般从业资格考试辅导教材. 2021-2022

ISBN 978-7-5223-0782-4

Ⅰ.①金… Ⅱ.①证… Ⅲ.①金融市场-资格考试-习题集 Ⅳ.①F830.9-44

中国版本图书馆CIP数据核字（2021）第184035号

责任编辑：贾延平　　责任校对：张　凡

封面设计：中通世奥　　责任印制：刘春年

《金融市场基础知识》模拟试卷

《JINRONG SHICHANG JICHU ZHISHI》MONI SHIJUAN

中国财政经济出版社 出版

URL：http：//www.cfeph.cn

E-mail：cfeph@cfeph.cn

社址：北京市海淀区阜成路甲28号　邮政编码：100142

营销中心电话：010-88191522

天猫网店：中国财政经济出版社旗舰店

网址：https：//zgczjjcbs.tmall.com

北京时捷印刷有限公司印刷　各地新华书店经销

成品尺寸：185mm×260mm　16开　17印张　355 000字

2021年9月第1版　2021年9月北京第1次印刷

定价：52.00元

ISBN 978-7-5223-0782-4

（图书出现印装问题，本社负责调换，电话：010-88190548）

本社质量投诉电话：010-88190744

打击盗版举报热线：010-88191661　QQ：2242791300

编写说明

“证券业从业人员一般从业资格考试辅导教材（2021—2022）”一套四种，对应“金融市场基础知识”和“证券市场基本法律法规”两门考试科目。“冲刺题库”和“模拟试卷”两类辅导教材，旨在帮助读者梳理、掌握应对证券资格考试和从事证券业务应知的金融市场基础知识和法律法规，为参加资格考试和证券行业执业的考生和读者提供重要参考。

“冲刺题库”一套两种，辅导内容各章节与教材章节一一对应，以教材、大纲为蓝本，以考试重点、难点、考点为主线，就每章知识点、考点和难点设计了近上千道试题，涵盖教材绝大部分内容。试题量大，题型全面，内容的系统性、难易度与实际考试接近。另外，对于易错、易混的题，都给出了详细的答案与解题思路。

“模拟试卷”一套两种，以实际考试为参考，题型、题量、题分及难易程度等与实际考试基本类似，希望考生能在规定的时间内完成，以熟悉考试进程，合理安排时间，并可对自身弱点进行针对性学习。

本套辅导教材，可以帮助考生理解和把握考试大纲所要求的需要掌握和熟悉的内容，加深知识点的记忆，引导考生准确理解教材的相关内容，对于全社会各界参加证券业从业资格考试的考生、对于参加其他相关专业人员来说，本套辅导书具有较高的参考价值。

“电子阅读”：为方便考生熟悉考试场景，提升应试和实操能力，本套辅导教材的“冲刺题库”和“模拟试卷”均配套了“电子阅读”学习平台，方便读者和考生在碎片化的时间里利用手机、ipad等电子产品随时随地提高知识储备量。平台内容实时更新、云端同步，“教、学、练、考”有机结合，能达到事半功倍的备考效果。购买“冲刺题库”和“模拟试卷”辅导教材的读者可扫描扉页的“电子阅读”二维码访问、注册，并根据网页提示激活相关权限。注意，此二维码只能用一个手机号领用一次，可重复登陆。

“中财培训”：为帮助考生梳理易错易混的知识点，巩固知识点，讲解考点和难点，突破考试瓶颈，本套辅导教材配套了线上“中财培训”学习平台，就“金融市场基础知识”和“证券市场基本法律法规”两个考试科目往年试题分析和教材疑难解析进行线上培训，读者可以扫描本书封底“中财培训”二维码，进入相关学习界面，选择学习章节解读等更多升值、增值视频资料。

由于编写时间紧迫，书中难免有不足、疏漏和错误之处，恳请广大读者海涵并指正。有关本套辅导教材的勘误，也可扫描“电子阅读”二维码访问，以了解最新勘误情况。

再次感谢广大读者的支持与理解。

证券从业资格考试辅导教材编写组

2021 年 9 月

目　　录

目 录

《金融市场基础知识》模拟试卷（一）

一、选择题（共50题，每题1分，共50分。以下各选项中，只有一项符合题目要求，不选、错选均不得分）

1. 纽约证券交易所（NYSE）和 NYSE America 采用数量较少的指定做市商。截至2021年5月，纽约证券交易所有3家指定做市商，NYSE American 有（　　）家电子化指定做市商。

A. 2　　　　B. 3

C. 4　　　　D. 5

2. 下列关于不同融资方式的说法错误的是（　　）。

A. 股票市场融资无须退还本金，售出的股票只能转让，能退股，保证收益，但如果企业盈利，股票持有人享受企业盈余的分配权

B. 债券市场融资是政府、金融机构或企业通过发行债权债务凭证来获得资金融通的一种方式

C. 尽管风险投资领域存在高风险，但其高收益的特性吸引了众多资金的投入

D. 商业信用融资是企业在商品交易过程中货物与资金交付在时间、空间上分离而产生的

3. 以下关于各种经济理论对货币政策的传导机制的选项正确的是（　　）。

A. 货币政策的作用过程，先是通过货币供应量的变动影响利率水平，再经过利率水平的变动改变投资活动水平，最后导致收入和产出水平的变动。其基本思路可以表示为：货币供应量↓→实际利率↓→投资↑→总产出↓

B. 当扩张性货币政策引起货币（准备金和存款）增加时，银行的可贷资金也相应增加，对银行信贷比较依赖的企业的筹资额度也会扩大，这会刺激企业的投资支出，最终会扩大社会总产出。银行信贷渠道的运行机制可表示为：货币供应量↓→银行存款和贷款↓→投资↑→总产出↑

C. 托宾 q 理论认为货币政策可以通过股票价值来影响经济活动，其提出的资产价格传导机制可以表示为：货币供应量↓→股价↑→托宾 q↑→投资↑→总产出↑

D. 本币贬值会促进本国商品出口，抑制外国商品进口，从而使净出口增加，最终

导致总需求和总产出增加。汇率传导机制可表示为：货币供应量↑→实际利率↓→汇率↓→净出口↑→总产出↑

4. 以下关于资本市场的说法错误的是（　　）。

A. 中央银行货币政策的首要目标就是稳定物价，将一般物价水平控制在一定范围以内，以防止通货膨胀

B. 一般来说，存款准备金作为货币政策工具，只有在准备率调整幅度很大时，才会引起货币供应量的巨大波动

C. 再贴现政策是中央银行通过直接调整或制定对合格票据的贴现利率，来干预和影响市场利率，从而调节货币供应量的政策措施

D. 利用再贴现这一工具时，中央银行处于被动的地位，即再贴现政策的效果取决于商业银行或其他金融机构对该措施的反应

5. 以下关于证券金融公司的说法不正确的是（　　）。

A. 证券金融公司应当建立合规管理机制，保证公司的经营管理及工作人员的执业行为合法合规，可以为他人的债务提供担保

B. 证券金融公司对转融通担保证券账户内记录的证券，由证券金融公司以自己的名义行使对证券发行人的权利

C. 证券金融公司应当自每一会计年度结束之日起 4 个月内，向中国证监会报送年度报告。年度报告应当包含按照规定编制并经符合《证券法》规定的会计师事务所审计的财务会计报告

D. 除用于履行法定职责和维持公司正常运转外，证券金融公司的资金只能用于银行存款，购买国债、证券投资基金份额等经中国证监会认可的高流动性金融产品，购置自用不动产以及中国证监会认可的其他用途

6. 证券发行人不包括（　　）。

A. 政府及其机构　　B. 企业（公司）

C. 金融机构　　D. 自然人

7. 下列关于金融风险的说法错误的是（　　）。

A. 金融风险的扩散性是指由于金融机构之间存在复杂的债权债务关系，一家金融机构出现危机可能导致多家金融机构接连倒闭的“多米诺骨牌”现象

B. 金融风险的加速性是指一旦金融机构出现经营困难，就会失去信用基础，甚至出现挤兑风潮，这样会加速金融机构的倒闭

C. 金融风险的确定性是指金融风险的发生需要一定的经济条件或非经济条件，而这些条件在风险发生前都是有一定确定性的

D. 金融风险的可管理性是指通过金融理论的发展、金融市场的规范、智能性的管理媒介，金融风险可以得到有限的预测和控制

8. 下列关于风险与金融机构的说法错误的是（　　）。

A. 金融机构的本质是承担和经营风险的企业

B. 风险管理是金融机构的核心竞争力

C. 金融机构不可以从单个项目上规避风险

D. 对金融机构而言，风险可以被视为一种商业经营的资源

9. 下列关于风险管理的组织架构中说法正确的是（　　）。

A. 首席风险官可以兼任或者分管与其职责相冲突的职务或者部门

B. 风险管理部门和合规部门是第三道风险防线

C. 证券公司董事会承担全面风险管理的最终责任

D. 董事会可授权其下设的风险管理相关专业委员会履行其全面风险管理的最终职责

10. 下列关于风险偏好和限额的说法错误的是（　　）。

A. 风险偏好为企业在追求战略和业务目标过程中对风险的态度，包括愿意承担的风险的种类、大小、数量、以何种方式承担，以及为了增加每一分盈利愿意多承担多少风险等

B. 风险偏好是战略性的，通常以定性描述为主；风险容忍度是风险偏好的具体体现，是对风险偏好的进一步量化和细化

C. 限额管理体现了风险管理是一种事后管理

D. 限额是根据 RAROC 最大化原则设定的，鼓励不同层级的经营机构在“资本、风险、收益”之间寻求平衡

11. 以下关于我国证券公司风险管理体系建立与发展的说法错误的是（　　）。

A. 监管机构对证券公司的监管框架是行业风险管理发展的主动力

B. 自律组织的建章立制是行业风险管理发展的主动力

C. 市场的大幅波动是券商重视并提高风险管理能力的加速器

D. 净资本或资本充足率是当前海外证券业风控的主要核心指标

12. 下列关于信用衍生产品交易的说法错误的是（　　）。

A. 信用风险可以在业务中从其他风险（如利率风险和汇率风险等）中分离出来被单独交易和转让

B. 信用保护的出售方在承担信用风险时并不要求资金投入，除非合同中指定的信用事件发生

C. 融资的提供和风险的承担不分离，既保护购买者提供融资，也承担信用风险，而保护的提供方不承担信用风险，不提供融资

D. 信用衍生产品交易和由此而发生的信用风险转移并不影响基础交易的借贷关系

13. 下列关于股票的性质，说法正确的是（　　）。

A. 物权证券　　B. 债权证券

C. 证权证券　　D. 权证证券

14. 下列关于股票的特征，说法正确的是（　　）。

A. 股票具有流动性，所有股票都具有相同的流动性

B. 股票具有永久性，但在公司存续期间是不稳定的自有资本

C. 股票具有风险性，股票风险的内涵是股票投资收益的不确定性

D. 股票具有收益性，其收益来源是来自股份公司的分红

15.（　　）属于特别股票的一种，常被政府用以保持对私有化国有企业的控制。

A. 普通股　　B. 优先股

C. 金股　　D. 银股

16. 除了（　　）以外，其他持有者不具有股东资格。

A. 记名股东　　B. 认购股东

C. 注册股东　　D. 登记股东

17. 股东大会召开前（　　）日内或者公司决定分配股利的基准日前5日内，不得进行股东名册变更登记。

A. 15　　B. 20

C. 30　　D. 40

18. 某公司拟上市发行股票，已知股票每股面额为10元，按照我国《公司法》要求，该公司的股票发行价格不能是（　　）元。

A. 10　　B. 5

C. 20　　D. 30

19. 人民币特种股是指（　　）。

A. A股　　B. B股

C. H股　　D. S股

20.（　　）是指股份公司以现金分红方式将盈余公积和当期应付利润的部分或全部发放给股东。

A. 现金股利　　B. 股票分割

C. 股票股利　　D. 配股

21. 股票股利，也被称为送股，送股后，股东持有的股份数量因此而增长，股东在公司中占有的权益比例和账面价值（　　）。

A. 增加　　B. 减少

C. 不变　　D. 先增加后减少

22. 股份公司向不特定对象公开募集股份的行为是（　　）。

A. 增发　　B. 定向增发

C. 配股　　D. 股份回购

23. 以下不属于普通股股东享有的权利是（　　）。

A. 公司重大决策参与权　　B. 税前资产收益权

C. 剩余资产分配权　　D. 优先认股权

24. 股东不能以（　　）资产出资。

A. 现金　　B. 土地使用权

C. 股票　　D. 特许经营权

25. 下列关于优先股和债券的说法错误的是（　　）。

A. 两者的根本区别在于其法律属性不同

B. 优先股没有到期的概念

C. 优先股的股息收益不确定性大于债券

D. 优先股的股息和债券的利息都来自税后利润

26. 财政部会同中国人民银行以（　　）为周期，分别调整各承销团成员储蓄国债（电子式）基本代销额度比例和储蓄国债（凭证式）代销额度比例。

A. 半年　　B. 一年

C. 两年　　D. 三个月

27. 以下关于我国企业债券的说法错误的是（　　）。

A. 企业债券的发行主体可以是股份有限公司和有限责任公司，也可以是尚未改制为公司制的企业法人，也包括上市公司

B. 企业债券的发行由核准制改为注册制

C. 企业债券募集资金用途主要限制在固定资产投资和技术革新改造方面，并与政府部门审批的项目直接相连

D. 企业债券的发行期限一般为3—20年，以10年为主

28. 以下关于我国公司债券的说法错误的是（　　）。

A. 公司债券的发行主体的范围已经扩大至所有公司制法人

B. 公司债券的发行由核准制改为注册制

C. 公司债券的募集资金用途强制与项目挂钩

D. 公司债券的发行期限一般为3—10年，以5年为主

29. 企业债券的定价存在利率限制，要求发债利率不高于同期银行存款利率的（　　）。

A. 20%　　B. 30%

C. 40%　　D. 50%

30. 2020年，中资美元债一级市场共发行628期，同比下降3.4%，发行规模达到2073.7亿美元，同比小幅下降2.6%。从发行主体的行业分布来看，2020年中资美元债发行仍集中在（　　）三大板块。

A. 金融、房地产、城投　　B. 金融、房地产、科技

C. 金融、科技、城投　　D. 金融、房地产、军工

31. 在现行多种价格的公开招标方式下，每个承销商的中标价格与财政部按市场情

况和投标情况确定的发售价格是有差异的。如果按发售价格向投资者销售国债，承销商就可能发生亏损，因此，在现行公开招标方式下，国债的销售价格是（　　）。

A. 以面值出售　　B. 以财政部统一价格出售

C. 以中国人民银行统一价格出售　　D. 承销商在发行期内自定销售价格

32. 以下属于债券兑付方式的是（　　）。

A. 息票方式　　B. 折扣利息

C. 本息合一　　D. 债券替换

33. 以下属于债券利息支付方式的是（　　）。

A. 息票方式　　B. 分期兑付

C. 提前兑付　　D. 债券替换

34. 关于国际开发机构人民币债券的发行与承销，下面说法错误的是（　　）。

A. 财政部对人民币债券发行利率进行管理

B. 中国人民银行对人民币债券发行利率进行管理

C. 国家外汇管理局负责对人民币债券发行和偿还有关的外汇专用账户及相关购汇、结汇进行管理

D. 在中国境内申请发行人民币债券需要报国务院同意

35. 询价交易方式下，报价包括（　　）。

A. 公开报价、对话报价

B. 公开报价、对话报价、双边报价和小额报价

C. 公开报价和小额报价

D. 双边报价和小额报价

36. 债券种类很多，依据不同的标准会有不同的分类。其中，按（　　）分类，可以将债券分为政府债券、金融债券和公司债券。

A. 付息方式　　B. 债券形态

C. 发行主体　　D. 发行方式

37. 证券公司发行短期融资券实行余额管理，待偿还短期融资券余额不超过净资本的（　　），在此范围内，证券公司自主确定每期短期融资券的发行规模。

A. 40%　　B. 50%

C. 60%　　D. 70%

38. 中国银行间市场交易商协会负责受理企业债务融资工具的发行注册。交易商协会不接受注册的，企业可于（　　）后重新提交注册文件。

A. 1 个月　　B. 3 个月

C. 6 个月　　D. 12 个月

39. 证券投资基金主要以（　　）等具有较好流动性的金融证券为投资对象。

A. 股票、债券　　B. 未上市公司股权

C. 大宗商品　　D. 衍生品

40. 根据基金投资对象的不同，可以将投资基金分为（　　）。

A. 证券投资基金与另类投资基金　　B. 公募基金与私募基金

C. 契约型基金与公司型基金　　D. 股票基金与债券基金

41. 基金评价机构是指从事对基金管理人、基金绩效进行评价、排名、评级、评奖活动的机构。基金评价机构从事公募基金评价业务并以公开形式发布基金评价结果的，应（　　）向申请注册。

A. 中国证券投资基金业协会　　B. 中央银行

C. 中国证券业协会　　D. 中国保监会

42. 召开基金份额持有人大会的，召集人应当至少提前（　　）日在指定报刊和指定网站上公告基金份额持有人大会的召开时间、会议形式、审议事项、议事程序和表决方式等事项。

A. 5　　B. 10

C. 15　　D. 30

43. 为了保护基金投资者的利益，世界上不同国家和地区都对基金活动进行严格的监督管理，我国的监督管理机构是（　　）。

A. 中国证监会　　B. 中央银行

C. 基金业协会　　D. 证券交易所

44. 对固定净值型货币基金而言，基金份额价格固定为（　　）元人民币，投资者在申购、赎回货币基金时，按（　　）进行申购、赎回。

A. 1　固定价格　　B. 10　固定价格

C. 1　变动价格　　D. 10　变动价格

45. 基金管理费率通常与基金规模成（　　），与风险成（　　）。

A. 反比　正比　　B. 反比　反比

C. 正比　反比　　D. 正比　正比

46. 关于封闭式基金的交易，下列说法错误的是（　　）。

A. 封闭式基金的交易遵从“价格优先、时间优先”的原则

B. 价格优先指较高价格买进申报优先于较低价格买进申报

C. 较低价格的卖出申报落后于较高价格的卖出申报

D. 时间优先指买卖方向相同、申报价格相同的，先申报者优先于后申报者，先后顺序按照交易主机接受申报的时间确定

47. 关于私募基金的募集管理，下列说法中正确的是（　　）。

A. 在向投资者推介私募基金之前，募集机构应当采取问卷调查等方式履行特定对象确定程序

B. 投资者应当以书面或者其他方式承诺其符合合格投资者标准

C. 投资者的评估结果有效期最长不得超过5年

D. 募集机构应当委托第三方机构对私募基金进行风险评级

48.（　　）主要投资于收益稳定、价值被低估、安全性较高的股票；（　　）主要投资于收益增长速度快、未来发展潜力大的股票；同时投资于价值型股票和成长型股票的基金是（　　）。

A. 价值型股票基金　成长型股票基金　平衡型股票基金

B. 成长型股票基金　价值型股票基金　平衡型股票基金

C. 平衡型股票基金　价值型股票基金　成长型股票基金

D. 价值型股票基金　平衡型股票基金　成长型股票基金

49. 私募基金管理人、私募基金销售机构及其从业人员在私募基金募集过程中可以直接或间接存在下列行为（　　）。

A. 通过报刊、电台、电视、互联网等公众传播媒体，讲座、报告会、分析会等方式，布告、传单、短信、即时通信工具、博客和电子邮件等载体，向不特定对象宣传推介

B. 通过设置特定对象确定程序的官网、客户端等互联网媒介向合格投资者进行宣传推介

C. 口头、书面或者通过短信、即时通信工具等方式直接或者间接向投资者承诺保本保收益，包括投资本金不受损失、固定比例损失或者承诺最低收益等情形

D. 夸大、片面宣传私募基金，包括使用安全、保本、零风险、收益有保障、高收益、本金无忧等可能导致投资者不能准确认识私募基金风险的表述，或者向投资者宣传预期收益率、目标收益率、基准收益率等类似表述

50. 关于私募基金的募集，下列说法正确的是（　　）。

A. 私募基金募集完毕，私募基金管理人应当按照规定到基金业协会履行备案手续

B. 私募基金管理人可以管理未备案的私募基金

C. 基金合同应当约定给投资者设置不少于48小时的投资冷静期

D. 募集机构应当在投资冷静期满后，制定本机构从事销售推介业务的人员以录音电话、电邮、信函等适当方式进行投资回访

二、组合型选择题（共50题，每题1分，共50分。以下各选项中，只有一项符合题目要求，不选、错选均不得分）

51. 下列不属于场外交易市场的有（　　）。

①期货交易所　　②证券交易所

③黄金市场　　④拆借市场

A. ①②　　B. ②④

C. ②③　　D. ①③

52. 以下属于一般性货币政策工具的有（　　）。

①存款准备金制度　　②再贴现政策

③公开市场业务　　④中期借贷便利（MLF）

A. ①②③　　B. ②③④

C. ①②④　　D. ①②③④

53. 我国金融监管体制的演变的阶段顺序正确的是（　　）。

①“一行三会”体制成型阶段　　②分业监管起步阶段

③中国人民银行集中统一监管阶段　　④“一委一行两会”阶段

A. ④①②③　　B. ③②①④

C. ①③②④　　D. ①②③④

54. 下列属于我国黄金市场特点的有（　　）。

①市场架构比较完整　　②参与主体类型多样

③与实体经济和黄金产业密切关联　　④投资与风险分散功能进一步得到发挥

A. ①②③　　B. ①②④

C. ①③④　　D. ①②③④

55. 2019 年 9 月 10 日，国家外汇管理局决定取消合格境外机构投资者和人民币合格境外机构投资者投资额度限制，包括（　　）。

①取消 QFII 和 RQFII 投资额度限制

②明确不再对单家合格境外投资者的投资额度进行备案和审批

③取消合格境外投资者投资额度限制

④取消 RQFII 试点国家和地区限制

A. ①②③　　B. ②③④

C. ①③④　　D. ①②③④

56. 下列有关对基金管理公司的资格认定的说法正确的有（　　）。

①净资产不少于 2 亿元人民币

②经营证券投资基金管理业务达 2 年以上

③最近一个季度末资产管理规模不少于 200 亿元人民币或等值外汇资产

④净资本不低于 8 亿元人民币

A. ①②③　　B. ②③④

C. ①②④　　D. ①②③④

57. 下列有关证券金融公司的说法正确的有（　　）。

①证券金融公司的组织形式为股份有限公司，根据国务院的决定设立，其注册资本不少于人民币 60 亿元

②根据《转融通业务监督管理试行办法》，证券金融公司的注册资本应当为实收资本，其股东应当用货币出资

③我国证券金融公司以营利为目的，有稳定的营业收入和利润

④证券金融公司是连接资本市场和货币市场的载体，作为证券公司的资金供给者，可以从货币市场吸取资金进入资本市场

A. ①②③　　B. ②③④

C. ①②④　　D. ①②③④

58. 按政策标准，机构投资者可以分为（　　）。

①一般机构投资者　　②金融机构投资者

③战略投资者　　④非金融机构投资者

A. ①②　　B. ②④

C. ①④　　D. ①③

59. 关于市场风险因素的不同，市场风险的划分类型包括（　　）。

①利率风险　　②外汇风险

③股票价格风险　　④商品风险

A. ①②③　　B. ②③④

C. ①②④　　D. ①②③④

60. 下列有关信用风险的说法正确的有（　　）。

①专家系统是依赖高级信贷人员和信贷专家自身的专业知识技能和丰富的经验，运用各种专业性分析工具，在分析评价各种关键要素基础上依据主观判断来综合评定信用风险的分析系统

②5Cs系统是指品德（Character）、资本（Capital）、还款能力（Capacity）、抵押（Collateral）、经营环境（Condition）

③金融机构的内部评级体系既包括评级体系的设计，即等级设置、等级标准和等级所反映的风险特征等，又包括评级方法、手段和过程，即定量方法和专家分析的结合、所要考虑的风险因素和评级及复议过程的激励和控制等

④信用风险不可以在业务中从其他风险（如利率风险和汇率风险等）中分离出来被单独交易和转让

A. ②③④　　B. ①②③

C. ①②④　　D. ①②③④

61. 风险管理策略，是指金融机构面临风险时可以选择采用的应对方法，以下属于风险管理策略的有（　　）。

①风险规避策略　　②风险控制策略

③风险分散策略　　④风险转移策略

A. ①②③　　B. ②③④

C. ①②④　　D. ①②③④

62. 现代风险管理是一种全面的风险管理，以（　　）为总体目标。

①企业的股东价值增长　②社会价值增长

③企业管理人员的价值增长　④企业债权人的价值增长

A. ①②　B. ③④

C. ①③　D. ②④

63. 证券公司的风险管理从无到有、从简单到全面，大致经历了三个发展阶段，下列说法正确的有（　　）。

①20 世纪 90 年代初期行业兴起到 2004 年，证券公司以经纪业务为主，二级市场的股票投资和投资银行的 IPO 承销业务逐步扩大

②2005 年至 2012 年，综合治理推动行业完善治理结构和内控体系，延伸风险管理的范围，提高合规风险和操作风险的管控能力

③2013 年至今，全面风险管理规范的出台标志着证券公司风险管理进入全面风险管理体系建设阶段

A. ①③　B. ②③

C. ①②　D. ①②③

64. 采用公开发行的有利之处在于（　　）。

①股票发行的数量多

②筹集资金的潜力大

③投资者范围大

④可避免发行的股票过于集中或被少数人操纵

⑤公开发行可增强股票的流动性

⑥有利于提高发行人的社会信誉

A. ①②③④⑥　B. ①②③⑤⑥

C. ②④⑤　D. ①②③④⑤⑥

65. 一般情况下，股票公开发行以承销为主，承销方式有（　　）。

①包销　②代销　③转销

A. ①　B. ②

C. ①②　D. ①②③

66. 在我国，按投资主体的不同性质，可以将股票划分为（　　）等不同类型。

①国家股　②法人股

③社会公众股　④普通股

⑤外资股

A. ①③⑤　B. ①②③④⑤

C. ①②③⑤　D. ①②③④

67. 优先股股东在（　　）情况下具有表决权。

①公司对与优先股股东利益切身相关的重大事项进行表决时

②公司长期未按约定分配股息时

③公司发行新普通股时

A. ①　　B. ②

C. ①②　　D. ①②③

68. 有下列（　　）情形之一的，应当在两个月内召开临时股东大会。

①董事人数不足《公司法》规定人数或者公司章程所定人数的 2/3 时

②公司未弥补的亏损达实收股本总额 1/3 时

③单独或者合计持有公司 5% 以上股份的股东请求时

④董事会认为必要时

⑤监事会提议召开时

A. ①②③④　　B. ①②③⑤

C. ①②④⑤　　D. ①②③④⑤

69. 下列属于无面额股票特点的是（　　）。

①发行或转让价格较灵活

②便于股票分割

③转让相对简便

A. ①③　　B. ①

C. ①②　　D. ②

70. 股票的相对估值方法中，“可比公司价值/可比公司某种指标”被称为倍数，常用的倍数包括（　　）。

①市盈率倍数法

②企业价值/息税前利润倍数法

③市净率倍数法

④企业价值/息税折旧摊销前利润倍数法

A. ①③　　B. ①②③④

C. ①②　　D. ①②③

71. 下列选项中影响股票投资价值的内部因素有（　　）。

①净资产　　②盈利水平

③股利政策　　④股份分割

⑤并购重组

A. ①③⑤　　B. ①②③④⑤

C. ①②③　　D. ①②③④

72. 股票投资分析方法中基本分析主要包括（　　）内容。

①宏观经济分析　　②行业和区域分析

③公司分析　　④风险管理投资分析

A. ①③　　B. ①②③④

C. ①②　　D. ①②③

73. 影响股价变动的基本因素有（　　）。

①公司经营状况

②行业与部门因素

③宏观经济与政策因素

④政治及其他不可抗力的影响

A. ①③　　B. ①②③④

C. ①②　　D. ①②③

74. 股票的价值包括（　　）。

①票面价值　　②账面价值

③清算价值　　④内在价值

A. ①③　　B. ①②③④

C. ①②　　D. ①②③

75. 投资者参与科创板股票交易，具体交易方式包括（　　）。

①竞价交易　　②盘后固定价格交易

③大宗交易　　④申报交易

A. ①③　　B. ②③④

C. ①②　　D. ①②③

76. 下列关于我国企业债券与公司债券的说法正确的有（　　）。

①实践中企业债券相对较多地采取了担保的方式；公司债券市场大部分是无担保信用债

②企业债券发行市场包括银行间债券市场和证券交易所市场；公司债券发行市场仅为证券交易所市场

③公司债券的定价存在利率限制，要求发债利率不高于同期银行存款利率的40%；企业债券的发债利率没有明确的限制，由发行人和保荐人通过市场询价确定

④企业债券的发行期限一般为3—20年，以10年为主；公司债券的发行期限一般为3—10年，以5年为主

A. ①②③④　　B. ①②③

C. ②③④　　D. ①②④

77. 下列关于国际债券的说法正确的有（　　）。

①国际债券是指一国借款人在国际证券市场上以本国货币为面值、向外国投资者发行的债券

②相比国内债券，国际债券存在汇率风险

③国际债券有国家主权保障

④国际债券以自由兑换货币作为计量货币

A. ①②③④　　B. ①②③

C. ②③④　　D. ①②④

78. 国际债券在国际市场上发行，因此，其计价货币往往是国际通用货币，一般以（　　）为主。

①美元　　②英镑

③欧元　　④日元

⑤瑞士法郎　　⑥人民币

A. ①②③④⑤⑥　　B. ①②③④⑤

C. ②③④⑤⑥　　D. ①②③④

79. 下列关于债券的说法正确的有（　　）。

①债券属于有价证券　　②债券是一种真实资本

③债券代表债券投资者的权利　　④债券是债权的表现

A. ①②③④　　B. ①②③

C. ②③④　　D. ①③④

80. 债券作为证明债权债务关系的凭证，一般以有一定格式的票面形式来表现。通常，债券的票面要素包括（　　）。

①票面价值　　②到期期限

③票面利率　　④发行者名称

⑤发行日期

A. ①②③④⑤　　B. ①②③

C. ①②③④　　D. ①③④⑤

81. 关于债券的到期期限，下列说法正确的有（　　）。

①债券到期期限是指债券从发行之日起至清偿本息之日止的时间

②债券到期期限是债券发行人承诺履行合同义务的全部时间

③各种债券的偿还期限都是相同的

④习惯上有短期债券、中期债券和长期债券之分

A. ①②④　　B. ①②③

C. ②③④　　D. ①③④

82. 以下（　　）是发行公募债券的主体。

①政府机构

②地方公共团体

③符合规定条件的私营企业

④金融机构

A. ①②④　　B. ①②③

C. ②③④　　D. ①③④

83. 下列关于债券和股票的说法正确的有（　　）。

①股票和债券一样，到期时都需要债务人支付本息

②债券通常有票面利率，意味着可获得固定的利息

③股票的股息红利不确定，视公司经营情况而定

④股票风险较大，债券风险较小

A. ①②④　　B. ①②③

C. ②③④　　D. ①③④

84. 下列关于流通国债的特征，说法正确的有（　　）。

①投资者可以自由认购

②投资者可以自由转让

③通常记名

④转让价格取决于对该国债的供给与需求

A. ①②④　　B. ①②③

C. ②③④　　D. ①③④

85. 资产证券化交易比较复杂，涉及的当事人较多。关于相关当事人在证券化过程中具有的重要作用，说法正确的有（　　）。

①资产证券化的发起人是资产证券化的起点

②特殊目的机构是介于发起人和投资者之间的中介机构，是资产支持证券的真正发行人

③可以证券化的资产都属于优质资产，发行前不需要经过评级机构的信用评级

④受托人托管资产组合以及与之相关的一切权利，代表投资者行使职能

A. ①②④　　B. ①②③

C. ②③④　　D. ①③④

86. 下面关于地方政府债券的发行与承销，说法错误的有（　　）。

①地方政府债券只能由财政部代理发行

②地方政府债券只能自行发行

③地方政府债券只能由中国人民银行代理发行

④地方政府债券有财政部代理发行和自行发行两种方式

A. ①②④　　B. ①②③

C. ②③④　　D. ①③④

87. 债券所规定的借贷双方的权利义务关系包括的含义有（　　）。

①发行人是借入资金的经济主体

②投资者是出借资金的经济主体

③发行人必须在约定的时间付息还本

④债券反映了发行者和投资者之间的债权债务关系，而且是这一关系的法律凭证

A. ①②④　　B. ①②③④

C. ②③④　　D. ①③④

88. 关于证券投资基金与股票、债券的区别与联系，下列说法错误的有（　　）。

①反映的经济关系相同

②筹集资金的投向相同

③收益风险水平不同

A. ①②　　B. ②③

C. ①③　　D. ①②③

89. 基金的自律组织主要有（　　）。

①基金行业自律组织

②中国证监会

③证券交易所

A. ①③　　B. ①②③

C. ①②　　D. ②③

90. 根据《证券投资基金法》的规定，（　　）应当自受理公开募集基金的募集注册申请之日起（　　）个月内依照法律、行政法规及国务院证券监督管理机构的规定进行审查，作出注册或者不予注册的决定。

①3

②6

③国务院证券监督管理机构

④证券交易所

A. ③①　　B. ④②

C. ③②　　D. ④①

91. 基金管理人应当在基金份额发售的（　　）公布招募说明书、基金合同及其他有关文件。在基金募集期间募集的资金应当存入（　　），在基金募集行为结束前，任何人不得动用。

①1 个月

②3 日前

③专门账户

④基金管理人的私人账户

A. ②④　　B. ②③

C. ①③　　D. ①④

92. 基金募集期限届满，基金募集份额总额不少于 2 亿份，基金募集金额不少于（　　）亿元人民币；基金份额持有人的人数不少于（　　）人，基金管理人应当自募

集期限届满之日起 10 日内聘请法定验资机构验资，向中国证监会提交验资报告，办理基金备案手续。

①1　　②2

③200　　④500

A. ①③　　B. ①④

C. ②③　　D. ②④

93. 私募基金可采用（　　）组织形式。

①公司型　　②合伙型

③契约型　　④独资型

A. ①③④　　B. ①②③

C. ②③④　　D. ①②③④

94. 私募基金管理人、私募基金销售机构及其从业人员在私募基金募集过程中不得直接或者间接存在下列行为（　　）。

①私募基金管理人、私募基金销售机构及其从业人员在私募基金募集过程中不得通过报刊、电台、电视、互联网等公众传播媒体向不特定对象宣传推介

②讲座、报告会、分析会等方式，布告、传单、短信、即时通信工具、博客和电子邮件等载体，向不特定对象宣传推介，但是通过设置特定对象确定程序的官网、客户端等互联网媒介向合格投资者进行宣传推介的情形除外

③以从事资金募集活动为目的设立或者变相设立分支机构

④委托不具有基金销售业务资格的单位或者个人从事资金募集活动

A. ①②③　　B. ②④

C. ①③④　　D. ①②③④

95. 基金管理人运用基金财产进行证券投资，不得有下列（　　）情形。

①违反基金合同关于投资范围、投资策略和投资比例等约定

②一只基金持有其他基金（不含货币市场基金），其市值超过基金资产净值的 5%，但基金中基金除外

③基金总资产超过基金净资产的 100%

④基金中基金持有其他单只基金，其市值超过基金资产净值的 20%，或者投资于其他基金中基金

A. ①③④　　B. ①②③

C. ①②③④　　D. ①④

96. 关于封闭基金交易的交易费用，下列说法正确的有（　　）。

①按照沪、深证券交易所公布的收费标准，我国基金交易佣金不得高于成交金额的 0.5%

②交易佣金的起点为 5 元，由证券公司向投资者收取

③封闭式基金交易收取印花税

④深圳证券交易所和上海证券交易所规定该佣金水平不得低于代收的证券交易监管费和证券交易经手费前端收费模式设计的目的是鼓励投资者能长期持有基金

A. ①②③　　B. ①②

C. ②③④　　D. ①③④

97. 根据私募基金管理人及从业人员等主体规范要求，私募基金管理人、私募基金托管人、私募基金销售机构、其他服务机构及从业人员不得有下列（　　）行为。

①未对不同私募基金单独管理、单独建账、单独核算，将其固有财产、他人财产混同于私募基金财产，将不同私募基金财产混同运作，或者不公平对待不同私募基金财产

②使用私募基金管理人及其关联方名义、账户代私募基金收付基金财产

③以套取私募基金财产为目的，使用私募基金财产直接或者间接投资于私募基金管理人、控股股东、实际控制人及其实际控制的企业或项目等自融行为

④开展或者参与具有滚动发行、集合运作、期限错配、分离定价等特征的资金池业务

A. ①②③　　B. ①②④

C. ②③④　　D. ①②③④

98. 基金业绩评估的考虑因素包括（　　）。

①投资目标与范围

②基金风险水平

③基金规模

④时期选择

A. ①②③　　B. ①②

C. ②③④　　D. ①②③④

99. 基金业绩评价指标包括（　　）。

①特雷诺指数

②夏普指数

③詹森指数

A. ①②③　　B. ①②

C. ②④　　D. ①③

100. 基金信息披露的分类包括（　　）。

①基金募集信息披露　　②基金运作信息披露

③基金临时信息披露　　④基金特殊信息披露

A. ①②③　　B. ①②

C. ②③④　　D. ①②③④

模拟试卷（一）参考答案与解析

1. 参考答案：B

考点：考查纽约证券交易所交易制度模式的特征。

2. 参考答案：A

考点：考查直接融资与间接融资。股票市场融资无须退还本金，售出的股票只能转让，不能退股，也不保证收益，但如果企业盈利，股票持有人享受企业盈余的分配权。

3. 参考答案：D

考点：考查各种经济理论对货币政策的传导机制的看法：利率传导机制基本思路可以表示为：货币供应量↑→实际利率↓→投资↑→总产出↑；

信用传导机制银行信贷渠道的运行机制可表示为：货币供应量↑→银行存款和贷款↑→投资↑→总产出↑；

资产价格传导机制基本思路表示为：货币供应量↑→股价↑→托宾 q↑→投资↑→总产出↑；

汇率传导机制。其传导机制可表示为：货币供应量↑→实际利率↓→汇率↓→净出口↑→总产出↑。

4. 参考答案：B

考点：考查中国资本市场场外市场。一般来说，存款准备金是一种威力强大的货币政策工具，即使准备率调整幅度很小，也会引起货币供应量的巨大波动。

5. 参考答案：A

考点：考查证券金融公司应当建立合规管理机制，保证公司的经营管理及工作人员的执业行为合法合规，不得为他人的债务提供担保。

6. 参考答案：D

考点：考查证券发行人。证券发行人主要包括政府及其机构、企业（公司）和金融机构。

7. 参考答案：C

考点：考查金融风险的特征。金融风险具有不确定性，不确定性是指金融风险的发生需要一定的经济条件或非经济条件，而这些条件在风险发生前都是不确定的。

8. 参考答案：C

考点：考查现代风险管理理念中关于风险与金融机构的概念。金融机构尽管可以从单个项目上规避风险，但是不可能规避或不承担任何风险。

9. 参考答案：C

考点：考查风险管理的组织架构。董事会可授权其下设的风险管理相关专业委员会履行其全面风险管理的部分职责。风险管理部门和合规部门是第二道风险防线。首席风险官不得兼任或者分管与其职责相冲突的职务或者部门。

10. 参考答案：C

考点：考查风险偏好和限额。限额管理体现了风险管理是一种积极的事前管理。

11. 参考答案：B

考点：我国证券公司风险管理体系建立与发展。自律组织的建章立制是行业风险管理发展的助推器。

12. 参考答案：C

考点：考查信用衍生产品交易的特征。融资的提供和风险的承担被分离，即保护购买者提供融资，但不承担信用风险，而保护的提供方承担信用风险，却不提供融资。

13. 参考答案：C

考点：考查区分证权证券和权证证券的概念。股票是证权证券。

14. 参考答案：C

考点：考查股票的特征。由于股票的转让可能受各种条件或法律法规的限制，并非所有股票都具有相同的流动性。通过发行股票募集到的资金，在公司存续期间是一笔稳定的自有资本。特别股股东相对于普通股股东，根据约定在参与性上有特别权利或特别限制。股票的收益来源可分成两类：一是来自股份公司；二是来自股票流通。

15. 参考答案：C

考点：考查股票的分类。

16. 参考答案：A

考点：考查记名股票和无记名股票知识点。

17. 参考答案：B

考点：考查股东大会相关知识点。

18. 参考答案：B

考点：我国《公司法》规定，股票发行价格可以按票面金额，也可以超过票面金额，但不得低于票面金额。

19. 参考答案：B

考点：考查我国股票的类型。

20. 参考答案：A

考点：考查现金股利的定义。

21. 参考答案：C

考点：考查股票股利性质。

22. 参考答案：A

考点：考查股份增发定义。

23. 参考答案：B

考点：考查普通股股东权利。普通股票股东能否分到红利以及分得多少，取决于公司的税后利润多少以及公司未来发展的需要。

24. 参考答案：D

考点：考查普通股股东出资义务。特许经营权不能转让，不符合出资条件。

25. 参考答案：D

考点：考查优先股和债券的区别。优先股的股息一般来自可分配税后利润，债券的利息来自税前利润。

26. 参考答案：A

考点：财政部会同中国人民银行以半年为周期，分别调整各承销团成员储蓄国债（电子式）基本代销额度比例和储蓄国债（凭证式）代销额度比例。

27. 参考答案：A

考点：考查企业债券的发行主体。企业债券的发行主体可以是股份有限公司和有限责任公司，也可以是尚未改制为公司制的企业法人，但不包括上市公司。

28. 参考答案：C

考点：考查对公司债券的理解。公司债券的募集资金用途由发行人自行决定，不强制与项目挂钩。

29. 参考答案：C

考点：考查企业债券定价的利率限制。企业债券的定价存在利率限制，要求发债利率不高于同期银行存款利率的40%。

30. 参考答案：A

考点：考查中资美元债发行主体的行业分布。从发行主体的行业分布来看，2020年中资美元债发行仍集中在金融、房地产、城投三大板块。

31. 参考答案：D

考点：考查现行公开招标方式下国债的销售价格。财政部允许承销商在发行期内自定销售价格，随行就市发行。

32. 参考答案：D

考点：考查债券的兑付方式。一般情况下，债券有五种兑付方式：到期兑付、提前兑付、债券替换、分期兑付和转换为普通股兑付。

33. 参考答案：A

考点：考查债券利息的支付方式。债券利息的支付方式主要有三种：息票方式（剪息票方式）、折扣利息、本息合一方式。

34. 参考答案：A

考点：考查人民币债券的相关内容。中国人民银行对人民币债券发行利率进行管理。

35. 参考答案：A

考点：考查债券报价的主要方式。债券买卖交易中有公开报价、对话报价、双边报价和小额报价四种报价方式，前二者属于询价交易方式的范畴，后二者可通过点击确认、单向撮合的方式成交。

36. 参考答案：C

考点：考查债券的分类。按发行主体分类，可以将债券分为政府债券、金融债券和公司债券。

37. 参考答案：C

考点：考查证券公司短期融资券。证券公司发行短期融资券实行余额管理，待偿还短期融资券余额不超过净资本的60%，在此范围内，证券公司自主确定每期短期融资券的发行规模。

38. 参考答案：C

考点：考查短期融资债券的发行注册。

39. 参考答案：A

考点：考查证券投资基金的投资对象。

40. 参考答案：A

考点：考查基金类型的划分。根据基金投资对象的不同，可以将投资基金分为证券投资基金与另类投资基金。

41. 参考答案：A

考点：考查基金评价机构的注册管理。

42. 参考答案：D

考点：考查基金份额持有人大会召开的相关规定。

43. 参考答案：A

考点：考查中国证监会依法对证券投资基金活动实施监督管理。

44. 参考答案：A

考点：考查基金的申购、赎回原则。

45. 参考答案：A

考点：考查各种费用的计提标准及计提方式。

46. 参考答案：C

考点：考查封闭式基金的交易。价格优先指较高价格买进申报优先于较低价格买进申报，较低价格的卖出申报优先于较高价格的卖出申报。

47. 参考答案：A

考点：考查私募基金的募集管理。

48. 参考答案：A

考点：考查股票型基金的具体分类。

49. 参考答案：B

考点：考查私募基金募集过程中的行为。

50. 参考答案：A

考点：考查私募基金的募集管理。基金合同应当约定给投资者设置不少于 24 小时的投资冷静期。

51. 参考答案：A

考点：考查场外交易市场。银行信贷市场、拆借市场、外汇市场、黄金市场等市场传统上比较松散，通常没有固定的交易场所，也不一定有统一的交易时间。

52. 参考答案：A

考点：考查货币政策。

53. 参考答案：B

考点：考查我国金融监管体制的演变。

54. 参考答案：D

考点：考查我国黄金市场。

55. 参考答案：D

考点：考查证券市场主体中的合格境外机构投资者。

56. 参考答案：A

考点：考查机构投资者的资格认定。基金管理公司：净资产不少于 2 亿元人民币；经营证券投资基金管理业务达 2 年以上；在最近一个季度末资产管理规模不少于 200 亿元人民币或等值外汇资产。

57. 参考答案：C

考点：考查证券金融公司的定位与从事转融通业务的管理。我国证券金融公司虽规定不以营利为目的，但是因为其开展转融通业务，所以有稳定的营业收入和利润。

58. 参考答案：D

考点：按政策标准，机构投资者可分为一般机构投资者和战略机构投资者。

59. 参考答案：D

考点：考查市场风险管理。

60. 参考答案：B

考点：考查信用风险。信用风险可以在业务中从其他风险（如利率风险和汇率风险等）中分离出来被单独交易和转让。

61. 参考答案：D

考点：考查风险管理策略的种类。

62. 参考答案：A

考点：考查现代风险管理的内涵。现代风险管理是一种全面的风险管理，以企业的股东价值和社会价值增长为总体目标，从管理环境（包括风险战略、治理和组织、风险文化、人才和教育培训）、管理技术（包括风险识别、衡量、管理和报告）和管理运行（包括数据IT和过程内部控制）等多个层面，对金融机构所有的风险因子（包括信用风险、市场风险、操作风险、流动性风险、战略风险、声誉风险等）、所有的业务线路和产品、所有的分支机构和所有的人员（包括内部人员和客户）和完整的经营过程（包括决策和流程）进行的管理过程。

63. 参考答案：D

考点：考查我国证券公司风险管理体系建立与发展。

64. 参考答案：D

考点：考查股票公开发行。

65. 参考答案：C

考点：考查股票公开发行承销方式。承销方式有包销和代销两种。

66. 参考答案：C

考点：考查我国股票的类型。在我国，按投资主体的不同性质，可以将股票划分为国家股、法人股、社会公众股和外资股等不同类型。

67. 参考答案：C

考点：考查优先股股东表决权恢复。

68. 参考答案：C

考点：考查临时股东大会召开情形。单独或者合计持有公司10%以上股份的股东请求时，应当在两个月内召开临时股东大会。

69. 参考答案：C

考点：考查无面额股票特点。

70. 参考答案：B

考点：考查股票的相对估值方法。

71. 参考答案：B

考点：考查影响股票投资价值的内部因素，主要包括公司净资产、盈利水平、股利政策、股份分割、增资和减资以及并购重组等。

72. 参考答案：D

考点：考查基本分析，主要包括宏观经济分析、行业和区域分析、公司分析三大内容。

73. 参考答案：D

考点：考查影响股价变动的基本因素。政治及其他不可抗力是影响股价变化的其他因素。

74. 参考答案：B

考点：考查股票的价值与价格。

75. 参考答案：D

考点：考查科创板股票交易方式。

76. 参考答案：D

考点：企业债券的定价存在利率限制，要求发债利率不高于同期银行存款利率的40%；公司债券的发债利率没有明确的限制，由发行人和保荐人通过市场询价确定。

77. 参考答案：C

考点：考查国际债券的定义。国际债券是指一国借款人在国际证券市场上以外国货币为面值、向外国投资者发行的债券。

78. 参考答案：B

考点：国际债券在国际市场上发行，因此，其计价货币往往是国际通用货币，一般以美元、英镑、欧元、日元和瑞士法郎为主。

79. 参考答案：D

考点：考查债券的基本性质。债券是一种虚拟资本。

80. 参考答案：C

考点：考查债券的票面要素。

81. 参考答案：A

考点：考查债券的到期期限。

82. 参考答案：B

考点：考查公募债券。除政府机构、地方公共团体，一般私营企业必须符合规定的条件才能发行公募债券。

83. 参考答案：C

考点：考查债券与股票的区别。

84. 参考答案：A

考点：考查流通国债的特征。

85. 参考答案：A

考点：考查资产证券化参与者的职能。如果发行的证券化产品属于债券，发行前必须经过评级机构进行信用评级。

86. 参考答案：B

考点：考查地方政府债券的发行与承销。

87. 参考答案：B

考点：考查债券的定义。

88. 参考答案：A

考点：考查证券投资基金与股票、债券的区别。

89. 参考答案：A

考点：考查基金自律组织的范围。基金的自律组织主要有基金行业自律组织和证券交易所。

90. 参考答案：A

考点：考查基金募集中基金注册相关的要求。

91. 参考答案：B

考点：考查基金募集中基金份额发售的相关管理规定。

92. 参考答案：C

考点：考查基金合同生效的相关管理规定。

93. 参考答案：B

考点：考查私募证券投资基金的基本规范。

94. 参考答案：D

考点：考查私募基金募集过程中的相关规定。

95. 参考答案：D

考点：考查基金管理人运用基金财产进行证券投资的相关规定。

96. 参考答案：B

考点：考查封闭基金交易的交易费用。深圳证券交易所特别规定该佣金水平不得低于代收的证券交易监管费和证券交易经手费，上海证券交易所无此规定；封闭式基金交易不收取印花税。

97. 参考答案：D

考点：考查私募基金管理人及从业人员等主体规范要求。

98. 参考答案：D

考点：考查基金业绩评估的考虑因素。

99. 参考答案：A

考点：考查基金业绩评价指标。

100. 参考答案：A

考点：考查基金信息披露的分类。

《金融市场基础知识》模拟试卷（二）

一、选择题（共50题，每题1分，共50分。以下各选项中，只有一项符合题目要求，不选、错选均不得分）

1. 属于的间接融资方式的是（　　）。

A. 股票市场融资　　B. 银行信用融资

C. 债券市场融资　　D. 风险投资融资

2. 金融市场的首要功能是（　　），金融市场通过金融资产交易实现货币资金在供给者和需求者之间的转移，促进有形资本形成。

A. 资金融通　　B. 价格发现

C. 提供流动性　　D. 风险管理

3. 不属于货币政策中介目标的选取标准的是（　　）。

A. 可测性　　B. 可控性

C. 独立性　　D. 抗干扰性

4. 以下关于中国资本市场场内市场的描述错误的是（　　）。

A. 主板市场是资本市场中最重要的组成部分，很大程度上能够反映国家或地区的经济发展状况，有“宏观经济晴雨表”之称

B. 设立中小企业板块的宗旨是为主业突出、具有成长性和科技含量的中小企业提供直接融资平台

C. 创业板市场是不同于主板市场的独特的资本市场，具有前瞻性、高风险、监管要求严格以及明显的高技术产业导向的特点

D. 全国中小企业股份转让系统，又被称为“新三板”，是经全国人民代表大会批准设立的全国性的证券交易场所，成立于2012年9月20日，主要为创新型、创业型、成长型中小微企业发展服务

5. 《QFII、RQFII办法》及配套规则修订内容未涉及（　　）。

A. 降低准入门槛，便利投资运作　　B. 稳步有序扩大投资范围

C. 加强持续监管　　D. 实施本外币一体化管理

6. 下列关于证券公司开立转融通证券资金明细账户的说法不正确的是（　　）。

A. 证券金融公司与证券公司签订转融通业务合同后，应当根据证券公司的申请，以证券公司的名义，为其开立转融通担保证券明细账户和转融通担保资金明细账户

B. 转融通担保证券明细账户是转融通担保证券账户的三级账户，用于记载证券公司委托证券金融公司持有的担保证券的明细数据

C. 转融通担保资金明细账户是转融通担保资金账户的二级账户，用于记载证券公司交存的担保资金的明细数据

D. 证券金融公司可以委托证券登记结算机构根据清算、交收结果等，对证券公司转融通担保证券明细账户和转融通担保资金明细账户内的数据进行变更

7. 关于风险管理策略，下列说法错误的是（　　）。

A. 风险规避策略，是指金融机构通过拒绝或退出某一业务或市场来消除本机构对该业务或市场的风险暴露

B. 风险补偿主要是指事前（损失发生以前）的价格补偿。对于那些无法通过分散或转嫁等方法进行管理，而且又无法规避、不得不承担的风险，投资者可以采取在交易价格上加进风险因素，即风险回报的方式，获得承担风险的价格补偿

C. 风险对冲，是指金融机构采取内部控制手段降低风险事件发生的可能性和严重程度

D. 风险转移是指投资者通过购买某种金融产品或采取某些合法的手段将风险转移给愿意和有能力承接的主体

8. 风险限额类别不包括（　　）。

A. 信用风险限额

B. 市场风险限额

C. 流动性风险限额

D. 产品或组合敞口限额

9. 下列关于市场风险应对的说法错误的是（　　）。

A. 根据马科维茨组合投资理论，投资组合的多样化可以分散系统性风险，当投资组合中的资产种类数目趋近于无穷大，组合的系统性风险将趋于零

B. 风险对冲是指通过投资或购买与标的资产收益波动负相关的某种资产或衍生产品，来冲抵标的资产潜在的风险损失的一种风险管理策略

C. 证券公司应当建立与风险管理效果挂钩的绩效考核及责任追究机制，保障全面风险管理的有效性

D. 风险调整资本收益率（RAROC）是最常用、最主流的经风险调整后的评估业务绩效指标的工具，也是经济资本配置的核心工具

10. 关于市场流动性风险的说法错误的是（　　）。

A. 流动性是金融市场的生命力所在，金融市场的流动性为投资者提供了转让和买卖金融资产的机会，也为筹资者提供了筹资的必要前提

B. 合格的流动性缓冲资产不存在变现障碍，可以被用作交易头寸的对冲资金

C. 快速、低成本地进行交易，同时又可以维持金融资产的价格稳定是一个具有良好流动性的市场的重要标志

D. 对于风险等级较高的风险事项，形成紧急报告和不定期报告；对于风险等级较低的事项，则通过定期报告形式进行报告

11. 下列关于我国证券公司风险管理基本情况的说法，错误的是（　　）。

A. 风险限额方面，我国大部分证券公司还未建立适合自身业务管理需要的风险偏好，没有设立风险容忍度及风险限额

B. 风险报告方面，证券公司的定期风险报告主要包括风险日报、月报、年报，反映风险识别、评估结果和应对方案，并按照不同报告路径向董事会、经理层提交

C. 风险计量方面，各家证券公司选择风险价值 VaR、违约概率 PD、现金流缺口等方法或模型来计量和评估市场风险、信用风险、流动性风险等可量化的风险类型，并采用敏感性分析和压力测试等手段评估极端风险

D. 部分证券公司会编制有每周、季度、半年度风险报告。不定期报告主要包括重大风险专项报告、压力测试报告、新产品风险评估报告、监管自查以及其他专项报告

12. 下列关于光大证券异常交易事件的说法错误的是（　　）。

A. 光大证券异常交易事件是我国资本市场建立以来首次发生的一起因交易软件缺陷引发的极端个别事件

B. 证券期货经营机构此后应高度重视对新型交易方式、量化交易软件和信息技术系统的管理，确保风险可测、可控

C. 光大证券异常交易事件是因证券经营机构交易系统设计缺陷导致的，所以只要保证证券经营机构交易系统设计的正确就可以避免类似事件发生

D. 事件发生后，光大证券及其事件相关人员在考虑对冲风险、调剂头寸，降低可能产生的结算风险时，采取了错误的处理方案，构成内幕交易、信息误导、违反证券公司内控管理规定等多项违法违规行为

13. 下列关于股票性质的说法正确的是（　　）。

A. 股票是无价证券

B. 股票是要式证券

C. 股票是非资本证券

D. 股票是债权证券

14. 下列关于记名股票特点说法错误的是（　　）。

A. 只有记名股东或其正式委托授权的代理人才能行使股东权

B. 认购股票时要求一次缴纳出资

C. 转让相对复杂或受限制

D. 股票遗失，记名股东的资格和权利并不消失

15. 优先股的“优先”体现在（　　）。
A. 先于普通股股东分配公司利润和剩余财产
B. 与公司决策管理等权利不受限制
C. 优先提名和任命公司高级管理人员
D. 优先股股息决于公司的税后利润
16. 下列关于优先股和永续债的说法错误的是（　　）。
A. 优先股和永续债都没有表决权
B. 破产清算时剩余财产永续债券的偿还顺序先于优先股
C. 不计入权益的永续债利息可在税前扣除
D. 优先股股息不能在税前扣除
17. 下列选项不属于境外上市外资股的是（　　）。
A. H 股　　B. N 股
C. S 股　　D. B 股
18. 下列关于审批制、核准制和注册制的比较，正确的是（　　）。
A. 审批制有发行指标和额度，核准制和注册制没有
B. 三种股票发行监管制度主要推荐人都是中介机构
C. 审批制由证券交易所、中介机构和中国证监会分担实质性审核职责
D. 核准制对发行作实质判断的主体是中国证监会
19. 发行人股票在上海证券交易所科创板首次上市，应当经上交所审核并由（　）作出同意注册决定。
A. 发行审核委员会
B. 国务院证券监督管理机构
C. 中国证监会
D. 政府或行业主管部门
20. 下列不属于科创板上市公司非公开发行股票条件的是（　　）。
A. 每次发行对象不超过 35 名
B. 向特定对象发行的股票，自发行结束之日起 18 个月内不得转让
C. 本次发行方案发生重大变化，应当由董事会重新确定本次发行的定价基准日
D. 发行价格不低于定价基准日前 20 个交易日公司股票均价的 80%
21. 下列关于科创板退市的特别规定中错误的说法是（　　）。
A. 科创板上市公司的股票终止上市后，不得申请重新上市
B. 明显丧失持续经营能力属于财务类强制退市
C. 信息披露重大违法和公共安全重大违法行为属于重大违法强制退市
D. 累计股票成交量低于一定指标属于交易类强制退市
22.（　　）是指投资者将持有的证券委托给证券公司保管，并由后者代为处理有

关证券权益事务的行为。

A. 证券托管　　B. 证券存管

C. 证券代管　　D. 证券委托

23. 下列关于委托交易申报时间的说法错误的是（　　）

A. 国家法定假日和证券交易所公告的休市日，证券交易所市场休市

B. 经中国证监会批准，证券交易所可以调整交易时间

C. 交易时间内因故停市，交易时间顺延

D. 上海证券交易所和深圳证券交易所规定，交易日为每周一至周五

24. 下列关于开盘价与收盘价的说法错误的是（　　）。

A. 证券的开盘价为当日该证券的第一笔成交价格

B. 证券的收盘价通过集合竞价的方式产生

C. 证券的开盘价通过连续竞价的方式产生

D. 证券当日无成交的，以前收盘价为当日收盘价

25. 根据《上海证券交易所科创板股票交易特别规定》，科创板股票竞价交易实行价格涨跌幅限制，涨跌幅比例为（　　）。

A. 15%　　B. 20%

C. 25%　　D. 30%

26. 合约中明确规定，在债券存续期内，对持有人定期支付利息（通常每半年或每年支付一次）的债券是（　　）。

A. 零息债券　　B. 附息债券

C. 息票累积债券　　D. 凭证式债券

27. 下列关于债券与股票的区别，说法错误的是（　　）。

A. 债券是债权凭证，股票是所有权凭证

B. 债券是一种有期证券，股票是一种无期证券或被称为永久证券

C. 债券是间接融资工具，股票是直接融资工具

D. 债券风险相对较小，股票风险较大

28. 在各类债券中，（　　）的信用等级是最高的，通常被称为金边债券。

A. 政府债券　　B. 企业债券

C. 公司债券　　D. 金融债券

29.（　　）是指政府为了实施某种特殊政策而发行的国债。随着政府职能的扩大，政府有时为了某些特殊的社会目的而需要大量资金，为此也有可能举借国债。

A. 战争国债　　B. 建设国债

C. 赤字国债　　D. 特种国债

30. 下列关于储蓄国债（凭证式）的说法错误的是（　　）。

A. 储蓄国债（凭证式）通过纸质媒介记录债权债务关系

B. 发行储蓄国债（凭证式）需要印制实物券面

C. 发行储蓄国债（凭证式）填制“中华人民共和国储蓄国债（凭证式）收款凭证”

D. 储蓄国债（凭证式）具有购买方便、变现灵活的特点

31. 国债承销团甲类成员最高投标限额为当期（次）国债竞争性招标额的（　　）。

A. 25%　　B. 35%

C. 45%　　D. 55%

32. 证券公司借入期限在（　　）以上（含 2 年）的次级债务为长期次级债务，长期次级债务应当为定期债务。

A. 2 年　　B. 3 年

C. 4 年　　D. 5 年

33. 我国的混合资本债券，是指商业银行为补充附属资本发行的、清偿顺序位于股权资本之前但列在一般债务和次级债务之后、期限在 15 年以上、发行之日起（　　）年内不可赎回的债券。

A. 5　　B. 10

C. 15　　D. 20

34. 证券公司借入或发行次级债数额应符合相关规定：长期次级债计入净资本的数额不得超过净资本（不含长期次级债累计计入净资本的数额）的（　　）；净资本与负债的比例、净资产与负债的比例等各项风险控制指标不触及预警标准。

A. 20%　　B. 30%

C. 40%　　D. 50%

35. 企业集团财务公司发行金融债券后，资本充足率不低于（　　）。

A. 20%　　B. 30%

C. 40%　　D. 10%

36. 发行企业债券的条件要求发行方在发行企业债券前（　　）。

A. 一年盈利　　B. 连续两年盈利

C. 连续三年盈利　　D. 连续五年盈利

37. 中小非金融企业发行集合票据，应依据《银行间债券市场非金融企业债务融资工具注册规则》在交易商协会注册，一次注册，一次发行。任一企业集合票据待偿还余额不得超过该企业净资产的（　　）。

A. 20%　　B. 30%

C. 40%　　D. 50%

38. 交易所市场的债券清算和结算主要采取的是中央对手方的（　　），由中国证券登记结算有限责任公司负责债券交易的清算、结算，并作为交易双方共同的对手方提

供交收担保。

A. 全额逐笔结算机制

B. 差额逐笔结算机制

C. 净额结算机制

D. 差额结算机制

39. （　　）是指向不特定投资者公开进行资金募集的基金；（　　）是只能采取非公开方式、向特定合格投资者进行资金募集的基金。

A. 公募基金　私募基金

B. 开放式基金　封闭式基金

C. 债券基金　股票基金

D. 股权投资基金　风险投资基金

40. 关于开放式基金的认购方式，下列说法正确的有（　　）。

A. 我国股票型基金的认购费率大多在1.5%以上

B. 开放式基金的认购采取金额认购的方式

C. 债券型基金的认购费率通常在0.15%以下

D. 基金份额的认购采取前端收费模式

41. 单只私募证券投资基金管理规模金额达到（　　）万元以上的，应当持续在每月结束之日起（　　）个工作日以内向投资者披露（　　）信息。

A. 3000　3　基金份额　　B. 5000　5　基金份额

C. 3000　3　基金净值　　D. 5000　5　基金净值

42. 在向投资者推介私募基金之前，募集机构应当采取问卷调查等方式履行特定对象确定程序，对投资者风险识别能力和风险承担能力进行评估。投资者应当以书面形式承诺其符合合格投资者标准。投资者的评估结果有效期最长不得超过（　　）年。

A. 5　　B. 3

C. 2　　D. 1

43. 基金募集期限届满，基金募集份额总额不少于（　　）亿份，基金募集金额不少于（　　）亿元人民币；基金份额持有人的人数不少于（　　）人，基金管理人应当自募集期限届满之日起10日内聘请法定验资机构验资，向中国证监会提交验资报告，办理基金备案手续。

A. 1　1　100　　B. 2　2　200

C. 3　3　300　　D. 5　5　500

44. 另类投资基金不包括（　　）。

A. 对冲基金　　B. 股权投资基金

C. 证券投资基金　　D. 不动产投资基金

45. 关于上市开放式基金，下列选项正确的是（　　）。

A. 上市开放式基金只能在交易所进行基金份额交易和基金份额申购或赎回

B. 上市开放式基金的申购和赎回均以现金进行

C. LOF 采用指数基金模式

D. LOF 可能会出现封闭式基金大幅度折价交易的现象

46. 在我国，（　　）依法对证券投资基金活动实施监督管理。

A. 国务院证券监督管理机构

B. 证券从业协会

C. 基金业协会

D. 证券交易所

47. 关于基金份额的发售，下列说法错误的是（　　）。

A. 基金管理人应当自收到准予注册文件之日起 6 个月内进行基金份额的发售

B. 基金的募集期限自基金份额发售日开始计算，募集期限不得超过 6 个月

C. 基金管理人应当在基金份额发售的 3 日前公布招募说明书、基金合同及其他有关文件

D. 在基金募集期间募集的资金应当存入专门账户，在基金募集行为结束前，任何人不得动用

48. 基金年度报告是基金的各类信息披露文件中信息量最大的文件，在会计年度结束后（　　）个月内经过审计后予以公告。

A. 3　　B. 6

C. 9　　D. 12

49. 基金备案自中国证监会书面确认之日起，基金合同生效。基金管理人应当在收到中国证监会确认文件的（　　）发布基金合同生效公告。

A. 当日　　B. 次日

C. 10 日内　　D. 当月

50. 基金发生重大事件，有关信息披露义务人应当在（　　）日内编制临时报告书，并登载在指定报刊和指定网站上。

A. 2　　B. 3

C. 4　　D. 5

二、组合型选择题（共 50 题，每题 1 分，共 50 分。以下各选项中，只有一项符合题目要求，不选、错选均不得分）

51. 有价证券有广义和狭义两种概念，以下（　　）属于广义的有价证券。

①资本证券　　②货币证券

③商品证券

A. ①②　　B. ①③

C. ②③　　D. ①②③

52. 影响金融市场运行的主要宏观经济变量包括（　　）。

①国内生产总值　　②经济周期

③通货膨胀与利率　　④汇率和国际资本流动

A. ①②③　　B. ②③④

C. ①③④　　D. ①②③④

53. 以下属于创新型货币政策工具的有（　　）。

①短期流动性调节工具　　②常备借贷便利

③抵押补充贷款　　④中期借贷便利

A. ①②③　　B. ①②④

C. ②③④　　D. ①②③④

54. 按政策标准，机构投资者可以分为（　　）。

①一般机构投资者　　②金融机构投资者

③战略投资者　　④非金融机构投资者

A. ①②　　B. ②④

C. ①④　　D. ①③

55. 下列关于证券市场融资活动的说法正确的有（　　）。

①证券市场融资是在由各种证券中介机构及证券交易所等组成的证券服务体系的支持下完成的

②首次公开发行，是指拟上市公司首次面向特定的社会公众投资者公开发行股票募集资金并上市的行为

③证券市场融资是间接融资

④证券市场融资是一种强市场性的融资活动

A. ①②③　　B. ②③

C. ①④　　D. ①②③④

56. 下列属于基金类投资者的有（　　）。

①证券投资基金　　②社保基金

③企业年金　　④社会公益基金

A. ①②③　　B. ②③④

C. ①②④　　D. ①②③④

57. 下列关于证券公司的说法错误的有（　　）。

①中国证监会根据证券公司评价计分的高低，将证券公司分为 A（AAA、AA、A）、B（BBB、BB、B）、C（CCC、CC、C）三大类 9 个级别

②证券公司办理经纪业务，可以接受客户的全权委托而决定证券买卖、选择证券种类、决定买卖数量或者买卖价格，且可以允许他人以证券公司的名义直接参与证券的集

中交易

③证券代销，是指证券公司将发行人的证券按照协议全部购入或者在承销期结束时将售后剩余证券全部自行购入的承销方式

④证券包销，是指证券公司代发行人发售证券，在承销期结束时，将未售出的证券全部退还给发行人的承销方式

A. ①②③　　B. ②③④

C. ①③④　　D. ①②③④

58. 下列有关从事证券投资咨询业务的行为规范的说法正确的有（　　）。

①证券投资咨询机构向投资人或者客户提供的证券投资咨询传真件必须注明机构名称、地址，可以不注明联系电话和联系人姓名

②证券投资咨询机构及其投资咨询人员，应当以行业公认的谨慎、诚实和勤勉尽责的态度，为投资人或者客户提供证券投资咨询服务

③证券投资咨询人员在报刊、电台、电视台或者其他传播媒体上发表投资咨询文章、报告或者意见时，必须注明所在证券投资咨询机构的名称和个人真实姓名，并对投资风险作充分说明

④证券投资咨询机构与报刊、电台、电视台合办或者协办证券投资咨询版面、节目或者与电信服务部门进行业务合作时，不需要向证券监管部门备案

A. ①②　　B. ②③

C. ①④　　D. ①③④

59. 企业的组织形式可分为（　　）。

①独资制　　②合伙制

③个人制　　④公司制

A. ①②③　　B. ①②③

C. ②③④　　D. ①②④

60. 下列关于市场风险的说法正确的有（　　）。

①市场风险通常来源于整个经济体系，而不是交易对手或金融机构内部，因此，它具有明显的系统性风险特征，很难通过分散化投资完全消除

②金融衍生产品和金融工程是管理市场风险的最主要的方法

③市场风险，是指因市场价格变量波动而给经济主体带来损益的风险

④利率风险，是指利率的不利变动给金融机构的财务状况带来的风险

A. ①②③　　B. ②③④

C. ①②④　　D. ①③④

61. 按照证券类机构业务类型分类，信用风险主要来自（　　）业务。

①股票质押式回购交易、约定购回式证券交易、融资融券等融资类业务

②互换、场外期权、远期、信用衍生品等场外衍生品业务

③债券投资交易

④非标准化债权资产投资

A. ①②③　　B. ②③④

C. ①②④　　D. ①②③④

62. 下列模型属于信用风险经典量化模型的有（　　）。

①CreditMetrics 模型　　②Credit Portfolio View 模型

③KMV 模型　　④信用打分模型

A. ①②③　　B. ②③④

C. ①②④　　D. ①②③④

63. 下列关于信用衍生产品交易的说法正确的有（　　）。

①信用风险可以在业务中从其他风险（如利率风险和汇率风险等）中分离出来被单独交易和转让

②信用保护的出售方在承担信用风险时并不要求资金投入，除非合同中指定的信用事件发生

③融资的提供和风险的承担被分离，即保护购买者提供融资，但不承担信用风险，而保护的提供方承担信用风险，却不提供融资

④信用衍生产品交易和由此而发生的信用风险转移并不影响到基础交易的借贷关系

A. ①②③　　B. ②③④

C. ①②④　　D. ①②③④

64. 下列代码开头中，表示沪市 A 股买卖的有（　　）。

①600　　②601

③603　　④605

A. ①②③　　B. ②③④

C. ①③④　　D. ①②③④

65. 主板（中小企业板）上市公司的配股除了要满足公开发行股票的一般规定外，还应当符合下列（　　）规定。

①拟配售股份数量不超过本次配售股份前股本总额的 30%

②拟配售股份数量不超过本次配售股份前股本总额的 50%

③控股股东应当在股东大会召开前公开承诺认配股份的数量

④采用《证券法》规定的代销方式发行

A. ①②③　　B. ②③④

C. ①③④　　D. ②④

66. 上市公司出现下列（　　）情形之一的，证券交易所可以决定终止其股票上市。

①上市公司因新设合并或者吸收合并，不再具有独立主体资格并被注销

②上市公司股东数量连续 20 个交易日每日均低于 2000 人

③上市公司股东大会决议公司解散

④上市公司连续 20 个交易日在交易所的每日股票收盘总市值均低于人民币 3 亿元

⑤最近一个会计年度的财务会计报告被出具无法表示意见或否定意见的审计报告

A. ①②③④　　B. ①②④⑤

C. ③④⑤　　D. ②④

67. 委托指令应当包括（　　）内容。

①证券账户号码　　②证券代码

③买卖方向　　④委托数量

⑤委托价格　　⑥交易所及其会员要求的其他内容

A. ①②③④⑥　　B. ①②③⑤⑥

C. ①②④⑤⑥　　D. ①②③④⑤⑥

68. 股票价格指数的编制方法主要有（　　）。

①算术平均法　　②几何平均法

③加权平均法

A. ①③　　B. ②

C. ①　　D. ①②③

69. 上交所上市公司股票中不纳入沪股通股票有（　　）。

①风险警示股票（即 ST、*ST 股票）

②退市整理股票

③暂停上市股票

④以外币报价交易的股票（即 B 股）

⑤具有上交所认定的其他特殊情形的股票

A. ①②③⑤　　B. ①②③④⑤

C. ③④　　D. ②④⑤

70. 我国证券交易所采用两种竞价方式：集合竞价方式和连续竞价方式。集合竞价确定成交价的原则为（　　）。

①可实现最大成交量的价格

②高于该价格的买入申报与低于该价格的卖出申报全部成交的价格

③最高买入申报与最低卖出申报价格相同的价格

④与该价格相同的买方或卖方至少有一方全部成交的价格

A. ①②③④　　B. ①②③

C. ①②④　　D. ②③④

71. 下列涉及的证券非交易过户业务由过出方、过入方作为申请人共同提交过户业务申请的事项有（　　）。

①继承　②捐赠　③依法进行的财产分割

④法人资格丧失　⑤私募资产管　⑥离婚

A. ①③④　B. ②③⑥

C. ①④　D. ②⑤⑥

72. 股票价格指数的主要功能有（　　）。

①综合反映一定时期内某一证券市场上股票价格的变动方向和变动程度

②为投资者和分析家研究、判断股市动态提供信息，便于对股票市场大势走向作出分析

③作为投资业绩评价的标尺，提供一个股市投资的基准回报

④作为指数衍生产品和其他金融创新的基础

A. ①②③④　B. ②③④

C. ①③④　D. ①②③

73. 张某购入 A 公司 40% 的股份，他具有的权利包括（　）。

①获得资产收益　②对财产直接支配

③公司破产优先清偿　④选择公司管理者

⑤对公司重大事项进行决策

A. ①④⑤　B. ①②④

C. ①③④　D. ③④⑤

74. 首次公开发行股票并在创业板上市应满足（　　）条件。

①发行人是依法设立且持续经营 3 年以上的股份有限公司，具备健全且运行良好的组织机构，相关机构和人员能够依法履行职责。有限责任公司按原账面净资产值折股整体变更为股份有限公司的，持续经营时间可以从有限责任公司成立之日起计算

②最近三年财务会计报告由注册会计师出具无保留意见的审计报告

③发行人业务完整，具有直接面向市场独立持续经营的能力

④发行人规范运行

A. ①②③④　B. ②③④

C. ①③④　D. ①②③

75. 下列关于股票的说法正确的是（　　）。

①股票是设权证券

②股票代表了股东对股份公司总资产的所有权

③股票是一种有价证券，其本身没有价值

④股票属于物权证券

A. ③　B. ②

C. ①④　D. ①②③

76. 根据债券发行条款中是否规定在约定期限向债券持有人支付利息，债券可分为

（　　）。

①零息债券　　②附息债券

③息票累积债券　　④凭证式债券

A. ①②③④　　B. ①②③

C. ②③④　　D. ①③

77. 可调利率债券的调整间隔往往事先设定，包括（　　）。

①1 个月　　②6 个月

③1 年　　④2 年

⑤3 年　　⑥5 年

A. ①②③④⑤⑥　　B. ①②③④⑤

C. ②③④⑤⑥　　D. ①②③④

78. 债券按发行方式可分为（　　）。

①公募债券　　②私募债券

③实物债券　　④凭证式债券

A. ①②　　B. ①③

C. ③④　　D. ①②③④

79. 以下属于债券与股票的相同点的有（　　）。

①债券与股票都属于有价证券

②债券与股票都是直接融资工具

③债券与股票都是所有权凭证

④债券与股票的发行主体只有股份有限公司

A. ①②　　B. ①②③

C. ②③④　　D. ①②③④

80. 《中华人民共和国个人所得税法》规定，利息收入可免纳个人所得税的债券包括（　　）。

①国债　　②公司债券

③国家发行的金融债券　　④企业债券

A. ①②　　B. ①③

C. ③④　　D. ②④

81. 以下关于我国的混合资本债券的说法正确的有（　　）。

①商业银行为补充附属资本发行的、清偿顺序位于股权资本之前但列在一般债务和次级债务之后

②期限在 15 年以上、发行之日起 10 年内不可赎回

③无论是公开发行还是定向发行，均应进行信用评级

④混合资本债券可以公开发行，也可以定向发行

A. ①②③④　　B. ①②③

C. ②③④　　D. ①②④

82. 企业发行企业债券必须符合的条件包括（　　）。

①企业规模达到国家规定的要求

②企业财务会计制度符合国家规定

③具有偿债能力

④企业经济效益良好，发行企业债券前连续 3 年盈利

⑤企业发行企业债券的总面额不得大于该企业的自有资产净值

⑥所筹资金用途符合国家产业政策

A. ①②③④⑤⑥　　B. ①②③④⑤

C. ②③④⑤⑥　　D. ①②④⑤⑥

83. 一般来说，具有高度流动性的债券同时也是较安全的，因为它不仅可以迅速地转换为货币，还可以按一个较稳定的价格转换。下列关于债券不能收回投资风险的说法正确的有（　　）。

①市场利率水平影响债券的转让价格

②不同的债务人不履行债务的风险程度是不一样的

③政府债券不履行债务的风险最低

A. ①②③　　B. ①②

C. ②③　　D. ①③

84. 下列关于短期国债、中期国债和长期国债的说法正确的有（　　）。

①短期国债一般是指偿还期限在 1 年以内的国债

②中期国债是指偿还期限在 1 年或 1 年以上、10 年以下（包括 10 年）的国债

③长期国债是指偿还期限在 10 年或 10 年以上的国债

④短期国债、中期国债和长期国债都属于有期国债

A. ①②③④　　B. ①②③

C. ②③④　　D. ①②④

85. 下列关于债券的说法正确的有（　　）。

①债券估值的基本原理是现金流贴现

②债券买卖报价分为净价和全价两种，结算为全价结算

③净价是指不含应计利息的债券价格

④应计利息为上一付息日（或起息日）至结算日之间累计的按百元面值计算的债券发行人应付给债券持有人的利息

A. ①②③④　　B. ①②③

C. ②③④　　D. ①②④

86. 利率期限结构理论是基于（　　）建立起来的。

①理性预期理论　　②市场预期理论

③市场分割理论　　④流动性偏好理论

A. ①②③④　　B. ①②③

C. ②③④　　D. ①②④

87. 以下关于交易所债券市场托管方式的表述正确的有（　　）。

①根据券种的不同，实行的是不同的托管体制

②交易所市场实行中央登记、二级托管的制度

③交易所投资者在中国证券登记结算有限责任公司开立托管账户

④中国证券登记结算有限责任公司承担在交易所交易的其他债券的登记、托管职责，并承担和管理相应的风险

A. ①②③④　　B. ①②③

C. ②③④　　D. ①②④

88. 关于公司型基金，下列说法中正确的有（　　）。

①公司型基金依据基金公司章程设立，是在法律上具有独立法人地位的股份投资公司

②基金投资者是公司的股东，凭其持有的股份依法享有投资收益

③公司型基金在组织形式上与股份有限公司类似，由股东选举董事会，由董事会选聘基金管理公司，基金管理公司负责管理基金的投资业务

A. ①②　　B. ②③

C. ①③　　D. ①②③

89. 下列关于封闭式基金与开放式基金的说法正确的有（　　）。

①封闭式基金有固定的存续期，通常在5年以上，一般为10年或15年，经持有人大会通过并经监管机构同意可以适当延长期限

②开放式基金没有固定期限，投资者可向基金管理人申购、赎回基金份额

③封闭式基金的基金规模不是固定的

④封闭式基金的基金规模是固定的，在封闭期限内未经法定程序认可不能增加发行

A. ①③　　B. ①②③

C. ①②④　　D. ②③

90. 基金的募集一般要经过（　　）。

①申请　　②注册

③发售　　④基金合同生效

A. ①②③④　　B. ②③④

C. ①②③　　D. ①③④

91. 基金管理人应当在基金份额发售的（　　）公布招募说明书、基金合同及其他有关文件。在基金募集期间募集的资金应当存入（　　），在基金募集行为结束前，任

何人不得动用。

①1 个月

②3 日前

③专门账户

④基金管理人的私人账户

A. ①②　　B. ②③

C. ①③　　D. ①④

92. 关于基金募集信息的披露，下列说法正确的有（　　）。

①基金募集信息披露可以分为首次募集信息披露和存续期募集信息披露

②首次募集信息披露主要包括基金份额发售前至基金合同生效期间进行的信息披露

③基金管理人应当在基金合同生效的次日在指定报刊和指定网站上登载基金合同生效公告

④基金合同生效后，基金招募说明书、基金产品资料概要的信息发生重大变更的，基金管理人应当在3个工作日内，更新基金招募说明书和基金产品资料概要，并登载在指定网站上

A. ①③④　　B. ①②④

C. ②③④　　D. ①②③④

93. 关于基金运作信息的披露，下列说法正确的有（　　）。

①基金管理人和基金托管人应当按照法规规定的各项时间要求进行基金运作信息的披露，时间一般是可以事先预见的

②对开放式基金而言，在开放申购和赎回后，会披露每个开放日的份额净值和份额累计净值

③对货币基金而言，货币基金每日分配收益，份额净值保持1元不变

④基金管理人应在每个季度结束之日起10个工作日内编制完成基金季度报告，并将季度报告登载在指定网站上，将季度报告提示性公告登载在指定报刊上

A. ①③④　　B. ①②③

C. ②③④　　D. ①②③④

94. 关于私募基金的投资要求，下列说法正确的是（　　）。

①可以使用基金财产从事借（存）贷、担保、明股实债等非私募基金投资活动

②可以投向类信贷资产或其收（受）益权

③允许私募基金以股权投资为目的，为被投企业提供短期借款、担保，借款或者担保余额不得超过该私募基金实缴金额的20%

A. ①②　　B. ②

C. ③　　D. ①

95. 关于导致基金需要进行临时信息披露的重大事件，下列选项正确的有（　　）。

①转换基金运作方式、基金合并

②基金管理公司变更持有3%以上股权的股东，变更公司的实际控制人

③基金管理人的董事在最近12个月内变更超过50%，基金管理人、基金托管人专门基金托管部门的主要业务人员在最近12个月内变动超过30%

④基金份额净值计价错误达基金份额净值0.5%

A. ①③④　　B. ①②③

C. ①②③④　　D. ②③④

96. 关于各种费用的计提标准及计提方式，下列说法正确的有（　　）。

①我国的基金管理费、基金托管费及基金销售服务费均是按照前一日基金资产净值的一定比例逐日计提，按月支付

②基金管理费率通常与基金规模成反比，与风险成正比

③基金规模越大，风险程度越低，基金管理费率越低

④基金管理人可以按照法律法规及基金合同的约定，将与侧袋账户有关的费用从侧袋账户资产中列支，但应待特定资产变现后方可列支，且不得收取管理费及业绩报酬

A. ①②③　　B. ①②

C. ②③④　　D. ①②③④

97. 债券基金的收益会受市场利率的影响，当市场利率下调时，其收益会（　　）；反之，若市场利率（　　），其收益将下降。

①上升　　②下降

③上调　　④下调

A. ①③　　B. ①④

C. ②③　　D. ②④

98. 募集机构不得通过下列（　　）媒介渠道推介私募基金。

①公开出版资料

②面向社会公众的宣传单、布告、手册、信函、传真；海报、户外广告

③电视、电影、电台及其他音像等公共传播媒体；公共、门户网站链接广告、博客等

A. ①③　　B. ①②

C. ②③　　D. ①②③

99. 基金业绩评价指标包括（　　）。

①特雷诺指数　　②夏普指数

③詹森指数

A. ①②③　　B. ①②

C. ②④　　D. ①③

100. 关于基金资产估值因素中的估值频率，下列说法正确的有（　　）。

①基金一般都按照固定的时间间隔对基金资产进行估值

②通常相关法规会规定一个最小的估值频率

③我国的开放式基金于每个交易日估值，并不晚于下一交易日公告份额净值

④封闭式基金和定期开放式基金的封闭期每个交易日都进行估值，但每月披露一次基金份额净值

A. ①②③　　B. ①②

C. ②③④　　D. ①②③④

模拟试卷（二）参考答案与解析

1. 参考答案：B

考点：考查直接融资与间接融资。常见的间接融资方式包括银行信用融资、消费信用融资、租赁融资。

2. 参考答案：A

考点：考查金融市场的功能。

3. 参考答案：C

考点：考查货币政策中介目标。货币政策中介目标的选取必须符合以下标准：可测性、可控性、相关性、抗干扰性和适应性。

4. 参考答案：D

考点：考查中国资本市场场内市场。全国中小企业股份转让系统，又被称为“新三板”，是经国务院批准设立的全国性的证券交易场所，成立于 2012 年 9 月 20 日。

5. 参考答案：D

考点：考查证券市场主体中的合格境外机构投资者。

6. 参考答案：B

考点：考查证券服务机构——证券金融公司业务规则。转融通担保证券明细账户是转融通担保证券账户的二级账户，用于记载证券公司委托证券金融公司持有的担保证券的明细数据。

7. 参考答案：C

考点：考查金融风险管理策略。风险对冲，是指通过投资或购买与标的资产收益波动负相关的某种资产或衍生产品，来冲销标的资产潜在损失的一种策略性选择。风险对冲对管理市场风险非常有效。

8. 参考答案：D

考点：考查风险限额类别。市场风险限额指标包括产品或组合敞口限额。

9. 参考答案：A

考点：考查市场风险。根据马科维茨组合投资理论，投资组合的多样化可以分散非系统性风险，当投资组合中的资产种类数目趋近于无穷大，组合的非系统性风险将趋于零。

10. 参考答案：B

考点：流动性风险管理、合格的流动性缓冲资产不存在变现障碍，不应被用作交易头寸的对冲资金，也不应被指定用于抵押、结构性交易中的信用增级或支付经营成本，应明确作为紧急资金来源专门管理，能够随时变现用来弥补现金流入和流出所导致的资金缺口。

11. 参考答案：A

考点：考查我国证券公司风险管理基本情况。风险限额方面，各家证券公司均已建立了适合自身业务管理需要的风险偏好，在风险偏好框架下设立了风险容忍度及风险限额，并建立了逐级分解机制。

12. 参考答案：C

考点：考查金融风险管理中证券公司风控缺陷导致风险案例。

13. 参考答案：B

考点：考查股票的性质。股票具有以下几个性质：（1）股票是有价证券；（2）股票是要式证券；（3）股票是证权证券；（4）股票是资本证券；（5）股票是综合权利证券。

14. 参考答案：B

考点：考查记名股票特点。记名股票可以一次或分次缴纳出资。

15. 参考答案：A

考点：考查优先股特点。优先股通常具有固定的股息，股份持有人优先于普通股股东分配公司利润和剩余财产，但参与公司决策管理等权利受到限制。

16. 参考答案：A

考点：考查优先股和永续债的区别。与永续债相比，优先股投资者具有在一定条件下恢复表决权的权利，而永续债一般不具有这一特点。

17. 参考答案：D

考点：考查外资股的分类，B 股是境内上市外资股。

18. 参考答案：A

考点：考查股票发行监管制度。

19. 参考答案：C

考点：考查上海证券交易所科创板股票上市规则。根据上市规则，发行人股票在上海证券交易所科创板首次上市，应当经上交所审核并由中国证监会作出同意注册决定。

20. 参考答案：B

考点：考查科创板上市公司非公开发行股票的条件。向特定对象发行的股票，自发行结束之日起 6 个月内不得转让。发行对象属于“通过认购本次发行的股票取得上市公司实际控制权的投资者”规定情形的，其认购的股票自发行结束之日起 18 个月内不得转让。

21. 参考答案：A

考点：考查科创板退市的特别规定。科创板上市公司的股票终止上市后，符合上交所规定条件的，可以向上交所申请再次上市。

22. 参考答案：A

考点：考查证券托管的概念。证券托管是指投资者将持有的证券委托给证券公司保管，并由后者代为处理有关证券权益事务的行为。

23. 参考答案：C

考点：考查委托交易申报时间。交易时间内因故停市，交易时间不作顺延。

24. 参考答案：C

考点：考查开盘价与收盘价知识点。证券的开盘价通过集合竞价方式产生，不能通过集合竞价产生开盘价的，以连续竞价方式产生。

25. 参考答案：B

考点：考查涨跌幅限制与竞价申报的有效范围。

26. 参考答案：B

考点：考查附息债券的定义。附息债券的合约中明确规定，在债券存续期内，对持有人定期支付利息（通常每半年或每年支付一次）。

27. 参考答案：C

考点：考查债券与股票的区别。债券与股票都是直接融资工具。

28. 参考答案：A

考点：考查政府债券的特征。政府债券是政府发行的债券，由政府承担还本付息的责任，是国家信用的体现。在各类债券中，政府债券的信用等级是最高的，通常被称为金边债券。投资者购买政府债券，是一种较安全的投资选择。

29. 参考答案：D

考点：考查特种国债的定义。特种国债是指政府为了实施某种特殊政策而发行的国债。

30. 参考答案：B

考点：考查储蓄国债（凭证式）的特点。发行储蓄国债（凭证式）一般不印制实物券面，而采用填制“中华人民共和国储蓄国债（凭证式）收款凭证”的方式，通过部分商业银行和邮政储蓄柜台，面向城乡居民个人和各类投资者发行。

31. 参考答案：B

考点：考查国债的最高投标限额。国债承销团甲类成员最高投标限额为当期（次）国债竞争性招标额的35%。

32. 参考答案：A

考点：考查证券公司次级债务。证券公司借入期限在2年以上（含2年）的次级债务为长期次级债务，长期次级债务应当为定期债务。

33. 参考答案：B

考点：考查混合资本债券的定义。

34. 参考答案：D

考点：考查证券公司借入或发行次级债数额应符合的相关规定。

35. 参考答案：D

考点：财务公司已发行、尚未兑付的金融债券总额不得超过其净资产总额的100%，发行金融债券后，资本充足率不低于10%。

36. 参考答案：C

考点：考查发行企业债券的条件。

37. 参考答案：C

考点：考查中小非金融企业集合票据的发行规模。

38. 参考答案：C

考点：考查交易所市场的债券清算和结算。

39. 参考答案：A

考点：考查公募基金与私募基金的定义。

40. 参考答案：B

考点：考查开放式基金的认购方式。我国股票型基金的认购费率大多在1% ~ 1.5%，债券型基金的认购费率通常在1%以下，货币市场基金一般不收取认购费。基金份额的认购通常有前端收费和后端收费两种模式。开放式基金的认购采取金额认购的方式。

41. 参考答案：D

考点：考查私募基金信息披露的相关要求，单只私募证券投资基金管理规模金额达到5000万元以上的，应当持续在每月结束之日起5个工作日以内向投资者披露基金净值信息。

42. 参考答案：B

考点：考查私募基金募集的相关规定，投资者的评估结果有效期最长不得超过3年。

43. 参考答案：B

考点：考查私募基金的募集规定，基金募集期限届满，基金募集份额总额不少于2亿份，基金募集金额不少于2亿元人民币；基金份额持有人的人数不少于200人，基金管理人应当自募集期限届满之日起10日内聘请法定验资机构验资，向中国证监会提交验资报告，办理基金备案手续。

44. 参考答案：C

考点：考查投资基金的分类。

45. 参考答案：B

考点：考查特殊类型基金中的上市开放式基金（LOF）的特点和交易制度。

46. 参考答案：A

考点：考查基金的监管机构。

47. 参考答案：B

考点：考查基金份额的发售。基金的募集期限自基金份额发售日开始计算，募集期限不得超过 3 个月。

48. 参考答案：A

考点：考查基金年度报告的相关要求。

49. 参考答案：B

考点：考查基金合同生效的相关规定。

50. 参考答案：A

考点：考查基金信息披露的相关管理要求。基金发生重大事件，有关信息披露义务人应当在两日内编制临时报告书，并登载在指定报刊和指定网站上。

51. 参考答案：D

考点：本题主要考查广义的有价证券。

52. 参考答案：D

考点：考查影响我国金融市场运行的经济因素。

53. 参考答案：D

考点：考查创新型货币政策工具。

54. 参考答案：D

考点：考查按政策标准。机构投资者可分为一般机构投资者和战略机构投资者。

55. 参考答案：C

考点：考查证券市场主体中的合格境外机构投资者。首次公开发行，是指拟上市公司首次面向不特定的社会公众投资者公开发行股票募集资金并上市的行为。证券市场融资是直接融资。

56. 参考答案：D

考点：考查基金类投资者。企业年金，是指企业及其职工在依法参加基本养老保险的基础上，自愿建立的补充养老保险基金。

57. 参考答案：D

考点：考查证券公司的主要业务。中国证监会根据证券公司评价计分的高低，将证券公司分为 A（AAA、AA、A）、B（BBB、BB、B）、C（CCC、CC、C）、D、E 五大类 11 个级别。所以①错误。证券公司办理经纪业务，不得接受客户的全权委托而决定证券买卖、选择证券种类、决定买卖数量或者买卖价格，且不得允许他人以证券公司的名义直接参与证券的集中交易。所以②错误。证券包销，是指证券公司将发行人的证券按照协议全部购入或者在承销期结束时将售后剩余证券全部自行购入的承销方式，证券代销，是指证券公司代发行人发售证券，在承销期结束时，将未售出的证券全部退还给发行人的承销方式。所以③④错误。

58. 参考答案：B

考点：考查证券服务机构－证券投资咨询机构。证券投资咨询机构向投资人或者客户提供的证券投资咨询传真件必须注明机构名称、地址、联系电话和联系人姓名。所以①错误。证券投资咨询机构与报刊、电台、电视台合办或者协办证券投资咨询版面、节目或者与电信服务部门进行业务合作时，应当向证券监管部门备案。所以④错误。

59. 参考答案：D

考点：企业的组织形式可分为独资制、合伙制和公司制。

60. 参考答案：D

考点：考查市场风险管理中市场风险的应对。金融衍生产品和金融工程是管理市场风险的主要工具和技术。套期保值（即对冲）、限额和定价补偿是管理市场风险最主要的方法。

61. 参考答案：D

考点：考查证券类机构面临的主要信用风险。

62. 参考答案：A

考点：考查信用风险经典量化模型。

63. 参考答案：D

考点：考查信用衍生产品交易的特征。

64. 参考答案：D

考点：考查我国股票类型代码。

65. 参考答案：C

考点：考查创业板上市公司发行股票的一般规定。

66. 参考答案：D

考点：考查股票退市制度。

67. 参考答案：D

考点：考查股票交易程序中委托指令的内容。委托指令应当包括下列内容：证券账户号码；证券代码；买卖方向；委托数量；委托价格；交易所及其会员要求的其他内容。

68. 参考答案：D

考点：考查股票价格指数的编制方法。股票价格指数的编制方法主要有三种，即算术平均法、几何平均法和加权平均法。

69. 参考答案：B

考点：考查沪股通相关知识点。上交所上市公司股票为风险警示股票（即ST、*ST股票）、退市整理股票、暂停上市股票、以外币报价交易的股票（即B股）和具有上交所认定的其他特殊情形的股票，不纳入沪股通股票。

70. 参考答案：C

考点：考查集合竞价确定成交价的原则。根据我国证券交易所的相关规定，集合竞价确定成交价的原则为：

第一，可实现最大成交量的价格。

第二，高于该价格的买入申报与低于该价格的卖出申报全部成交的价格。

第三，与该价格相同的买方或卖方至少有一方全部成交的价格。

71. 参考答案：C

考点：根据中国证券登记结算有限责任公司《证券非交易过户业务实施细则（适用于继承、捐赠等情形）》，登记在中国证券登记结算有限责任公司开立的证券账户（不含开放式基金账户）中的股票（不含非流通股）、存托凭证、债券、基金等在证券交易所、全国中小企业股份转让系统交易的证券品种，若发生继承、捐赠、依法进行的财产分割、法人资格丧失、私募资产管理等情形涉及的证券非交易过户业务，则继承、法人资格丧失所涉证券过户的，由过入方作为申请人提交过户业务申请；捐赠、离婚、私募资产管理所涉证券过户的，由过出方、过入方作为申请人共同提交过户业务申请。

72. 参考答案：A

考点：考查股票价格指数的主要功能。

73. 参考答案：A

考点：考查股东权利，主要包括资产收益、重大决策、选择管理者等权利，对财产直接支配是物权证权的特征，要求公司破产优先清偿是债权人的权利。

74. 参考答案：A

考点：考查首次公开发行股票并在创业板上市的规定。

75. 参考答案：A

考点：考查股票的定义以及性质。股票是一种有价证券，其本身没有价值。股票是证权证券，不是设权、物权证券。股票代表了股东对股份公司净资产的所有权。

76. 参考答案：B

考点：考查债券的分类。

77. 参考答案：A

考点：考查可调利率债券的调整间隔。

78. 参考答案：A

考点：考查债券的分类。债券按发行方式可分为公募债券和私募债券。

79. 参考答案：A

考点：考查债券与股票的相同点。

80. 参考答案：B

考点：《中华人民共和国个人所得税法》规定，个人投资的公司债券利息、股息、红利所得应纳个人所得税，但国债和国家发行的金融债券的利息收入可免纳个人所得税。

81. 参考答案：A

考点：考查混合资本债券的定义和发行。我国的混合资本债券，是指商业银行为补充附属资本发行的、清偿顺序位于股权资本之前但列在一般债务和次级债务之后、期限在15年以上、发行之日起10年内不可赎回的债券。混合资本债券可以公开发行，也可以定向发行。但无论是公开发行还是定向发行，均应进行信用评级。

82. 参考答案：A

考点：考查企业发行企业债券必须符合的条件。

83. 参考答案：A

考点：考查债券不能收回投资的风险。

84. 参考答案：D

考点：考查国债的期限。长期国债是指偿还期限在10年以上的国债。

85. 参考答案：A

考点：考查债券估值相关知识。

86. 参考答案：C

考点：考查利率期限结构的理论。

87. 参考答案：A

考点：考查交易所债券市场的托管方式。

88. 参考答案：D

考点：考查公司型基金的相关概念知识。

89. 参考答案：C

考点：考查封闭式基金与开放式基金的区别与联系。封闭式基金的基金规模是固定的，在封闭期限内未经法定程序认可不能增加发行。

90. 参考答案：A

考点：考查基金募集的步骤。

91. 参考答案：B

考点：考查基金募集中基金份额发售的相关管理规定。

92. 参考答案：D

考点：考查基金募集信息披露的相关要求。

93. 参考答案：B

考点：考查基金运作信息披露的基本规范。基金管理人应在每个季度结束之日起15个工作日内编制完成基金季度报告，并将季度报告登载在指定网站上。

94. 参考答案：C

考点：考查私募基金财产投资要求。

95. 参考答案：A

考点：考查基金信息临时披露中具体的重大事件。

96. 参考答案：D

考点：考查各种费用的计提标准及计提方式。

97. 参考答案：A

考点：考查债券基金收益受到市场利率影响的情况。债券基金的收益会受市场利率的影响，当市场利率下调时，其收益会上升；反之，若市场利率上调，其收益将下降。

98. 参考答案：D

考点：考查私募基金募集的相关规定。

99. 参考答案：A

考点：考查基金业绩评价指标。

100. 参考答案：A

考点：考查基金资产估值需要考虑的因素。

《金融市场基础知识》模拟试卷（三）

一、选择题（共50题，每题1分，共50分。以下各选项中，只有一项符合题目要求，不选、错选均不得分）

1. 以下对金融市场的分类正确的是（　　）。

A. 按金融资产到期期限分为货币市场和资本市场

B. 按交易工具分为现货市场和衍生品市场

C. 按发行流通性质分为证券市场和非证券金融市场

D. 按组织方式分为债权市场和权益市场

2. 以下不属于货币政策的最终目标的是（　　）。

A. 稳定物价　　B. 充分就业

C. 控制银行信贷规模　　D. 国际收支平衡

3. 以下关于货币政策的说法错误的是（　　）。

A. 中央银行卖出有价证券，不仅会使货币供给量减少（回笼基础货币），而且还会使证券价格下跌，市场利率上升，提高借入资金的成本，减少社会投资，抑制经济过热的势头

B. 逆回购为中国人民银行向一级交易商卖出有价证券，并约定在未来特定日期买回有价证券的交易行为，逆回购为央行从市场收回流动性的操作，逆回购到期则为央行向市场投放流动性的操作

C. 再贴现政策是中央银行通过直接调整或制定对合格票据的贴现利率，来干预和影响市场利率，从而调节货币供应量的政策措施

D. 公开市场操作的优点是主动权完全在央行，可以进行经常性、连续性的操作，可以较为准确地达到政策目标，且具有较强的可逆转性

4. （　　）年，广州期货交易所揭牌仪式举行。

A. 2018　　B. 2019

C. 2020　　D. 2021

5. 以下关于中国资本市场场内市场的描述错误的是（　　）。

A. 科创板的开板，标志着我国证券交易所市场逐步确立了由主板、科创板、创业

板、新三板构成的多层次资本市场体系框架

B. 在交易制度方面，改革后的创业板全面向科创板靠拢，创业板股票涨跌幅限制比例由10%提高至20%，并且同步放宽相关基金涨跌幅至20%

C. 与科创板类似，创业板新股上市前5日同样不设涨跌幅限制，并设置30%、50%两档停牌指标以稳定价格，防止股价出现非理性波动

D. 私募基金市场是指在中华人民共和国境内，以非公开方式向投资者募集资金设立的投资基金

6. 下列（　　）不符合我国对申请合格境外投资者资格所应具备的条件要求。

A. 财务稳健，资信良好，具备证券期货投资经验

B. 境内投资业务主要负责人员符合申请人所在境外地区有关从业资格的要求（如有）

C. 治理结构、内部控制和合规管理制度健全有效，按照规定指定督察员负责对申请人境内投资行为的合法合规性进行监督

D. 经营行为规范，近2年或者自成立以来未受到监管机构的重大处罚

7. 以下关于合格境外机构投资者的说法错误的是（　　）。

A. 能够满足中国QFII资格审查条件的，一般而言都是运作规范、管理资产经验丰富的境外机构，其目的是吸引境外机构进行中长期投资，维护市场中长期稳定的导向

B. 合格境外投资者及其他境外投资者依法对上市公司战略投资的，其战略投资的持股不受《关于实施<QFII、RQFII办法>有关问题的规定》相关规定的比例限制

C. 就持股比例而言，单个合格境外投资者或其他境外投资者持有单个上市公司或者挂牌公司的投资限额与国内基金一样，不得超过该公司股份总数的10%

D. 就持股比例而言，国内基金和全部合格境外投资者及其他境外投资者一样，持有单个公司A股或者境内挂牌股份的总和，不得超过该公司股份总数的30%

8. 以下关于证券金融公司保证金规定的说法错误的是（　　）。

A. 证券金融公司应当逐日计算证券公司交存的保证金价值与其所欠债务的比例。当该比例低于约定的维持保证金比例时，应当通知证券公司在一定的期限内补交差额，直至达到约定的初始保证金比例

B. 证券金融公司应当逐日计算证券公司交存的保证金价值与其所欠债务的比例。当该比例低于约定的维持保证金比例时，应当通知证券公司在一定的期限内补交差额，直至达到约定的初始保证金比例。对因证券金融公司有偿使用证券公司交存的保证金导致的差额，证券公司须要补交

C. 经证券公司书面同意，证券金融公司可以有偿使用证券公司交存的保证金

D. 证券金融公司使用保证金的用途、期限、对价等具体事项，由双方通过转融通业务合同约定

9. 证券市场融资活动的方式不包括（　　）。

A. 股票融资　　B. 债券融资

C. 投资基金融资　　D. 保险融资

10. 关于现代风险管理理念的说法错误的是（　　）。

A. 存在没有风险性的金融产品

B. 风险收益平衡选择是金融交易和风险管理行为的基本特征

C. 在有效的金融市场上，只有承担风险才能相应获得收益

D. 以风险换收益突出了风险是收益的来源，反映了投资活动的本质，即承担较高风险的投资应该获得相对较低风险而项目预期收益率更高的风险溢价

11. 下列关于市场风险的说法错误的是（　　）。

A. 市场风险是证券投资类机构面临的最基本的风险之一

B. 市场风险是指因市场价格变量波动而给经济主体带来损益的风险

C. 市场风险通常来源于交易对手或金融机构内部，因此，它具有明显的非系统性风险特征，可以通过分散化投资完全消除

D. 利率风险是指利率的不利变动给金融机构的财务状况带来的风险

12.（　　）是指通过投资或购买与标的资产收益波动负相关的某种资产或衍生产品，来冲销标的资产潜在损失的一种策略性选择。

A. 风险对冲策略　　B. 风险分散策略

C. 风险控制策略　　D. 风险规避策略

13. 首次公开发行上市的股票，上市后的前（　　）个交易日不设价格涨跌幅限制。

A. 3　　B. 5

C. 7　　D. 10

14. 沪股通股票以人民币报价和交易。2018 年 5 月 1 日起，沪股通每日额度调整为（　　）亿元人民币。

A. 300　　B. 520

C. 450　　D. 500

15. 沪港通下的港股通，是指投资者委托（　　）会员，经由上海证券交易所在中国香港设立的证券交易服务公司。

A. 上海证券交易所　　B. 内地证券公司

C. 中国证监会　　D. 香港证券公司

16. 投资者应当通过深市人民币普通股票账户进行港股通交易。港股通交易以港币报价，投资者以（　　）交收。

A. 人民币　　B. 港币

C. 美元　　D. 欧元

17. 科创板股票竞价交易实行价格涨跌幅限制，涨跌幅比例为 20%，其中，科创板

首次公开发行上市的股票，上市后的前（　　）个交易日不设价格涨跌幅限制。

A. 3　　B. 5

C. 7　　D. 10

18. 在没有优先股的条件下，公司净资产除以发行在外的普通股票的股数得出的是股票的（　　）。

A. 票面价值　　B. 账面价值

C. 清算价值　　D. 内在价值

19. 从股票的市场行为来分析股票价格未来变化趋势的方法，是股票投资分析方法中的（　　）。

A. 基本分析法　　B. 技术分析法

C. 量化分析法　　D. 定性分析法

20. 如果你今天把 100 元钱贷给别人 5 年，约定年利率为 10%，则到期将收回（　　）元。

A. 150　　B. 161.05

C. 159.25　　D. 155

21. 一般来讲，影响股票投资价值的外部因素不包括（　　）。

A. 宏观经济因素　　B. 市场因素

C. 行业因素　　D. 股利因素

22. 下列选项中不属于发行优先股的作用的是（　　）。

A. 可以筹集长期稳定的公司股本　　B. 可以减轻利润分配的负担

C. 避免经营决策权的改变和分散　　D. 优先股的清偿顺序晚于普通股

23. 根据科创板上市公司并购重组落实注册制试点要求，由交易所对申报材料进行审核，中国证监会在收到交易所审核意见后（　　）个交易日内作出审查决定。

A. 3　　B. 5

C. 7　　D. 10

24. 在沪、深证券交易所成立以前，发行价格大部分按（　　）进行，定价没有制度可循。沪、深证券交易所成立以后，新股发行经历了一个“定价—竞价—定价”的反复演变过程。

A. 公允价值　　B. 内在价值

C. 面值　　D. 竞价

25.（　　）制度是指有资格的证券公司推荐符合条件的公司公开发行股票和上市，并对所有推荐的发行人的申请文件和信息披露资料进行审慎核查，督导发行人规范运作的制度。

A. 保荐　　B. 发审委

C. 保代　　D. 推荐

26. 下列属于储蓄国债（凭证式）和储蓄国债（电子式）的相同点的是（　　）。

A. 都在商业银行柜台发行，不能上市流通

B. 申请购买手续不同

C. 债权记录方式不同

D. 付息方式不同

27. 根据发行条件不同，金融债券可分为（　　）。

A. 普通金融债券和累进利息金融债券

B. 附息金融债券和贴现金融债券

C. 固定利率债券、浮动利率债券和累进利率债券

D. 信用债券和担保债券

28.（　　）是指发行人依照法定程序发行、在一定期限内依据约定的条件可以转换成股份的公司债券。这种债券附加转股选择权，在转换前是公司债券形式，转换后相当于增发了股票。

A. 收益公司债券　　B. 可交换公司债券

C. 可转换公司债券　　D. 附认股权证的公司债券

29.（　　）是指通过设立隶属于地方政府的企业作为融资平台发行，由地方政府财政收入或地方政府信用对债券提供隐性担保，募集资金用于地方基础设施建设的债券，有时也被视为是“准市政债”。

A. 城投债企业债券　　B. 集合类企业债券

C. 产业类企业债券　　D. 建设国债

30. 发行开始前，财政部会同中国人民银行根据发行通知规定，将当期储蓄国债（电子式）最大发行额的全部或部分，作为基本代销额度，按照各承销团成员基本代销额度比例分配给承销团成员，其余发行额度作为机动代销额度在发行期内供各承销团成员抓取。承销团成员申请机动代销额度的单笔上限为自身当期国债基本代销额度的（　　），同一期国债两次申请时间间隔不少于 1 分钟。

A. 10%　　B. 15%

C. 20%　　D. 30%

31. 国债承销团乙类成员最高投标限额为当期（次）国债竞争性招标额的（　　）。

A. 25%　　B. 35%

C. 45%　　D. 55%

32. 证券公司借入期限在（　　）个月以上（含）2 年以下（不含）的次级债务为短期次级债务，短期次级债务不计入净资本，仅可在公司开展有关特定业务时按规定和要求扣减风险资本准备。

A. 1　　B. 3

C. 6　　D. 12

33. 下列关于欧洲债券的说法有误的是（　　）。

A. 欧洲债券是指借款人在本国境外市场发行的、不以发行市场所在国货币为面值的国际债券

B. 由于以这种方式发行的债券最早出现在欧洲，故被称为欧洲债券

C. 欧洲债券不可以在欧洲以外的国家发行，同时其发行面值也不可以以欧元之外的其他货币来表示

D. 大多数欧洲债券仍然是以美元为面值发行的

34. 下列关于外国债券的说法错误的是（　　）。

A. 外国债券是指某一国家借款人在本国以外的某一国家发行以该国货币为面值的债券

B. 外国债券的特点是债券发行人与债券的面值货币和发行市场属于同一个国家

C. 在美国发行的外国债券被称为“扬基债券”

D. 在日本发行的外国债券被称为“武士债券”

35. 下列关于资产支持证券的说法错误的是（　　）。

A. 在资产证券化过程中发行的以资产池为基础的证券被称为“资产支持证券”

B. 可以提高基础资产的流动性，改善资产质量

C. 可以改变发起人的资产结构

D. 不能加快发起人资金周转

36. 保险公司次级债务的偿还只能在确保偿还次级债务本息后偿付能力充足率不低于（　　）的前提下才能偿付本息。

A. 100%　　B. 150%

C. 200%　　D. 300%

37. 根据（　　）分类，可以将证券化产品分为股权型证券化、债权型证券化和混合型证券化。

A. 基础资产　　B. 资产证券化的地域

C. 证券化产品的属性　　D. 发行对象

38. 下列关于外国债券与欧洲债券的说法正确的是（　　）。

A. 欧洲债券是指某一国家借款人在本国以外的某一国家发行以该国货币为面值的债券

B. 外国债券是指借款人在本国境外市场发行的、不以发行市场所在国货币为面值的国际债券

C. 在中国发行的以人民币计价的外国债券被称为“熊猫债券”

D. 外国债券不以发行市场所在国的货币为面值，故也被称为无国籍债券

39. 关于契约型基金和公司型基金，下列说法正确的是（　　）。

A. 公司型基金的资金是通过发行基金份额筹集起来的信托财产

B. 公司型基金的投资者购买基金公司的股票后成为该公司的股东

C. 契约型基金的资金是通过发行普通股票筹集的公司法人的资本

D. 契约型基金依据公司章程营运基金

40. 关于封闭式基金与开放式基金，下列说法正确的有（　　）。

A. 开放式基金的买卖价格受市场供求关系的影响，常出现溢价或折价现象，并不必然反映单位基金份额的净资产值

B. 封闭式基金的申购赎回以每一基金份额净资产值为基础，不受市场供求关系影响

C. 封闭式基金会预留一定比例的现金，不会进行全额投资

D. 封闭式基金由于无须考虑资金流进流出的影响，更便于基金经理进行长期投资

41. ETF 联接基金是指将大部分基金资产，通常在（　　）以上，投资于跟踪同一标的指数的 ETF，密切跟踪标的指数表现，追求跟踪误差最小化的开放式基金。

A. 90%　　B. 80%

C. 70%　　D. 60%

42. LOF 采用（　　）申购和（　　）赎回方式进行，对申购和赎回没有规模上的限制，可以在交易所申购、赎回，也可以在代销网点进行。

A. 现金　实物　　B. 现金　现金

C. 实物　现金　　D. 实物　实物

43. 基金的市场营销主要涉及（　　）。

A. 投资管理　　B. 后台管理

C. 基金信息披露　　D. 基金份额的募集与客户服务

44. 关于基金销售支付机构，下列说法错误的是（　　）。

A. 基金销售支付机构受基金销售机构委托，为基金销售机构提供基金销售结算资金划转服务

B. 基金销售机构应当选择具备相应条件的商业银行或者支付机构办理基金销售支付业务

C. 支付机构从事基金销售支付业务，应当向中国证监会备案

D. 基金销售支付机构在最近 1 年没有受到刑事处罚或者重大行政处罚

45. 关于基金份额登记机构的职责，下列说法错误的是（　　）。

A. 建立并管理投资人基金份额账户　B. 代理发放红利

C. 提供基金投资咨询、建议服务　　D. 服务协议约定的其他职责

46. 关于基金的监管机构和自律组织，下列说法错误的是（　　）。

A. 在我国，国务院证券监督管理机构，即中国证监会依法对证券投资基金活动实施监督管理

B. 基金的自律组织是基金行业自律组织

C. 证券交易所是基金的自律管理机构之一

D. 基金监管机构通过依法行使审批或核准权，依法办理基金备案，对基金管理人、基金托管人以及其他从事基金活动的服务机构进行监督管理，对违法行为进行查处

47. 关于开放式基金的开户管理，下列说法错误的是（　　）。

A. 投资人认购开放式基金，一般通过基金管理人或管理人委托的商业银行、证券公司等基金销售机构办理

B. 拟进行基金投资的投资人，只需要先开立基金账户

C. 基金账户是基金注册登记人为基金投资人开立的、用于记录其持有的基金份额及其变动情况的账户

D. 资金账户是投资人在基金代销银行、证券公司开立的用于基金买卖的资金结算账户

48. 关于开放式基金的认购管理，下列说法错误的是（　　）。

A. 投资人在办理开放式基金认购申请时，须填写认购申请表，并须按销售机构规定的方式全额缴款

B. 投资者在募集期内只能一次性认购基金份额

C. 一般情况下，已经正式受理的认购申请不得撤销

D. 投资者在募集期内只能可以多次认购基金份额

49. 召开基金份额持有人大会的，召集人应当至少提前（　　）日在指定报刊和指定网站上公告基金份额持有人大会的召开时间、会议形式、审议事项、议事程序和表决方式等事项。

A. 10　　　　B. 15

C. 20　　　　D. 30

50. 关于基金申购赎回费用及销售服务费，下列说法错误的是（　　）。

A. 申购费用采取前端收费的模式

B. 基金持有时间越长，适用的赎回费率越低

C. 我国的货币市场基金，通常申购和赎回费为0

D. 一般从基金财产中计提不高于0.25%的销售服务费，用于基金的持续销售和为基金份额持有人提供服务

二、组合型选择题（共50题，每题1分，共50分。以下各选项中，只有一项符合题目要求，不选、错选均不得分）

51. 2021年3月，中国银保监会发布《关于修改〈中华人民共和国外资保险公司管理条例实施细则〉的决定》。该决定坚决落实对外开放要求，遵循内外资一致原则，注重加强风险管控，努力创造有利于中外资公平竞争、共同发展的市场营商环境。该决

定主要修改了以下（　　）几方面内容。

①明确外国保险集团公司和境外金融机构准入条件，参照外国保险公司的准入标准设定了外国保险集团公司的准入条件

②完善股东变更及准入要求

③不允许外国保险集团公司投资设立保险类机构

④保持制度一致性，取消外资股比的限制性规定

A. ①②③　　B. ②③④

C. ①②④　　D. ①②③④

52. 我国金融衍生品市场按资产类别划分主要包括利率类衍生品、权益类衍生品、货币类衍生品、信用类衍生品，下列属于货币类衍生品的有（　　）。

①人民币外汇期权和期权组合　　②外汇远期

③利率互换产品　　④货币掉期

A. ①②③　　B. ①②④

C. ①③④　　D. ①②③④

53. 以下关于中国资本市场场内市场的描述正确的有（　　）。

①场外市场是指在集中的交易场所之外进行证券交易的市场，没有集中的交易场所和市场制度，又被称为店头市场或者柜台市场

②场外交易市场在挂牌条件上通常不对企业规模和盈利情况设置门槛，更加注重企业的成长性

③场外交易市场通常对其信息披露频率和内容的要求较低，监管较为宽松，市场透明度不及交易所市场

④目前的场外交易市场为了不形成混合交易模式，单纯采用集中报价、分散成交的做市商模式

A. ①②③　　B. ①②④

C. ②③④　　D. ①②③④

54. 下列属于机构投资者特征的有（　　）。

①投资资金规模化　　②投资管理专业化

③投资结构组合化　　④投资行为规范化

A. ①②③　　B. ②③④

C. ①③④　　D. ①②③④

55. 属于我国证券公司的主要业务的有（　　）。

①证券经纪业务

②证券投资咨询业务

③与证券交易、证券投资活动有关的财务顾问业务

④证券做市交易业务

A. ①②③　　B. ②③④

C. ①②④　　D. ①②③④

56. 下列关于证券服务机构从事证券服务业务向中国证监会和国务院有关主管部门备案的行为的说法正确的有（　　）。

①证券服务机构应当于每年 4 月 30 日前提交年度备案材料

②会计师事务所为证券的发行、上市、挂牌、交易等证券业务活动制作、出具财务报表审计报告可以不向中国证监会备案

③律师事务所为上市公司发行证券及上市提供证券服务业务，制作、出具法律意见书，应当按照规定向中国证监会和国务院有关主管部门备案

④资产评估机构为证券公司及其资产管理产品制作、出具资产评估报告，应当按照规定向中国证监会和国务院有关主管部门备案

A. ①②③　　B. ②③④

C. ①③④　　D. ①②③④

57. 企业筹措长期资本的主要途径有（　　）。

①发行股票　　②发行长期企业债券

③发行 1 年期债券　　④发行短期债券

A. ①②　　B. ①③

C. ②③　　D. ①④

58. 以下机构属于“一委一行两会”中的是（　　）。

①国务院发展改革委员会　　②中国人民银行

③中国证券监督管理委员会　　④中国银行保险监督管理委员会

A. ①②③　　B. ①②④

C. ②③④　　D. ①②③④

59. 下列关于风险管理的组织架构中说法正确的有（　　）。

①证券公司应当保障首席风险官的独立性。公司股东、董事不得违反规定的程序，直接向首席风险官下达指令或者干涉其工作

②业务条线部门是第一道风险防线

③风险管理部门和合规部门是第三道风险防线

④内部审计是第二道风险防线

A. ①②　　B. ②③

C. ②④　　D. ①④

60. 关于风险限额的管理中风险限额的设定四个阶段的顺序正确的是（　　）。

①第一个阶段全面风险计量，即对各类业务所包含的风险进行量化分析，以确定各类敞口的预期损失和非预期损失

②利用会计信息系统，对各业务敞口的收益和成本进行量化分析，其中制订一套合

理的成本分摊方案是亟待解决的一项重要任务

③运用资产组合分析模型，对各业务敞口确定经济资本的增量和存量

④综合考虑监管部门的政策要求以及公司战略管理层的风险偏好，最终确定各业务敞口的风险限额

A. ①②③④　　B. ②③④①

C. ③④①②　　D. ④①②③

61. 根据市场风险因素的不同，市场风险可以分为（　　）。

①利率风险　　②外汇风险

③股票价格风险　　④商品风险

A. ①②③　　B. ②③④

C. ①②④　　D. ①②③④

62. 下列关于市场风险在业务中的暴露的说法正确的有（　　）。

①证券公司自营业务的风险暴露主要是自营账户的证券资产组合，组合中包括股票、基金、债券等资产

②在证券承销业务中，面临的市场风险主要来源于当市场低迷时，包销过程中出现不能售出全部证券的情况

③融资融券的交易性业务性质决定了虽然市场风险承担的第一主体为证券公司，但在极端市场情况下，担保品无法覆盖融资或融券金额，证券公司也将被动承担市场风险

④特殊情况下，由于市场对冲工具不足，流动性枯竭，风险计量模型失效或交易操作失误等，导致风险无法有效对冲，证券公司被动承担市场风险，甚至面临大额损失

A. ①②③　　B. ②③④

C. ①②④　　D. ①③④

63. 风险限额类别包括（　　）。

①信用风险限额　　②市场风险限额

③流动性风险限额　　④国别风险限额

A. ①②③　　B. ②③④

C. ①②④　　D. ①②③④

64. 下列关于股票的说法正确的有（　　）。

①一股票是一种资本证券，但又不是一种现实的资本

②股票代表了股东对股份公司净资产的所有权

③股票是一种有价证券，其本身没有价值

④股东权利的转让在股票占有的转移之后进行

A. ①②③④　　B. ②③④

C. ①③④　　D. ①②③

65. 中国证监会于2020年6月12日发布的《创业板上市公司证券发行注册管理办

法（试行）》，对创业板上市公司发行股票作出规定，上市公司存在下列（　　）情形之一的，不得向不特定对象发行股票。

①擅自改变前次募集资金用途未作纠正，或者未经股东大会认可

②上市公司及其现任董事、监事和高级管理人员最近三年受到中国证监会行政处罚

③上市公司及其控股股东、实际控制人最近三年存在贪污、贿赂、侵占财产、挪用财产或者破坏社会主义市场经济秩序的刑事犯罪

④上市公司及其控股股东、实际控制人最近一年存在未履行向投资者作出的公开承诺的情形

A. ①②③④　　B. ①②③

C. ①②④　　D. ②③④

66. 下列（　　）原则属于证券交易原则。

①公开　　②公平

③公正　　④公允

A. ①②③④　　B. ①②③

C. ①②④　　D. ②③④

67. 根据《上海证券交易所科创板股票上市规则》，科创板上市公司可能强制退市的情形主要包括（　　）。

①重大违法强制退市　　②财务类强制退市

③交易类强制退市　　④规范类强制退市

A. ①②③④　　B. ①②③

C. ①②④　　D. ②③④

68. 根据中国证监会2020年7月3日发布的《科创板上市公司证券发行注册管理办法（试行）》，科创板上市公司的配股除了要满足发行股票的一般规定外，还应当符合下列（　　）规定。

①拟配售股份数量不超过本次配售前股本总额的50%

②控股股东应当在股东大会召开前公开承诺认配股份的数量

③采用《证券法》规定的代销方式发行

A. ②③　　B. ①②

C. ①③　　D. ①②③

69. 下列选项中影响股票投资价值的内部因素有（　　）。

①净资产　②盈利水平　③股利政策　④股份分割　⑤并购重组

A. ①③⑤　　B. ①②③④⑤

C. ①②③　　D. ①②③④

70. 中国证监会发布的《上市公司证券发行管理办法（2020年修订）》，对主板（中小企业板）上市公司公开发行股票作出的规定中，符合上市公司的盈利能力具有可

持续性的有（　　）。

①最近三个会计年度连续盈利

②高级管理人员和核心技术人员稳定，最近 12 个月内未发生重大不利变化

③业务和盈利来源相对稳定，不存在严重依赖于控股股东、实际控制人的情形

④不存在可能严重影响公司持续经营的担保、诉讼、仲裁或其他重大事项

⑤最近 24 个月内曾公开发行证券的，不存在发行当年营业利润比上年下降 50% 以上的情形

⑥最近 36 个月内未受到过中国证监会的行政处罚、最近 12 个月内未受到过证券交易所的公开谴责

A. ①②③④⑥　　B. ①②③④⑤

C. ①②④⑤⑥　　D. ①②③④⑤⑥

71. 通常，证券交易机制的目标是多重的，主要的目标有（　　）。

①流动性　②稳定性　③有效性

A. ②③　　B. ①②

C. ①③　　D. ①②③

72. 从交易时间的连续特点划分，有定期交易和连续交易，定期交易的特点有（　　）。

①批量指令可以提高价格的稳定性

②指令执行和结算的成本相对比较低

③市场为投资者提供了交易的即时性

A. ②③　　B. ①②

C. ①③　　D. ①②③

73. 股票交易程序中，委托买卖，根据不同的依据，委托指令有多种分类。根据委托订单的数量，委托指令可分为（　　）。

①整数委托　　②零数委托

③买进委托　　④卖出委托

A. ②③④　　B. ①②

C. ①③　　D. ①②③④

74. 股票退市是指上市公司股票在证券交易所终止上市交易。股票退市制度是资本市场重要的基础性制度，有利于（　　）。

①健全资本市场功能，降低市场经营成本

②增强市场主体活力，提高市场竞争能力

③有利于实现优胜劣汰，惩戒重大违法行为

④引导理性投资，保护投资者特别是中小投资者合法权益

A. ①②③④　　B. ①②③

C. ①②④　　D. ②③④

75. 竞价申报时涉及证券价格的有效申报范围，是为了（　　），证券交易所可根据需要对每日股票价格的涨跌幅度予以适当的限制。

①保护投资者利益　　②防止股价暴涨暴跌

③防止投机盛行

A. ②③　　B. ①②

C. ①③　　D. ①②③

76. 根据举借债务对筹集资金使用方向的规定，国债可以分为（　　）。

①建设国债　　②战争国债

③特种国债　　④赤字国债

A. ①②　　B. ①②③

C. ②③④　　D. ①②③④

77. 下列关于流通国债与非流通国债的说法正确的有（　　）。

①流通国债的特征是投资者可以自由认购、自由转让，通常不记名

②流通国债的转让一般在证券市场上进行

③非流通国债不能自由转让，必须记名

④非流通国债的发行对象，有的是个人，有的是一些特殊的机构

A. ①②③④　　B. ①②③

C. ②③④　　D. ①②④

78. 目前我国发行的普通国债有（　　）。

①记账式国债　　②储蓄国债（凭证式）

③储蓄国债（电子式）

A. ①②③　　B. ①②

C. ②③　　D. ①④

79. 以下（　　）属于记账式国债的特点。

①可以记名、挂失

②以无券形式发行，可以防止证券的遗失、被窃与伪造，安全性好

③可上市转让，流通性好

④通过证券交易所电脑网络发行，可以降低证券的发行成本

⑤上市后价格随行就市，具有一定的风险

A. ①②③④⑤　　B. ①②③④

C. ②③④⑤　　D. ①②④⑤

80. 下列关于储蓄国债（电子式）特点的说法错误的有（　　）。

①向个人投资者、机构投资者发行

②可以流通转让

③采用电子方式记录债权可上市转让，流通性好

④收益安全稳定，由财政部负责还本付息，需要缴纳利息税

⑤付息方式较为多样

A. ①②③④⑤　　B. ①②④

C. ②③④　　D. ①②⑤

81. 下列关于证券公司次级债务的说法正确的有（　　）。

①其清偿顺序在普通债务之前

②其清偿顺序先于证券公司股权资本的债务

③其清偿顺序在普通债务之后

④次级债务分为长期次级债务和短期次级债务

A. ①②④　　B. ①②③

C. ②③④　　D. ①②③④

82. 以下关于债券的基本性质，说法正确的有（　　）。

①债券本身有一定的面值，持有债券可按期取得利息

②债券本身有一定的面值，代表了一定的真实资本

③债券代表债券投资者的权利，这种权利不是直接支配财产权，而是一种债权

④转让债券意味着将债券代表的权利一并转移

A. ①②④　　B. ①②③

C. ②③④　　D. ①③④

83. 下列关于财务公司发行金融债券的说法正确的有（　　）。

①财务公司发行金融债券应当由财务公司的母公司或其他有担保能力的成员单位提供相应担保，经原中国银监会批准免予担保的除外

②财务公司发行金融债券可在银行间债券市场公开发行

③财务公司发行金融债券可在银行间债券市场定向发行

④可采取一次足额发行或限额内分期发行的方式

A. ①②④　　B. ①②③

C. ②③④　　D. ①②③④

84. 下列关于国债按资金用途分类的说法正确的有（　　）。

①国债按照资金用途可以分为赤字国债、建设国债、战争国债和特种国债

②赤字国债是指用于弥补政府预算赤字的国债

③建设国债是指发债筹措的资金用于建设项目的国债

④特种国债是指政府为了实施某种特殊政策而发行的国债

A. ①②④　　B. ①②③

C. ②③④　　D. ①②③④

85. 下列关于债券按付息方式分类，说法正确的有（　　）。

①零息债券通常以低于面值的价格发行和交易，债券持有人实际上是以买卖（到期赎回）价差的方式取得债券利息

②与附息债券相似，息票累积债券也规定了票面利率

③附息债券的合约中明确规定，在债券存续期内，对持有人定期支付利息（通常每半年或每年支付一次）

④附息债券可细分为固定利率债券和浮动利率债券两大类

A. ①②④　　B. ①②③

C. ②③④　　D. ①②③④

86. 下面属于地方债分销对象的有（　　）。

①在中央国债登记结算有限责任公司开立债券账户的投资者

②在中国证券登记结算有限责任公司开立股票账户的投资者

③在中国证券登记结算有限责任公司开立基金账户的投资者

④国债承销团成员

A. ①②④　　B. ①②③

C. ②③④　　D. ①②③④

87. 商业银行以私募方式发行次级债券或募集次级定期债务应符合下列属于商业银行发行金融债券应具备的条件的有（　　）。

①具有良好的公司治理机制　　②核心资本充足率不低于5%

③最近3年连续盈利　　④损失准备计提充足

A. ①②④　　B. ①②③

C. ②③④　　D. ①③④

88. 关于伞形基金，下列说法正确的有（　　）。

①伞形基金又被称为系列基金

②伞形基金是指多个基金共用一个基金合同，子基金独立运作并直接可以相互转换的一种基金结构形式

③伞形基金中不同子基金隶属于一个总契约和总体管理框架，可以降低新基金设立的成本，形成品牌优势，便利在不同国家或地区销售

A. ①②　　B. ②③

C. ①③　　D. ①②③

89. 关于公募REITs产品的特征，下列说法正确的有（　　）。

①90%以上基金资产投资于基础设施资产支持证券，并持有其全部份额

②基金通过基础设施资产支持证券持有基础设施项目公司全部股权

③基金通过资产支持证券和项目公司等载体取得基础设施项目完全所有权或经营权利

④采取封闭式运作，收益分配比例不低于合并后基金年度可供分配金额的80%

A. ①③　　B. ①②③

C. ①②④　　D. ②③

90. 基金服务机构包括（　　）。

①基金销售机构　　②基金销售支付机构

③基金投资顾问机构　　④基金评价机构

A. ①②③④　　B. ②③④

C. ①②③　　D. ①③④

91. 关于开放式基金认购步骤中的确认，下列说法中正确的有（　　）。

①销售机构对认购申请的受理并不代表该申请一定成功，而仅代表销售机构接受了认购申请，申请的成功与否应以注册登记机构的确认结果为准

②投资者于 T 日提交认购申请后，可于 T+1 日起到办理认购的网点查询认购申请的受理情况

③认购申请无效的，认购资金将退回到投资人资金账户

④认购的最终结果要待基金募集期结束后才能确认

A. ①②③　　B. ②③④

C. ①③④　　D. ①④

92. 投资者买卖封闭式基金必须开立沪、深证券账户或沪、深基金账户及资金账户。基金账户只能用于（　　）的认购及交易。

①基金　　②国债

③其他债券　　④股票

A. ①③④　　B. ①②④

C. ②③④　　D. ①②③

93. 关于封闭式基金的交易费用，下列说法正确的有（　　）。

①按照沪、深证券交易所公布的收费标准，我国基金交易佣金不得高于成交金额的 1.5%

②深圳证券交易所特别规定佣金水平不得低于代收的证券交易监管费和证券交易经手费

③佣金的征收起点 1 元，由证券公司向投资者收取

④封闭式基金交易不收取印花税

A. ①③④　　B. ①②③

C. ②③④　　D. ②④

94. 关于基金估值的基本原则，下列说法正确的有（　　）。

①对存在活跃市场且能够获取相同资产或负债报价的投资品种，在估值日有报价的，除会计准则规定的例外情况外，应将该报价不加调整地应用于该资产或负债的公允价值计量

②使用公允价值进行估价时，基金管理人不应考虑因其大量持有相关资产或负债所产生的溢价或折价

③对不存在活跃市场的投资品种，应采取在当前情况下适用并且可利用数据和其他信息支持的估值技术确定公允价值

④如经济环境发生重大变化或证券发行人发生影响证券价格的重大事件，使潜在估值调整对前一估值日的基金资产净值的影响在 0.25% 以上的，应对估值进行调整并确认公允价值

A. ①②④　　B. ②④

C. ①②③④　　D. ①④

95. 关于基金的各种费用的计提标准及计提方式，下列选项中正确的是（　　）。

①基金管理费是指基金管理人管理基金资产而向基金收取的费用

②基金托管费是指基金托管人为基金提供托管服务而向基金收取的费用

③基金销售服务费是用于基金的持续销售和为基金份额持有人提供服务而收取的费用

④我国的基金管理费、基金托管费及基金销售服务费均是按照前一日基金资产净值的一定比例逐日计提，按年支付

A. ①③④　　B. ①②③

C. ①②③④　　D. ②③④

96. 关于封闭式基金的利润分配规定，下列说法错误的有（　　）。

①封闭式基金的收益分配每月不得少于一次

②封闭式基金年度收益分配比例不得低于基金年度可供分配利润的 80%。

③基金分配后，基金份额净值可以低于面值

④封闭式基金只能采用现金方式分红

A. ①②③　　B. ①②

C. ②③④　　D. ①②③④

97. 关于基金自身投资活动产生的税收中个人所得税，下列说法正确的有（　　）。

①对基金取得的储蓄存款利息收入，暂免征收个人所得税

②对基金取得的债券利息收入，发行债券的企业和银行在向基金支付上述收入时代扣代缴 20% 的个人所得税

③对基金取得的公开发行和转让的上市公司股票取得的股息红利，持股期限超过 1 年的，免征个人所得税

④持股期限在 1 个月以内（含 1 个月）的，其股息红利所得全额的 80% 计入应纳税所得额

A. ①③④　　B. ①②④

C. ①②③　　D. ②④

98. 一般而言，基金投资管理的流程包括以下环节（　　）。

①研究部门提供研究报告

②投资决策委员会决定基金总体投资计划

③基金经理拟订投资组合具体方案

④交易部门依据基金经理的投资指令执行交易

A. ①②③　　B. ①②

C. ②③④　　D. ①②③④

99. 系统的基金业绩评估需要从（　　）入手。

①计算绝对收益　　②计算风险调整后收益

③计算相对收益　　④进行业绩归因

A. ①②③④　　B. ①②③

C. ②③④　　D. ①③④

100. 关于基金监管内容，下列说法正确的有（　　）。

①对基金机构的监管包括对基金管理人、基金托管人、基金服务机构等的监管

②担任公募基金的基金管理人只能由基金管理公司或者中国证监会按照规定核准的其他机构担任

③公开募集基金应当经中国证监会注册

④独立基金销售机构对外进行股权投资或者提供担保，应当在10个工作日内向住所地中国证监会派出机构备案

A. ①②③　　B. ①②

C. ②③④　　D. ①②③④

模拟试卷（三）参考答案与解析

1. 参考答案：A

考点：考查金融市场的分类。

2. 参考答案：C

考点：考查货币政策。货币政策最终目标包括稳定物价、充分就业、经济增长、国际收支平衡和金融稳定。

3. 参考答案：B

考点：考查货币政策。正回购为中国人民银行向一级交易商卖出有价证券，并约定在未来特定日期买回有价证券的交易行为，正回购为央行从市场收回流动性的操作，正回购到期则为央行向市场投放流动性的操作。

4. 参考答案：D

考点：考查我国金融市场的发展现状。2021 年 4 月 19 日，广州期货交易所揭牌仪式举行。

5. 参考答案：C

考点：与科创板类似，创业板新股上市前 5 日同样不设涨跌幅限制，并设置 30%、60% 两档停牌指标以稳定价格，防止股价出现非理性波动。中国资本市场场外市场，相对于公募基金，私募基金在运作上具有较大的灵活性，它既可以投资于衍生金融产品进行买空卖空交易，也可以进行汇率、商品期货投机交易等。

6. 参考答案：D

考点：考查证券市场主体中的合格境外机构投资者。经营行为规范：近 3 年或者自成立以来未受到监管机构的重大处罚。

7. 参考答案：D

考点：考查证券市场主体中合格境外机构投资者。全部合格境外投资者及其他境外投资者持有单个公司 A 股或者境内挂牌股份的总和，不得超过该公司股份总数的 30%，而国内基金在这一点上没有限制。

8. 参考答案：B

考点：考查证券金融公司保证金规定。对因证券金融公司有偿使用证券公司交存的保证金导致的差额，证券公司无须补交。

9. 参考答案：D

考点：考查证券市场融资活动的方式。一般说来，证券市场融资活动的方式主要包括股票融资和债券融资。另外，近年来，国内外兴起的投资基金融资也是证券融资的一种方式。

10. 参考答案：A

考点：任何金融产品都具有风险性。

11. 参考答案：C

考点：考查市场风险的识别。市场风险通常来源于整个经济体系，而不是交易对手或金融机构内部，因此，它具有明显的系统性风险特征，很难通过分散化投资完全消除。

12. 参考答案：A

考点：考查风险对冲策略的内涵。

13. 参考答案：B

考点：考查涨跌幅限制与竞价申报的有效范围。

14. 参考答案：B

考点：考查沪股通每日额度。2018 年 5 月 1 日起，沪股通每日额度调整为 520 亿元人民币。

15. 参考答案：A

考点：考查港股通相关知识点。

16. 参考答案：A

考点：考查港股通交易相关知识点。投资者应当通过深市人民币普通股票账户进行港股通交易。港股通交易以港币报价，投资者以人民币交收。

17. 参考答案：B

考点：考查科创板价格涨跌幅限制。

18. 参考答案：B

考点：考查股票的价值与价格。

19. 参考答案：B

考点：考查股票投资分析方法。技术分析法是仅从股票的市场行为来分析股票价格未来变化趋势的方法。

20. 参考答案：B

考点：考查复利终值的计算。到期值 $=100\times(1+10\%)^5=161.05$（元）。

21. 参考答案：D

考点：考查影响股票投资价值的外部因素。股利政策属于内部因素。

22. 参考答案：D

考点：考查发行优先股作用。优先股的清偿顺序早于普通股。

23. 参考答案：B

考点：考查创板上市公司并购重组注册制。

24. 参考答案：C

考点：考查股票发行定价机制。

25. 参考答案：A

考点：保荐制度是指有资格的证券公司推荐符合条件的公司公开发行股票和上市，对发行人的申请文件和信息披露资料进行审慎核查，督导发行人规范运作。

26. 参考答案：A

考点：考查储蓄国债（凭证式）和储蓄国债（电子式）的相同点。储蓄国债（凭证式）和储蓄国债（电子式）都在商业银行柜台发行，不能上市流通，但都是信用级别最高的债券，以国家信用作保证，而且免缴利息税。

27. 参考答案：A

考点：考查金融债券的分类。根据利息支付方式不同，金融债券可分为附息金融债券和贴现金融债券。

28. 参考答案：C

考点：考查可转换公司债券的定义。可转换公司债券是指发行人依照法定程序发行、在一定期限内依据约定的条件可以转换成股份的公司债券。

29. 参考答案：A

考点：考查城投债企业债券的定义。

30. 参考答案：B

考点：考查国债（电子式）的发行额度管理。承销团成员申请机动代销额度的单笔上限为自身当期国债基本代销额度的15%，同一期国债两次申请时间间隔不少于1分钟。

31. 参考答案：A

考点：考查国债的最高投标限额。国债承销团乙类成员最高投标限额为当期（次）国债竞争性招标额的25%。

32. 参考答案：B

考点：考查证券公司次级债务。证券公司借入期限在2年以上（含2年）的次级债务为长期次级债务，长期次级债务应当为定期债务；借入期限在3个月以上（含3个月）2年以下（不含2年）的次级债务为短期次级债务。

33. 参考答案：C

考点：考查对欧洲债券的理解。欧洲债券可以在欧洲以外的国家发行，同时其发行面值也可以以欧元之外的其他货币来表示。

34. 参考答案：B

考点：考查对外国债券的理解。外国债券的特点是债券发行人属于一个国家，债券的面值货币和发行市场属于另一个国家。

35. 参考答案：D

考点：考查对于资产支持证券的理解。通过资产证券化，将流动性较低的资产（如银行贷款、应收账款、房地产等）转化为具有较高流动性的可交易证券，提高了基础资产的流动性，便于投资者进行投资，还可以改变发起人的资产结构，改善资产质量，加快发起人资金周转。

36. 参考答案：A

考点：考查保险公司次级债务的偿还。

37. 参考答案：C

考点：考查资产证券化的种类与范围。根据证券化产品的金融属性不同，可以分为股权型证券化、债权型证券化和混合型证券化。

38. 参考答案：C

考点：考查对外国债券与欧洲债券的理解。

39. 参考答案：B

考点：考查契约型基金与公司型基金的区别与联系。契约型基金的资金是通过发行基金份额筹集起来的信托财产；公司型基金的资金是通过发行普通股票筹集的公司法人的资本。公司型基金依据公司章程运营资金。

40. 参考答案：D

考点：考查封闭式基金与开放式基金的区别与联系。封闭式基金的买卖价格受市场供求关系的影响，常出现溢价或折价现象，并不必然反映单位基金份额的净资产值。开放式基金会预留一定比例的现金，不会进行全额投资，这也会在一定程度上对投资业绩带来不利影响。

41. 参考答案：A

考点：考查特殊类型基金中 ETF 的概念。

42. 参考答案：B

考点：考查特殊类型基金中 LOF 的申购和赎回规定。

43. 参考答案：D

考点：考查基金运作过程中的市场营销的范围。

44. 参考答案：D

考点：考查基金销售支付机构的概念和管理规范。最近 3 年没有受到刑事处罚或者重大行政处罚；最近 1 年没有被采取重大行政监管措施。

45. 参考答案：C

考点：考查基金份额登记机构的职责。

46. 参考答案：B

考点：考查基金的监管机构和自律组织。基金的自律组织主要有基金行业自律组织和证券交易所。

47. 参考答案：B

考点：考查开放式基金的开户管理。拟进行基金投资的投资人，必须先开立基金账户和资金账户。

48. 参考答案：B

考点：考查开放式基金的认购管理。投资者在募集期内可以多次认购基金份额。一般情况下，已经正式受理的认购申请不得撤销。

49. 参考答案：D

考点：考查基金份额持有人大会召开的相关规定。

50. 参考答案：A

考点：考查基金申购赎回费用及销售服务费。

51. 参考答案：C

考点：选项C属于2019年中国银保监会发布金融开放“新12条”，而且是允许外国保险集团公司投资设立保险类机构。

52. 参考答案：B

考点：考查我国金融衍生品市场。

53. 参考答案：A

考点：考查中国资本市场场外市场。目前的场外交易市场早已不再单纯地采用集中报价、分散成交的做市商模式，而是掺杂自动竞价撮合，形成混合交易模式。

54. 参考答案：D

考点：考查机构投资者的特征。

55. 参考答案：D

考点：考查证券公司的主要业务。

56. 参考答案：C

考点：考查证券服务机构。会计师事务所为证券的发行、上市、挂牌、交易等证券业务活动制作、出具财务报表审计报告应当按照规定向中国证监会和国务院有关主管部门备案。

57. 参考答案：A

考点：发行股票和长期企业（公司）债券是企业（公司）筹措长期资本的主要途径，发行短期债券则是补充流动资金的重要手段。

58. 参考答案：C

考点：考查“一委一行两会”相关知识。

59. 参考答案：A

考点：考查风险管理的组织架构。业务条线部门是第一道风险防线，风险管理部门和合规部门是第二道风险防线，内部审计是第三道风险防线。

60. 参考答案：A

考点：考查风险限额的设定四个阶段的顺序。

61. 参考答案：D

考点：考查市场风险管理。

62. 参考答案：C

考点：市场风险在业务中的暴露。融资融券的交易性业务性质决定了市场风险承担的第一主体为投资者，但在极端市场情况下，担保品无法覆盖融资或融券金额，证券公司也将被动承担市场风险。

63. 参考答案：D

考点：考查风险限额类别。

64. 参考答案：D

考点：考查股票的定义及性质，股东权利的转让与股票占有的转移同时进行。

65. 参考答案：A

考点：考查创业板上市公司发行股票规定。

66. 参考答案：B

考点：考查证券交易原则。

67. 参考答案：A

考点：考查科创板上市公司强制退市制度。

68. 参考答案：D

考点：考查科创板上市公司的配股制度。

69. 参考答案：B

考点：考查影响股票投资价值的内部因素，主要包括公司净资产、盈利水平、股利政策、股份分割、增资和减资以及并购重组等。

70. 参考答案：B

考点：考查主板上市规定。最近 36 个月内未受到过中国证监会的行政处罚、最近 12 个月内未受过证券交易所的公开谴责属于上市公司的组织机构健全、运行良好规定。

71. 参考答案：D

考点：考查证券交易机制的目标。

72. 参考答案：B

考点：考查定期交易的特点。市场为投资者提供了交易的即时性是连续交易的特点。

73. 参考答案：B

考点：考查委托指令分类。根据委托订单的数量，可分为整数委托和零数委托。根据买卖证券的方向，可分为买进委托和卖出委托。

74. 参考答案：A

考点：考查股票退市制度。股票退市制度是资本市场重要的基础性制度，有利于健全资本市场功能，降低市场经营成本，增强市场主体活力，提高市场竞争能力；有利于实现优胜劣汰，惩戒重大违法行为，引导理性投资，保护投资者特别是中小投资者合法权益。

75. 参考答案：D

考点：考查设置涨跌幅限制的目的。

76. 参考答案：D

考点：考查国债的分类。根据举借债务对筹集资金使用方向的规定，国债可以分为赤字国债、建设国债、战争国债和特种国债。

77. 参考答案：D

考点：考查流通国债与非流通国债的特点。非流通国债不能自由转让，可以记名，也可以不记名。

78. 参考答案：A

考点：考查我国发行的普通国债的种类。目前我国发行的普通国债有记账式国债、储蓄国债（凭证式）和储蓄国债（电子式）。

79. 参考答案：A

考点：考查记账式国债的特点。记账式国债的特点是：可以记名、挂失；以无券形式发行，可以防止证券的遗失、被窃与伪造，安全性好；可上市转让，流通性好；期限有长有短，但更适合短期国债的发行；通过证券交易所电脑网络发行，可以降低证券的发行成本；上市后价格随行就市，具有一定的风险。

80. 参考答案：B

考点：考查储蓄国债（电子式）的特点。储蓄国债（电子式）是2006年推出的国债新品种，具有以下特点：针对个人投资者，不向机构投资者发行；采用实名制，不可流通转让；采用电子方式记录债权；收益安全稳定，由财政部负责还本付息，免缴利息税；鼓励持有到期；手续简化；付息方式较为多样。

81. 参考答案：C

考点：考查证券公司次级债券的定义。证券公司次级债务是指证券公司经批准向股东或其他符合条件的机构投资者定向借入的，清偿顺序在普通债务之后，先于证券公司股权资本的债务。

82. 参考答案：D

考点：考查债券的基本性质。

83. 参考答案：D

考点：考查财务公司发行金融债券的规定。

84. 参考答案：D

考点：考查国债按资金用途分类。

85. 参考答案：D

考点：考查债券按付息方式分类。

86. 参考答案：B

考点：考查地方债分销对象。地方债分销对象为在中央国债登记结算有限责任公司开立债券账户及在中国证券登记结算有限责任公司开立股票和基金账户的各类投资者。债券承销团成员间不得分销。

87. 参考答案：D

考点：考查商业银行发行金融债券应具备的条件。核心资本充足率不低于4%。

88. 参考答案：D

考点：考查特殊类型基金中伞形基金的相关概念知识。

89. 参考答案：D

考点：考查公募REITs产品的特征。

90. 参考答案：A

考点：考查基金服务机构的范围。

91. 参考答案：C

考点：考查开放式基金认购步骤。投资者于T日提交认购申请后，可于T+2日起到办理认购的网点查询认购申请的受理情况。

92. 参考答案：D

考点：考查封闭式基金的交易规则。

93. 参考答案：D

考点：考查封闭式基金交易费用的收取。

94. 参考答案：C

考点：考查基金估值的三种情况的原则。如经济环境发生重大变化或证券发行人发生影响证券价格的重大事件，使潜在估值调整对前一估值日的基金资产净值的影响在0.25%以上的，应对估值进行调整并确认公允价值。

95. 参考答案：B

考点：考查基金的各项费用的计提标准及计提方式。我国的基金管理费、基金托管费及基金销售服务费均是按照前一日基金资产净值的一定比例逐日计提，按月支付。

96. 参考答案：A

考点：考查封闭式基金的利润分配规定。封闭式基金的收益分配每年不得少于一次，封闭式基金年度收益分配比例不得低于基金年度可供分配利润的90%。基金分配后，基金份额净值不得低于面值。封闭式基金只能采用现金方式分红。

97. 参考答案：C

考点：考查基金自身投资活动产生的税收中个人所得税征收的相关规定。

98. 参考答案：D

考点：考查基金投资管理的流程。

99. 参考答案：A

考点：系统的基金业绩评估需要从四个方面入手：计算绝对收益；计算风险调整后收益；计算相对收益；进行业绩归因。

100. 参考答案：A

考点：考查基金的监管内容。独立基金销售机构对外进行股权投资或者提供担保，应当在5个工作日内向住所地中国证监会派出机构备案。

《金融市场基础知识》模拟试卷（四）

一、选择题（共50题，每题1分，共50分。以下各选项中，只有一项符合题目要求，不选、错选均不得分）

1. 繁荣的金融市场往往对应着实体经济的兴旺发达，而金融市场的萧条通常也意味着真实经济部门的不景气。这体现了金融市场可以（　　）。

A. 促进储蓄—投资转化　　　　B. 优化资源配置

C. 反映经济状态　　　　D. 宏观调控

2.（　　）年12月，上海证券交易所正式开业。这是改革开放以来在中国境内开业的第一家证券交易所。

A. 1989　　　　B. 1990

C. 1993　　　　D. 1995

3. 以下关于货币政策的说法错误的是（　　）。

A. 一般来说，存款准备金是一种威力强大的货币政策工具，即使准备率调整幅度很小，也会引起货币供应量的巨大波动

B. 利用再贴现这一工具时，中央银行处于被动的地位，即再贴现政策的效果取决于中央银行而与商业银行无关

C. 如果中央银行买入证券，就会引起货币供给量增加（投放基础货币），信贷规模扩张，市场利率下降，刺激消费和投资的扩张

D. 中央银行票据即中国人民银行发行的短期债券，央行通过发行央行票据可以回笼基础货币，央行票据到期则体现为投放基础货币

4. 以下关于合格境外机构投资者的说法错误的是（　　）。

A. 合格境外投资者可以投资《关于实施〈QFII、RQFII办法〉有关问题的规定》中的金融工具

B. 合格境外投资者可以参与证券交易所和全国股转系统新股发行、债券发行、资产支持证券发行、股票增发和配股的申购，但是不可以参与证券交易所融资融券、转融通证券出借交易

C. 合格境外投资者可以投资证券期货经营机构以及中国证券投资基金业协会登记

的私募投资基金管理人依法设立的私募投资基金

D. 合格境外投资者可参与的金融期货、商品期货、期权等的具体品种和交易方式，由证券期货交易场所报中国证监会同意

5. 下列关于证券市场融资活动的说法正确的是（　　）。

A. 首次公开发行，是指拟上市公司首次面向特定的社会公众投资者公开发行股票募集资金并上市的行为

B. 证券市场融资是间接融资

C. 证券市场融资是一种弱市场性的融资活动

D. 证券市场融资是在由各种证券中介机构及证券交易所等组成的证券服务体系的支持下完成的

6. 下列对证券市场融资描述正确的是（　　）。

A. 证券市场融资是一种间接融资

B. 投资者与发行人的股权或债券关系凝结在最初的投资者和发行人之间

C. 单个融资主体可以凭借自身力量完成证券发行、交易、清算等事宜

D. 证券市场融资由众多资金交易者通过对有价证券的公开自由竞价买卖来实现

7. 根据投资者的心理因素，下列不属于证券市场投资者类型的是（　　）。

A. 投机型　　B. 稳健型

C. 冒险型　　D. 中庸型

8. 下列关于风险管理流程的说法错误的是（　　）。

A. 凡在风险限额以内发生的损失，都可以通过自有资本金来抵御

B. 对于超出限额的损失，金融机构应该采用减少风险暴露、分散资产组合、增加抵押品、净额结算、保证以及运用衍生工具等方式来进行风险缓释

C. 对于风险不高的业务，由于经济资本占用较多，资本费用较大，其风险定价相应较高

D. 在设定风险偏好的基础之上，证券公司应该结合其业务规模、性质、复杂程度、风险偏好和外部市场发展变化、监管要求等公司的实际情况设定风险限额

9. 下列关于信用风险的说法错误的是（　　）。

A. 专家系统是依赖高级信贷人员和信贷专家自身的专业知识技能和丰富的经验，运用各种专业性分析工具，在分析评价各种关键要素基础上依据主观判断来综合评定信用风险的分析系统

B. 公司债券交易通过债券的买卖实际上也实现了公司信用风险的交易和转移

C. 金融机构的内部评级体系既包括评级体系的设计，即等级设置、等级标准和等级所反映的风险特征等，又包括评级方法、手段和过程，即定量方法和专家分析的结合、所要考虑的风险因素和评级及复议过程的激励和控制等

D. 信用风险不可以在业务中从其他风险（如利率风险和汇率风险等）中分离出来

被单独交易和转让

10. 下列关于操作风险和声誉风险管理的说法错误的是（　　）。

A. 操作风险是指由不完善或有问题的内部流程、人员和系统以及外部事件所造成损失的风险

B. 损失数据收集是操作风险量化的基础，损失数据的数量决定了操作风险量化的有效性

C. 声誉风险是指由证券公司经营管理及其他行为或外部事件导致证券公司股东、员工、客户、第三方合作机构及监管机构等对证券公司的公开负面评价的风险

D. 国别风险存在于授信、国际资本市场业务、设立境外机构、代理往来和由境外服务提供商提供的外包服务等经营活动中

11. 金融风险是指包括（　　）在内的各个经济主体在金融活动或投资经营活动中，因各种因素的不确定变动而遭受损失的可能性。

A. 政府机构　　B. 非银行金融机构

C. 金融机构　　D. 信托机构

12. 以下（　　）是风险偏好、风险限额以及日常风险管理得以有效实施的重要保障。

A. 风险预警　　B. 风险监测

C. 风险控制　　D. 风险报告

13. 根据《深圳证券交易所交易规则》，债券仅采用协议大宗交易方式的，以当日该债券所有交易的成交量（　　）为收盘价。

A. 最高价　　B. 加权平均价

C. 最低价　　D. 算数平均价

14. 主板（中小企业板）上市公司非公开发行股票，发行价格不低于定价基准日前20个交易日公司股票均价的（　　）%。

A. 80　　B. 60

C. 70　　D. 90

15. 主板（中小企业板）上市公司非公开发行股票，本次发行的股份自发行结束之日起，（　　）个月内不得转让。

A. 12　　B. 6

C. 18　　D. 9

16. 根据中国证监会发布的《上市公司证券发行管理办法（2020年修订）》，主板（中小企业板）上市公司的增发除了要满足公开发行股票的一般规定外，还应当符合最近三个会计年度加权平均净资产收益率平均不低于（　　）%。

A. 3　　B. 6

C. 10　　D. 5

17. 新《证券法》取消了暂停上市、恢复上市的相关条款规定，标志着垃圾股可以（　　）退市，不再需要经过暂停上市半年，大幅度缩短了退市周期和流程，提高了退市效率，强化了市场的优胜劣汰功能。

A. 申请　　B. 登记

C. 直接　　D. 宣告

18. 上市公司的财务报表、经营状况等资料必须依法及时向社会公开，上市公司的一些重大事项也必须及时向社会公布等体现（　　）证券交易原则。

A. 公开　　B. 公平

C. 公正　　D. 公允

19. 两个投资者下达的买卖指令，只要符合成交条件就可以立即成交，而不必再等待一段时间定期成交，这属于（　　）。

A. 定期交易　　B. 连续交易

C. 定时交易　　D. 持续交易

20. 通常，证券交易机制的目标是多重的，从积极的意义上看，证券市场（　　）为证券市场有效配置资源奠定了基础。

A. 稳定性　　B. 有效性

C. 流动性　　D. 风险性

21. （　　）是指投资者向证券公司缴纳一定的保证金，融入一定数量的证券并卖出的交易行为。

A. 融资交易　　B. 融券交易

C. 证券交易　　D. 信用交易

22. 股票交易程序中，委托买卖，根据不同的依据，委托指令有多种分类。根据委托订单的（　　），可分为整数委托和零数委托。

A. 数量　　B. 价格

C. 方向　　D. 时效

23. 证券经纪商接受客户委托后应按“（　　）优先、（　　）优先”的原则进行申报竞价。

A. 时间　客户　　B. 时间　金额

C. 客户　申报　　D. 申报　金额

24. 集合竞价的所有交易以（　　）价格成交，然后进行集中撮合处理。

A. 最高　　B. 同一

C. 最低　　D. 不同

25. 证券的开盘价通过（　　）竞价方式产生，不能通过此种方式产生开盘价的，以（　　）竞价方式产生。

A. 集合　连续　　B. 连续　集合

C. 集中　持续　　　D. 持续　集中

26. （　　）是指直接以政府信用为基础或是以政府提供偿债支持为基础而发行的债券。

A. 利率债　　　B. 信用债

C. 固定利率债券　　　D. 可调利率债券

27. 以企业的商业信用为基础而发行的债券，除了利率，发行人的信用是影响该类债券的重要因素，故名（　　）。

A. 利率债　　　B. 信用债

C. 固定利率债券　　　D. 可调利率债券

28. 下列可交换债券与可转换债券的区别，说法错误的是（　　）。

A. 可转换债券的发行主体是上市公司的股东，而可交换债券的发行主体是上市公司本身

B. 可交换债券的股份来源是发行人持有的其他公司已发行在外股份，而可转换债券的股份来源通常是发行人本身未来将发行的新股

C. 可转换债券的转股会使标的股票总股本扩大，而可交换债券的转股不会影响标的股票总股本的数量

D. 可转换债券的转股会使标的股票总股本扩大，而可交换债券的转股不会影响标的股票总股本的数量

29. 下列关于商业银行柜台债券市场的说法错误的是（　　）。

A. 该市场是银行间债券市场的延伸

B. 该市场只进行现券交易

C. 该市场参与者限定为个人投资者

D. 该市场不属于场外零售市场

30. （　　）是指商业银行通过营业网点（含电子银行系统）与投资人进行债券买卖，并办理相关托管与结算等业务的市场。

A. 商业银行柜台债券市场　　　B. 银行间债券市场

C. 交易所债券市场　　　D. 证券交易所

31. 储蓄国债（电子式）与记账式国债都以电子记账方式记录债权，关于二者的不同之处，下列说法错误的是（　　）。

A. 发行对象不同　　　B. 发行利率确定机制不同

C. 到期兑付方式不同　　　D. 发行方式不同

32. 下列关于公司债券的分类，下列说法错误的是（　　）。

A. 按担保抵押情况分为信用公司债券、不动产抵押公司债券、保证公司债券

B. 按付息方式不同，分为普通公司债券和收益公司债券

C. 按内含选择权的不同，分为可转换公司债券、附认股权证的公司债券、可交换

公司债券

D. 按发行方式的不同，分为记名公司债券和不记名公司债券

33. 下面关于公司债券的说法错误的是（　　）。

A. 非公开发行公司债券必须进行信用评级

B. 对公司债券发行没有强制性担保要求

C. 非公开发行公司债券是否进行信用评级由发行人确定

D. 非公开发行公司债券，募集资金用于约定的用途

34. 债券利息的支付方式不包括（　　）。

A. 息票方式　　B. 折扣利息

C. 本息分离方式　　D. 本息合一方式

35. 以下债券不需要进行债券评级的是（　　）。

A. 国库券、国家银行发行的金融债券

B. 地方政府债券、国家银行发行的金融债券

C. 地方政府债券、企业债券

D. 企业债券、国家银行发行的金融债券

36. （　　）是指商业银行发行的、本金和利息的清偿顺序列于商业银行其他负债之后、先于商业银行股权资本的债券。

A. 商业银行资本补充债券　　B. 商业银行次级债券

C. 商业银行一般债券　　D. 商业银行金融债券

37. 下列关于可转换公司债券的说法错误的是（　　）。

A. 可转换公司债券转换后相当于增发了股票

B. 可转换公司债券一般不用经股东大会或董事会的决议就可发行

C. 可转换公司债券具有双重选择权

D. 可转换公司债券在发行条款中应规定转换期限和转换价格

38. 下列关于金融债券的说法错误的是（　　）。

A. 金融债券能够较有效地解决银行等金融机构的资金来源不足和期限不匹配的矛盾

B. 金融债券的资信通常高于其他非金融机构债券

C. 金融债券违约风险相对较小，具有较高的安全性

D. 金融债券的利率通常高于一般的企业债券

39. （　　）是指基金份额在存续期内固定不变，基金份额可以在依法设立的证券交易场所交易，但基金份额持有人不得申请赎回的基金。

A. 封闭式基金　　B. 开放式基金

C. 私募基金　　D. 契约型基金

40. 在我国，根据中国证监会对基金类别的分类标准，（　　）以上的基金资产投资于股票的，为股票基金。

A. 50%　　B. 70%　　C. 80%　　D. 90%

41. (　　) 主要投资于可带来现金收入的有价证券，以获取当期的最大收入为目的。

A. 成长型基金　　B. 收入型基金

C. 平衡型基金　　D. 货币市场基金

42. 根据《证券投资基金法》的规定，国务院证券监督管理机构应当自受理公开募集基金的募集注册申请之日起（　　）内依照法律、行政法规及（　　）的规定进行审查，作出注册或者不予注册的决定。

A. 3 个月　国务院证券监督管理机构

B. 6 个月　国务院证券监督管理机构

C. 9 个月　中国证券业协会

D. 12 个月　中国证券业协会

43. 基金资产总额是指基金全部资产的价值总和。现已知 A 公司的积极资产总值为 450 万元，基金负债为 300 万元，基金的全部份额为 300 份，则 A 公司的基金资产份额净值为（　　）。

A. 1.5 万元　　B. 1 万元

C. 0.5 万元　　D. 无法计算

44. 我国开放式基金于（　　）估值，并于（　　）公告份额净值。

A. 每个交易日　不晚于下个交易日　B. 每周五　当日

C. 每个交易日　当日　　D. 每周五　两日后

45. 关于契约型基金与公司型基金的区别与联系，以下说法正确的是（　　）。

A. 期限不同　　B. 资金的性质不同

C. 投资者地位相同　　D. 基金运营依据相同

46. 私募基金运行期间，信息披露义务人应当在每季度结束之日起（　　）个工作日以内向投资者披露基金净值、主要财务指标以及投资组合情况等信息。

A. 5　　B. 10　　C. 14　　D. 7

47. 基金卖出股票按照（　　）的税率征收交易印花税。

A. 0.1%　　B. 0.2%　　C. 0.3%　　D. 0.5%

48. 关于导致基金需要进行临时信息披露的重大事件，下列选项正确的是（　　）。

A. 基金管理公司变更持有 10% 以上股权的股东、变更公司的实际控制人

B. 基金募集期延长或提前结束募集

C. 基金份额净值计价错误达基金份额净值万分之五

D. 基金管理人的董事在最近 12 个月内变更超过 30%，基金管理人、基金托管人专门基金托管部门的主要业务人员在最近 12 个月内变动超过 50%

49. 关于基金注册申请的要求，下列说法正确的是（　　）。

A. 国务院证券监督管理机构应当自受理公开募集基金的募集注册申请之日起 3 个月内依照法律、行政法规及国务院证券监督管理机构的规定进行审查

B. 简易程序注册，注册审查时间原则上不超过 10 个工作日

C. 普通程序注册，注册审查时间不超过 3 个月

D. 对常规基金产品，如常规股票基金、混合基金、债券基金、指数基金、货币基金、QDII 基金、ETF 及其联接基金等，按简易程序注册

50. 关于开放式基金的认购，下列说法错误的是（　　）。

A. 投资者在募集期内可以多次认购基金份额。一般情况下，已经正式受理的认购申请不得撤销

B. 投资者于 T 日提交认购申请后，可于 T+1 日起到办理认购的网点查询认购申请的受理情况

C. 开放式基金的认购采取金额认购的方式

D. 基金份额的认购通常有前端收费和后端收费两种模式

二、组合型选择题（共 50 题，每题 1 分，共 50 分。下列各选项中，只有一项符合题目要求，不选、错选均不得分）

51. 多层次资本市场是对现代资本市场复杂形态的一种表述，是资本市场有机联系的各要素总和，具有丰富的内涵。按照市场功能的不同，可以将资本市场划分为（　　）。

①发行市场　　②交易市场

③公募市场　　④私募市场

A. ①②　　B. ②③

C. ③④　　D. ①③

52. 我国金融衍生品市场按资产类别划分主要包括利率类衍生品、权益类衍生品、货币类衍生品、信用类衍生品，下列属于信用类衍生品的有（　　）。

①信用风险缓释合约　　②信用风险缓释凭证

③信用违约互换　　④信用联结票据

A. ①②③　　B. ①②④

C. ①③④　　D. ①②③④

53. 以下关于中国资本市场的描述正确的有（　　）。

①券商柜台市场，是指证券公司为与特定交易对手方在集中交易场所之外进行交易或为投资者在集中交易场所之外进行交易提供服务的场所或平台

②投资者可以在柜台市场交易私募产品，证券公司应当为其开立产品账户

③相对于私募基金，公募基金在运作上具有较大的灵活性，它既可以投资于衍生金融产品进行买空卖空交易，也可以进行汇率、商品期货投机交易等

④私募基金市场是指在中华人民共和国境内，以非公开方式向投资者募集资金设立的投资基金

A. ①②③　　B. ①②④

C. ①③④　　D. ①②③④

54. 属于机构投资者在金融市场中的作用的有（　　）。

①有利于改善储蓄转化为投资的机制与效率，促进直接融资

②有利于促进不同金融市场之间的有机结合与协调发展，健全金融市场运行机制

③有助于分散金融风险，促进金融体系的稳定运行

④有助于实现社会保障体系与宏观经济的良性互动发展

A. ①②③　　B. ②③④

C. ①③④　　D. ①②③④

55. 根据《证券法》，下列（　　）属于证券投资咨询机构及其从业人员的禁止性行为。

①代理委托人从事证券投资

②与委托人约定分享证券投资收益或者分担证券投资损失

③买卖本证券投资咨询机构提供服务的证券

④在报刊、电台、电视台或者其他传播媒体上规范发表投资咨询文章、报告或者意见

A. ①②③　　B. ②③④

C. ①③④　　D. ①②③④

56. 下面对于证券市场融资活动特征的描述不正确的有（　　）。

①是一种强市场性的融资活动

②是一种间接融资活动

③是在由各种证券中介机构组成的证券服务体系的支持下完成的

④促成证券发行买卖的中介机构自身可以充当权利义务主体

A. ①②　　B. ①③　　C. ②③　　D. ②④

57. 2019 年 9 月 10 日，国家外汇管理局决定取消合格境外机构投资者和人民币合格境外机构投资者投资额度限制，包括（　　）。

①取消 QFII 和 RQFII 投资额度限制

②明确不再对单家合格境外投资者的投资额度进行备案和审批

③明确对单家合格境外投资者的投资额度进行备案和审批

④此次取消合格境外投资者投资额度限制时，RQFII 试点国家和地区限制也一并取消

A. ①③④　　B. ②③④

C. ①②④　　D. ①②③

58. 风险管理策略，是指金融机构面临风险时可以选择采用的应对方法有（　　）。

①风险规避　　②风险补偿与准备金

③风险分散　　④风险对冲

A. ①②③　　B. ②③④

C. ①③④　　D. ①②③④

59. 下列（　　）关于风险与金融机构的说法是正确的。

①金融机构的本质是承担和经营风险的企业

②风险管理是金融机构的核心竞争力

③金融机构不可以从单个项目上规避风险

④对金融机构而言，风险可以被视为一种商业经营的资源

A. ①②③　　B. ②③④

C. ①②④　　D. ①②③④

60. 关于资本的功能说法正确的有（　　）

①为金融机构提供融资，资本是金融机构发放贷款和投资的资金来源之一

②资本可以抵御风险损失，保证公司正常运营，为避免破产提供缓冲余地

③资本显示金融机构的实力和信誉，向债权人和投资者树立信心

④限制业务过度扩张和承担风险，资本是与风险相联系的资产，是金融机构承担风险的底线和边界

A. ①②③　　B. ②③④

C. ①②④　　D. ①②③④

61. 压力测试的原则有（　　）。

①片面性原则　　②实践性原则

③审慎性原则　　④前瞻性原则

A. ①②③　　B. ②③④

C. ①②④　　D. ①②③④

62. 证券公司声誉风险管理应遵循（　　）原则。

①全程全员　　②应急第一

③审慎管理　　④快速响应

A. ①②③　　B. ②③④

C. ①③④　　D. ①②③④

63. 以下关于金融风险管理的说法，正确的有（　　）。

①风险管理本质是事前管理　　②风险管理本质是事后管理

③风险管理是一种积极管理　　④风险管理是一种消极管理

A. ①③　　B. ②④

C. ③④　　D. ①②

64. 证券市场的有效性包含（　　）要求。

①证券市场的高效率　　②证券市场的低成本

③证券市场价格波动比较小

A. ②③　　B. ①②

C. ①③　　D. ①②③

65. 股票交易程序中，开户包括（　　）

①证券账户　　②资金账户

③股票账户　　④银行账户

A. ②③　　B. ①②

C. ①③④　　D. ①②③

66. 股票交易程序中，开立证券账户应坚持（　　）原则 。

①合法　　②真实

③透明

A. ②③　　B. ①②

C. ①③　　D. ①②③

67. 委托受理的手续和过程包括（　　）。

①委托受理　　②委托执行

③委托撤销

A. ②③　　B. ①②

C. ①③　　D. ①②③

68. 目前，我国证券交易所采用两种竞价方式：集合竞价方式和连续竞价方式。连续竞价时，成交价格的确定原则为（　　）。

①最高买入申报与最低卖出申报价格相同，以该价格为成交价

②买入申报价格高于即时揭示的最低卖出申报价格时，以即时揭示的最低卖出申报价格为成交价

③卖出申报价格低于即时揭示的最高买入申报价格时，以即时揭示的最高买入申报价格为成交价

④高于该价格的买入申报与低于该价格的卖出申报全部成交的价格为成交价

A. ②③④　　B. ①②

C. ①②③　　D. ①②③④

69. 深圳证券交易所交易证券的托管制度可概括为（　　）。

①自动托管　　②随处通买

③哪买哪卖　　④转托不限

A. ②③④　　B. ①②

C. ①③　　D. ①②③④

70. 我国主要的股票价格指数有（　　）。

①中证指数有限公司的股价指数　　②上海证券交易所的股价指数

③深圳证券交易所的股价指数　　④中国香港和台湾地区的主要股价指数

A. ②③④　　B. ①②④

C. ①②③　　D. ①②③④

71. 沪港通下的港股通的股票范围（　　）。

①联交所恒生综合大型股指数成分股

②恒生综合中型股指数成分股

③A + H 股上市公司的 H 股

A. ②③　　B. ①②

C. ①③　　D. ①②③

72. 客户在委托买卖证券时，需支付多项费用和税收，下列属于交易费用的有（　　）。

①佣金　　②过户费

③印花税

A. ②③　　B. ①②

C. ①③　　D. ①②③

73. 股票价格指数的编制步骤顺序为（　　）。

①选择样本股

②选定某基期

③计算计算期平均股价或市值，并作必要的修正

④指数化

A. ②③④　　B. ①②④

C. ①②③　　D. ①②③④

74. 下列（　　）选项属于重大违法类强制退市。

①因财务会计报告存在重大会计差错或者虚假记载，被中国证监会责令改正但公司未在规定期限内改正，且在公司股票停牌 2 个月内仍未改正

②半数以上董事无法保证公司所披露半年度报告或年度报告的真实性、准确性和完整性，且未在法定期限内改正，在公司股票停牌两个月内仍有半数以上董事无法保证

③上市公司存在涉及国家安全、公共安全、生态安全、生产安全和公众健康安全等领域的违法行为，情节恶劣，严重损害国家利益、社会公共利益，或者严重影响上市地位，其股票应当被终止上市的情形

④上市公司存在欺诈发行、重大信息披露违法或者其他严重损害证券市场秩序的重大违法行为，且严重影响上市地位，其股票应当被终止上市的情形

A. ①②　　B. ①②③

C. ①②④　　D. ③④

75. 竞价的结果包括（　　）。

①全部成交　　②部分成交

③不成交

A. ②③　　B. ①②

C. ①③　　D. ①②③

76. 按利率是否固定分类，债券可以分为（　　）。

①固定利率债券　　②浮动利率债券

③可调利率债券

A. ①②　　B. ②③

C. ①③　　D. ①②③

77. 市场机构一般认为，广义的利率债除了国债、地方政府债，还可包括（　　）。

①中央银行发行的票据

②政策性银行发行的金融债

③开发性金融机构发行的金融债

④铁路总公司等政府支持机构发行的债券

A. ①②③　　B. ②③④

C. ①②③④　　D. ①②④

78. 政策性金融债券是指我国（　　）为筹集资金，经监管部门批准，以市场化方式向国有商业银行、邮政储蓄银行、城市商业银行等金融机构发行的债券。

①政策性银行　　②开发性金融机构

③商业银行

A. ①②　　B. ②③

C. ①③　　D. ①②③

79. 可交换债券与可转换债券的区别包括（　　）。

①发行主体不同　　②用于转股的股份来源不同

③转股对公司股本的影响不同　　④发行对象不同

A. ①②③　　B. ②③④

C. ①②③④　　D. ①②④

80. 下列可交换债券与可转换债券的区别，说法正确的有（　　）。

①可交换债券的发行主体是上市公司的股东，而可转换债券的发行主体是上市公司本身

②可交换债券的股份来源是发行人持有的其他公司已发行在外股份，而可转换债券的股份来源通常是发行人本身未来将发行的新股

③可转换债券的转股会使标的股票总股本扩大，而可交换债券的转股不会影响标的股票总股本的数量

④可交换债券的发行主体是上市公司本身，而可转换债券的发行主体是上市公司的股东

A. ①②③　　B. ②③④

C. ③④　　D. ①②

81. 下列关于可转换公司债券的说法正确的有（　　）。

①可转换公司债券转换后相当于增发了股票

②可转换公司债券一般不用经股东大会或董事会的决议就可发行

③可转换公司债券兼有债权投资和股权投资的双重优势

④可转换公司债券在发行条款中应规定转换期限和转换价格

A. ①②③　　B. ②③④

C. ①②③④　　D. ①③④

82. 下列关于债券与股票的说法，正确的有（　　）。

①债券持有者只可按期获取利息及到期收回本金，无权参与公司的经营决策

②股票所有者是发行股票公司的股东，一般拥有表决权，可行使对公司的经营决策权和监督权

③能发行股票的经济主体不只有股份有限公司

④发行债券获取的资金属于公司的负债

A. ①②③　　B. ②③④

C. ①②④　　D. ①③④

83. 下列关于市场风险因素的不同，市场风险的划分类型包括（　　）。

①利率风险　　②外汇风险

③股票价格风险　　④商品风险

A. ①②③　　B. ②③④

C. ①②④　　D. ①②③④

84. 下面关于记账式国债的说法，错误的有（　　）。

①记账式国债是一种无纸化国债，只能通过银行间债券市场向具备全国银行间债券市场国债承购包销团资格的商业银行发行

②记账式国债是一种无纸化国债，只能向具备交易所国债承购包销团资格的证券公司、保险公司发行

③记账式国债是一种无纸化国债，只能通过银行间债券市场向具备全国银行间债券市场国债承购包销团资格的商业银行、证券公司、保险公司、信托投资公司等机构发行

④记账式国债可以通过银行间债券市场向具备全国银行间债券市场国债承购包销团资格的商业银行、证券公司、保险公司、信托投资公司等机构，以及通过证券交易所的交易系统向具备交易所国债承购包销团资格的证券公司、保险公司和信托投资公司及其他发行者发行

A. ①②③　　B. ②③④

C. ①②④　　D. ①③④

85. 相较于优先股，债券具有以下（　　）特点。

①到期还本付息　　②剩余财产优先权

③税后利润优先支付利息　　④更容易判断本质

A. ①②③　　B. ②③④

C. ①②④　　D. ①③④

86. 下面（　　）属于政策性银行发行金融债券应向中国人民银行报送的文件。

①金融债券发行申请报告

②发行人近三年经审计的财务报告及审计报告

③承销协议

④金融债券发行办法

A. ①②③　　B. ②③④

C. ①②④　　D. ①②③④

87. 企业债券的发行主体包括（　　）。

①上市公司　　②股份有限公司

③有限责任公司　　④尚未改制为现代公司制度的企业法人

A. ①②③　　B. ②③④

C. ①②④　　D. ①②③④

88. 关于私募基金的说法，下列选项错误的有（　　）。

①私募基金向特定合格投资者发售

②私募基金可以采取公开方式和非公开方式发行

③私募基金投资的金额较高，风险较小

④私募基金的投资范围小

A. ①②③　　B. ②③④

C. ①②④　　D. ①②③④

89. ETF 最大的特点是（　　）申购、赎回机制，即它的申购是用一篮子股票换取 ETF 份额，赎回时是以基金份额换回一篮子股票而不是现金。ETF 还有“（　　）申购、赎回份额”的规定。

①现金　　②实物

③最大　　④最小

A. ①③　　B. ②④

C. ①④　　D. ②③

90. 申请募集基金，拟募集的基金应当具备下列（　　）条件。

①有符合基金特征的投资者适当性管理制度

②有明确的投资者定位、识别和评估等落实投资者适当性安排的方法

③有清晰的风险警示内容

④有明确、合法的投资方向；有明确的基金运作方式

A. ①②　　B. ②③

C. ①②③　　D. ①②③④

91. 按申请募集基金应提交的主要文件包括（　　）。

①法律意见书　　②招募说明书草案

③募集基金的申请报告　　④基金合同草案

A. ①②　　B. ②③④

C. ①②③④　　D. ①③

92. 我国的货币市场基金，通常申购和赎回费（　　）。一般从基金财产中计提（　　）的销售服务费，用于基金的持续销售和为基金份额持有人提供服务。

①为0　　②不大于0.15%

③不高于0.25%　　④不高于0.55%

A. ①③　　B. ①④

C. ②③　　D. ②④

93. 开放式基金非交易过户，是指不采用申购、赎回等交易方式，将一定数量的基金份额按照一定规则从某一投资者基金账户转移到另一投资者基金账户的行为，主要包括（　　）。

①继承　　②捐赠

③司法强制执行　　④经注册登记机构认可的其他情况

A. ①③④　　B. ①②③

C. ②③④　　D. ①②③④

94. 关于机构投资者投资基金的税收，下列说法正确的有（　　）。

①机构投资者买卖基金份额属于金融商品转让，应按照卖出价扣除买入价后的余额为销售额计征增值税

②机构投资者买卖基金份额暂免征收印花税

③机构投资者在境内买卖基金份额获得的差价收入，应并入企业的应纳税所得额，征收企业所得税

④机构投资者从基金分配中获得的收入，暂不征收所得税

A. ①②③　　B. ②③④

C. ①③④　　D. ①②③④

95. 不同基金的投资目标、范围、比较基准等均有差别，因此，基金的表现不能仅仅看回报率。为了对基金业绩进行有效评价，以下（　　）因素必须加以考虑。

①投资目标与范围　　②基金风险水平

③基金规模　　④时期选择

A. ①③④　　B. ①②③

C. ①②③④　　D. ②③④

96. 关于基金信息临时披露中具体的重大事件，下列选项正确的有（　　）。

①管理费、托管费、销售服务费、申购费、赎回费等费用计提标准、计提方式和费率发生变更

②基金募集期延长或提前结束募集

③开放式基金开始办理申购、赎回

④开放式基金暂停接受申购、赎回申请或重新接受申购、赎回申请

A. ①③④　　B. ①②③

C. ①②③④　　D. ②③④

97. 私募基金管理人应当在名称中注明（　　）字样。

①私募基金　　②私募基金管理

③创业投资

A. ①②　　B. ②③

C. ①②③　　D. ①③

98. 关于基金合同生效，下列说法正确的有（　　）。

①我国股票型基金的认购费率大多在1%—1.5%

②债券型基金的认购费率通常在1%以下

③货币市场基金认购费通常在0.15%以下

④前端收费模式设计的目的是鼓励投资者能长期持有基金

A. ①②③　　B. ①②

C. ②③④　　D. ①③④

99. 关于封闭式基金利润分配，下列说法正确的有（　　）。

①封闭式基金的收益分配每年不得少于一次

②封闭式基金年度收益分配比例不得低于基金年度可供分配利润的90%

③基金分配后，基金份额净值不得低于面值

④封闭式基金只能采用现金方式分红

A. ①②③　　B. ①②

C. ②③④　　D. ①②③④

100. 股票型基金按所持股票性质分类，可分为（　　）。

①价值型股票基金　　②成长型股票基金

③平衡型股票基金

A. ①②③　　B. ①②

C. ②③　　D. ①③

模拟试卷（四）参考答案与解析

1. 参考答案：C

考点：考查金融市场的重要性。

2. 参考答案 B

考点：考查新中国成立以来我国金融市场的发展历史。

3. 参考答案：B

考点：考查货币政策。利用再贴现这一工具时，中央银行处于被动的地位，即再贴现政策的效果取决于商业银行或其他金融机构对该措施的反应。

4. 参考答案：B

考点：考查证券市场主体中的合格境外机构投资者。合格境外投资者可以参与证券交易所和全国股转系统新股发行、债券发行、资产支持证券发行、股票增发和配股的申购，可以参与证券交易所融资融券、转融通证券出借交易。

5. 参考答案：D

考点：考查证券市场融资活动。首次公开发行，是指拟上市公司首次面向不特定的社会公众投资者公开发行股票募集资金并上市的行为。证券市场融资是直接融资。证券市场融资是一种强市场性的融资活动。

6. 参考答案：D

考点：考查证券市场融资活动。证券市场融资是一种市场性的融资活动。投资者与发行人的股权或债权关系并不是凝结在最初的投资者和发行者之间的，而是可以随时转移的，投资者通过在市场上出售股票或债券，就可以将原来持有的股权或债权转让给他人。

7. 参考答案：A

考点：考查证券市场投资者的分类。根据投资者的心理因素，可以将证券市场投资者分为稳健型、冒险型和中庸型三类。

8. 参考答案：C

考点：考查风险管理流程。对于风险较高的业务，由于经济资本占用较多，资本费用较大，其风险定价相应较高。

9. 参考答案：D

考点：考查信用衍生产品交易的特征。信用风险可以在业务中从其他风险（如利率风险和汇率风险等）中分离出来被单独交易和转让。

10. 参考答案：B

考点：考查操作风险和声誉风险管理。损失数据收集是操作风险量化的基础，损失数据的数量和质量在很大程度上决定了操作风险量化的有效性。

11. 答案：C

考点：考查关于金融风险的定义。

12. 答案：B

考点：考查风险监测的特点。

13. 参考答案：B

考点：考查开盘价与收盘价。

14. 参考答案：A

考点：考查主板（中小企业板）上市公司非公开发行股票规定。上市公司非公开发行股票，应当符合下列规定：发行价格不低于定价基准日前 20 个交易日公司股票均价的 80%。

15. 参考答案：B

考点：考查主板（中小企业板）上市公司非公开发行股票规定。本次发行的股份自发行结束之日起，6 个月内不得转让。

16. 参考答案：B

考点：考查主板上市公司的增发规定。

17. 参考答案：C

考点：考查新《证券法》股票退市制度。

18. 参考答案：A

考点：考查证券交易原则公开原则。

19. 参考答案：B

考点：考查连续交易性质。在连续交易中，并非意味着交易一定是连续的，而是指在营业时间里订单匹配可以连续不断地进行。

20. 参考答案：C

考点：考查证券交易机制的目标。

21. 参考答案：B

考点：考查融券交易定义。

22. 参考答案：A

考点：考查委托指令分类。根据委托订单的数量，可分为整数委托和零数委托。

23. 参考答案：A

考点：考查委托受理的手续和过程中委托执行的申报原则。

24. 参考答案：B

考点：我国证券交易所采用两种竞价方式：集合竞价方式和连续竞价方式。集合竞价的所有交易以同一价格成交，然后进行集中撮合处理。

25. 参考答案：A

考点：考查开盘价产生的方式。证券的开盘价为当日该证券的第一笔成交价格。证券的开盘价通过集合竞价方式产生，不能通过集合竞价产生开盘价的，以连续竞价方式产生。

26. 参考答案：A

考点：考查利率债的定义。

27. 参考答案：B

考点：考查信用债的定义。

28. 参考答案：A

考点：考查可交换债券与可转换债券的区别。

29. 参考答案：D

考点：考查商业银行柜台债券市场的定义。

30. 参考答案：A

考点：考查商业银行柜台债券市场的定义。

31. 参考答案：D

考点：考查储蓄国债（电子式）与记账式国债的不同点。

32. 参考答案：D

考点：按是否记名可分为记名公司债券和不记名公司债券。

33. 参考答案：A

考点：考查对公司债券的理解。

34. 参考答案：C

考点：考查债券利息的支付方式。

35. 参考答案：A

考点：考查债券的评级。

36. 参考答案：B

考点：考查商业银行次级债券的定义。

37. 参考答案：B

考点：考查可转换债券的发行。可转换公司债券一般要经股东大会或董事会的决议通过才能发行，而且在发行时，应在发行条款中规定转换期限和转换价格。

38. 参考答案：D

考点：考查金融债券的利率。金融债券的利率通常低于一般的企业债券。

39. 参考答案：A

考点：考查封闭式基金的概念，注意与其他类型基金进行区分。

40. 参考答案：C

考点：考查股票基金的特点。

41. 参考答案：B

考点：考查基金的分类。

42. 参考答案：B

考点：考查基金注册的有关规定。

43. 参考答案：C

考点：考查基金份额净值的计算。基金份额净值 $=\frac{\text{基金资产净值}}{\text{基金总份额}}$。

44. 参考答案：A

考点：考查开放式基金的估值频率。

45. 参考答案：B

考点：考查契约型基金与公司型基金的区别。

46. 参考答案：B

考点：考查私募基金信息披露的管理。

47. 参考答案：A

考点：考查基金自身投资活动产生的印花税的税率征收问题。基金卖出股票按照0.1%的税率征收交易印花税，买入交易不征收印花税，即对印花税实行单向征收。

48. 参考答案：B

考点：考查基金信息临时披露中具体的重大事件。

49. 参考答案：D

考点：考查基金注册申请的要求。对常规基金产品，如常规股票基金、混合基金、债券基金、指数基金、货币基金、QDII基金、ETF及其联接基金等，按简易程序注册，注册审查时间原则上不超过20个工作日；对其他产品，按照普通程序注册，注册审查时间不超过6个月。

50. 参考答案：B

考点：考查开放式基金认购的相关规定。

51. 参考答案：A

考点：考查资本市场的分层特性及其内在逻辑。

52. 参考答案：D

考点：考查我国金融衍生品市场。

53. 参考答案：B

考点：考查中国资本市场场外市场。相对于公募基金，私募基金在运作上具有较大的灵活性，它既可以投资于衍生金融产品进行买空卖空交易，也可以进行汇率、商品期货投机交易等。

54. 参考答案：D

考点：考查机构投资者的作用。

55. 参考答案：A

考点：考查证券服务机构。

56. 参考答案：D

考点：考查证券市场融资活动的特征。资金赤字单位和盈余单位直接接触，形成直接的权利和义务关系，而没有另外的权利义务主体介入其中。促成证券发行买卖的中介机构，如证券公司等自身不充当权利义务主体，是连接赤字单位和盈余单位的服务性媒介，因此，证券市场融资是一种直接融资。

57. 参考答案：C

考点：2019 年 9 月 10 日，国家外汇管理局决定取消合格境外机构投资者和人民币合格境外机构投资者投资额度限制。包括：一是取消 QFII 和 RQFII 投资额度限制；二是明确不再对单家合格境外投资者的投资额度进行备案和审批；三是此次取消合格境外投资者投资额度限制时，RQFII 试点国家和地区限制也一并取消。

58. 参考答案：D

考点：考查金融风险管理策略。

59. 参考答案：C

考点：考查现代风险管理理念中关于风险与金融机构。金融机构尽管可以从单个项目上规避风险，但是不可能规避或不承担任何风险。

60. 参考答案：D

考点：考查资本充足。

61. 参考答案：B

考点：考查金融风险之压力测试。应为全面性原则。

62. 参考答案：C

考点：考查声誉风险管理。预防第一原则。

63. 参考答案：A

考点：考查风险管理的内涵。

64. 参考答案：B

考点：考查证券交易机制有效性目标。稳定性好的市场，其价格波动性比较小，属于稳定性目标。

65. 参考答案：B

考点：开户包括开立证券账户和开立资金账户。证券账户用来记载投资者所持有的证券种类、数量和相应的变动情况；资金账户则用来记载和反映投资者买卖证券的货币收付和结存数额。

66. 参考答案：B

考点：考查开立证券账户的基本原则和要求。

67. 参考答案：D

考点：考查委托买卖中委托受理的手续和过程。

68. 参考答案：C

考点：考查连续竞价时成交价格的确定原则。高于该价格的买入申报与低于该价格的卖出申报全部成交的价格是集合竞价确定成交价的原则。

69. 参考答案：D

考点：考查深圳证券交易所交易证券的托管制度。

70. 参考答案：D

考点：考查我国主要的股票价格指数。

71. 参考答案：D

考点：考查沪港通下的港股通的股票范围。

72. 参考答案：D

考点：考查交易费用范围。

73. 参考答案：D

考点：考查股票价格指数的编制步骤。

74. 参考答案：D

考点：考查股票强制退市制度。①②属于规范类强制退市。

75. 参考答案：D

考点：考查竞价与成交中竞价结果知识点。

76. 参考答案：D

考点：考查债券的分类。

77. 参考答案：C

考点：考查广义的利率债的种类。

78. 参考答案：A

考点：考查政策性金融债券的种类。

79. 参考答案：A

考点：考查可交换债券与可转换债券的区别。

80. 参考答案：A

考点：考查可交换债券与可转换债券的区别。

81. 参考答案：D

考点：考查债券按发行主体分类。

82. 参考答案：C

考点：考查债券与股票的区别。发行债券的经济主体很多，中央政府、地方政府、金融机构、公司企业等一般都可以发行债券，但能发行股票的经济主体只有股份有限公司。

83. 参考答案：D

考点：考查市场风险管理。

84. 参考答案：A

考点：考查对记账式国债的理解。

85. 参考答案：C

考点：考查优先股与债券的区别。

86. 参考答案：D

考点：考查政策性银行发行金融债券应向中国人民银行报送的文件。

87. 参考答案：B

考点：考查企业债券的发行主体。企业债券的发行主体可以是股份有限公司，可以是有限责任公司，也可以是尚未改制为现代公司制度的企业法人，但不包括上市公司。

88. 参考答案：B

考点：考查私募基金的特点。

89. 参考答案：B

考点：考查 ETF 的特点。

90. 参考答案：D

考点：考查基金募集的要求。

91. 参考答案：C

考点：考查基金募集申请的要求。

92. 参考答案：A

考点：考查货币市场基金的申购和赎回费用以及销售服务费。

93. 参考答案：D

考点：考查开放式基金非交易过户的情形。

94. 参考答案：D

考点：考查机构投资者投资基金的税收。

95. 参考答案：C

考点：考查基金业绩评估需要考虑的因素。

96. 参考答案：C

考点：考查基金信息临时披露中具体的重大事件。

97. 参考答案：C

考点：考查私募证券投资基金的基本规范。

98. 参考答案：B

考点：考查开放式基金认购的相关规定。

99. 参考答案：D

考点：考查封闭式基金利润分配。

100. 参考答案：A

考点：考查股票型基金的具体分类。

《金融市场基础知识》模拟试卷（五）

一、选择题（共50题，每题1分，共50分。以下各选项中，只有一项符合题目要求，不选、错选均不得分）

1. 交易债务工具和优先股的市场被统称为固定收益市场，不包括优先股的股票市场被称为（　　）市场。

A. 股票　　B. 债权市　　C. 普通股　　D. 权益

2. （　　）是全球最大的黄金现货市场。

A. 伦敦黄金市场　　B. 纽约黄金市场

C. 东京黄金市场　　D. 新加坡黄金市场

3. 2021年2月5日，经中国证监会批准，深交所启动合并（　　）与（　　）相关准备工作，并发布两板合并业务通知及相关规则，明确合并实施后的相关安排，于4月6日正式实施两板合并。

A. 主板　中小板　　B. 科创板　创业板

C. 新三板　科创板　　D. 新三板　中小板

4. 属于创新型货币政策工具的是（　　）。

A. 中期借贷便利（MLF）　　B. 直接信用控制

C. 证券市场信用控制　　D. 不动产信用控制

5. 以下关于证券金融公司开展业务的资金和证券的来源的说法错误的是（　　）。

A. 证券金融公司开展转融通业务，不得使用自有资金和证券，但是可以使用通过证券交易所的业务平台融入的资金和证券，通过证券金融公司的业务平台融入的资金或者依法筹集的其他资金和证券

B. 证券金融公司可以发行公司债券，也可以向股东或者其他特定投资者借入次级债

C. 证券金融公司借入次级债，应当事先向中国证监会报告，对于借入的次级债，参照中国证监会对证券公司借入次级债的有关规定，计入净资本

D. 证券金融公司通过证券交易所的业务平台融入资金和证券，按照证券交易所的业务规则办理

6. 下列关于证券公司中间介绍业务的表述错误的是（　　）。

A. 证券公司只能接受其全资拥有或者控股的，或者被同一机构控制的期货公司的委托从事中间介绍业务，不能接受其他期货公司的委托从事中间介绍业务

B. 证券公司与期货公司应当独立经营，保持财务、人员、经营场所等分开隔离

C. 证券公司为期货公司介绍客户时，应当向客户明示其与期货公司的介绍业务委托关系，解释期货交易的方式、流程及风险，不得作获利保证、共担风险等承诺，不得虚假宣传、误导客户

D. 证券公司可以为客户从事期货交易提供融资或者担保

7. 下列对证券市场融资活动特征的描述不正确的是（　　）。

A. 资金赤字单位和盈余单位直接接触，形成直接的权利和义务关系，而没有另外的权利义务主体介入其中

B. 促成证券发行买卖的中介机构不可以充当权利义务主体

C. 真实的资金交易需要促成证券发行买卖的中介机构作为权利义务主体来实现

D. 证券市场融资是一种直接融资

8. 以下关于证券投资者的描述正确的是（　　）。

A. 从交易金额来看，在我国证券交易市场上，专业机构投资者占比重超过90%

B. 众多的证券市场投资者保证了证券发行和交易的连续性，是推动证券市场价格形成和流动性的根本动力

C. 证券市场的投资者种类较多，按投资者身份，可以分为机构投资者和非机构投资者

D. 机构投资者是证券市场最广泛的投资者

9. 持股账户数来看，近几年机构投资者的持股账户数明显上升，自然人投资者的持股账户数占比保持在（　　）以上。

A. 85%　　B. 90%　　C. 95%　　D. 99%

10. 不能决定市场流动性的因素是（　　）。

A. 弹性　　B. 深度　　C. 适宜性　　D. 即时性

11. 金融风险是指包括（　　）在内的各个经济主体在金融活动或投资经营活动中，因各种因素的不确定变动而遭受损失的可能性。

A. 政府机构　　B. 非银行金融机构

C. 金融机构　　D. 信托机构

12. 根据金融学对企业价值的定义，作为未来现金流贴现值之和的价值并不受到以下（　　）因素影响。

A. 贴现率　　B. 收益率

C. 期限　　D. 每期的现金流

13. 股票（　　）是用以反映整个市场上各种股票市场价格的总体水平及其变动情

况的指标。

A. 价格指数　　B. 市销率　　C. 市盈率　　D. 市净率

14. 我国证券交易所采用竞价方式中，（　　）阶段的特点是，每一笔买卖委托输入交易自动撮合系统后，当即判断并进行不同的处理：能成交者予以成交，不能成交者等待机会成交，部分成交者则让剩余部分继续等待。

A. 集合竞价　　B. 连续竞价

C. 集中竞价　　D. 持续竞价

15. 买卖方向、价格相同的，先申报者优先于后申报者。这属于证券交易所内的证券竞价交易中成交时（　　）的原则。

A. 时间优先　　B. 申报优先　　C. 价格优先　　D. 客户优先

16. 在委托未成交之前，客户有权变更和撤销委托。证券营业部申报竞价成交后，买卖即告成立，成交部分不得撤销。这属于撤单的（　　）。

A. 条件　　B. 内容　　C. 程序　　D. 特点

17. 股票交易程序中，开户包括开立（　　）账户和开立（　　）账户。

A. 证券　资金　　B. 证券　股票

C. 股票　资金　　D. 股票　银行

18. 要求证券交易活动中的所有参与者都有平等的法律地位，各自的合法权益都能得到公平保护体现（　　）证券交易原则。

A. 公开　　B. 公平　　C. 公正　　D. 公允

19. 在某一段时间到达的投资者的委托订单并不是马上成交，而是要先存储起来，然后在某一约定的时刻加以匹配属于证券交易机制中的（　　）。

A. 定期交易　　B. 连续交易　　C. 定时交易　　D. 持续交易

20. 证券市场的（　　）可以用市场指数的风险度来衡量。

A. 稳定性　　B. 有效性　　C. 流动性　　D. 风险性

21. 首次公开发行股票的网下发行应和网上发行同时进行，网下和网上投资者在申购时（　　）缴付申购资金。

A. 必须　　B. 可申请延期

C. 无须　　D. 提前

22. 首次公开发行股票采用询价方式的，网下投资者报价后，发行人和主承销商应当剔除拟申购总量中报价最高的部分，剔除部分不得低于所有网下投资者拟申购总量的（　　）%，然后根据剩余报价及拟申购数量协商确定发行价格。

A. 15　　B. 5　　C. 8　　D. 10

23. 2020 年 3 月 1 日，新《证券法》正式施行，核准制开始向全面（　　）转变，是完善资本市场基础制度的重要体现。

A. 核准制　　B. 审批制　　C. 注册制　　D. 推荐制

24. 新《证券法》对于公司发行新股中原有的“具有持续盈利能力，财务状况良好”这一条件变更为“（　　）”。

A. 具有持续盈利能力

B. 财务状况良好

C. 具有持续盈利能力或财务状况良好

D. 具有持续经营能力

25. 下列（　　）时间点，上海证券交易所不会接受会员竞价交易申报。

A. 13:20　　B. 11:30　　C. 9:10　　D. 15:05

26. 下列债券可以在商业银行柜台挂牌买卖的是（　　）。

A. 中国证监会核准发行的债券

B. 人民银行主管发行的债券

C. 财政部发行的部分国债和代理地方政府发行的地方政府债

D. 中国银保监会主管发行的债券

27. 目前，我国财政部通过包括工商银行在内的（　　）家储蓄国债承销团成员（商业银行），面向个人销售以电子方式记录债权的不可流通人民币储蓄国债（电子式）。

A. 30　　B. 40　　C. 45　　D. 50

28. （　　）是指商业银行通过其营业网点、网上银行等渠道，为投资者开立账户、认购交易债券提供服务，并相应办理债券托管结算、质押登记、代理本息兑付、账务查询等业务。

A. 柜台流通式债券业务　　B. 储蓄国债（电子式）业务

C. 储蓄国债（凭证式）业务　　D. 记账式债券业务

29. 下列关于商业银行柜台市场的二级托管体制的说法错误的是（　　）。

A. 中央结算公司为一级托管机构，柜台业务开办机构为二级托管机构

B. 中央结算公司为开办机构开立自营和代理总账户（一级托管账户）

C. 开办机构对一级托管账务的真实性、准确性、完整性和安全性负责

D. 开办机构对二级托管账户负责

30. 我国《上市公司证券发行管理办法》规定，可转换债券的期限最短为（　　）年，最长为（　　）年。

A. 1　5　　B. 1　6　　C. 2　5　　D. 2　6

31. 目前，不可进行跨市场转托管的债券是（　　）。

A. 付息国债　　B. 公司债　　C. 企业债　　D. 地方债

32. 下列关于资产证券化兴起的经济动因的说法正确的是（　　）。

A. 资产证券化最基本的功能是融资

B. 资产证券化可以解决资产和负债的不匹配

C. 资产证券化交易中的证券一般都是单一品种

D. 资产证券化产品的风险权重比基础资产本身的风险权重高

33. 属于无担保证券范畴，不以公司任何资产作担保而发行的债券被称为（　　）。

A. 收益公司债券　　B. 可转换公司债券

C. 不动产抵押公司债券　　D. 信用公司债券

34. 习惯上，将企业债券划分为（　　）和（　　）两种。

A. 城投债企业债券　集合类企业债券

B. 城投债企业债券　项目收益债券

C. 可续期债券　项目收益债券

D. 可续期债券　集合类企业债券

35. 地方政府专项债券的规模（　　）。

A. 可自行决定

B. 不得超过财政部确定的本地区专项债券规模

C. 不得超过国务院确定的本地区专项债券规模

D. 不得超过国务院确定的本地区债券规模

36. 企业集团财务公司发行金融债券前一年，注册资本金不低于（　　）。

A. 1 亿元　　B. 2 亿元　　C. 3 亿元　　D. 5 亿元

37.《企业债券管理条例》规定，企业发行企业债券的总面额不得大于该企业的（　　）。

A. 资产净值　　B. 资产　　C. 净利润　　D. 净资产

38. 现券交易也可以被称为债券的（　　），是指证券买卖双方在成交后就办理交收手续，买入者付出资金并得到证券，卖出者交付证券并得到资金。

A. 回购交易　　B. 远期交易

C. 即期交易　　D. 市场交易

39. 私募基金是向特定合格投资者发售基金份额、募集资金而设立的基金，下列关于私募基金的说法错误的是（　　）。

A. 在我国，单只非公开募集证券投资基金（私募基金）合格投资者累计不得超过200 人

B. 担任非公开募集基金的基金管理人，应当按照规定向中国证券投资基金业协会履行登记手续，报送基本情况

C. 私募基金运行期间，信息披露义务人应当在每季度结束之日起 15 个工作日以内向投资者披露基金净值、主要财务指标以及投资组合情况等信息

D. 单只私募证券投资基金管理规模金额达到 5000 万元以上的，应当持续在每月结束之日起 5 个工作日以内向投资者披露基金净值信息

40.（　　）是一类介于主动型基金和被动型基金之间的基金，它通过指数增强策略，以期获得高于标的指数回报水平的投资业绩。

A. 指数增强型基金　　B. 公募基金

C. 私募基金　　D. 交易所交易基金

41. 机构间私募产品报价与服务系统的管理机构是（　　）。

A. 原中国银监会　　B. 中央银行

C. 中国证券业协会　　D. 原中国保监会

42. 封闭式基金有固定的存续期，通常在（　　）年以上，一般为 10 年或 15 年，经（　　）通过并经监管机构同意可以适当延长期限。

A. 3　持有人大会　　B. 10　国务院证券监督管理机构

C. 5　持有人大会　　D. 12　国务院证券监督管理机构

43. 基金管理人应当自募集期限届满之日起（　　）日内聘请法定验资机构验资，向（　　）提交验资报告，办理基金备案手续。

A. 5　中国证监会　　B. 10　中国证监会

C. 5　基金业协会　　D. 10　基金业协会

44. 基金管理人应当在基金份额发售的（　　）日前公布招募说明书、基金合同及其他有关文件。

A. 3　　B. 5　　C. 10　　D. 15

45. 基础设施资产支持证券的基础设施中，不包含（　　）。

A. 仓储物流　　B. 收费公路

C. 污染治理　　D. 住宅和商业地产

46. 私募证券投资基金合格投资者应具备相应风险识别和承担能力，投资于单只私募基金金额不低于（　　）万元人民币。

A. 100　　B. 200　　C. 50　　D. 150

47. 关于交易所交易基金（ETF），下列选项错误的是（　　）。

A. ETF 结合了封闭式基金与开放式基金的运作特点

B. ETF 最大的特点是实物申购、赎回机制

C. ETF 实行一级市场和二级市场并存的交易制度

D. 在二级市场，ETF 与普通股票一样在证券交易所挂牌交易，基金买入申报数量为 100 份或其整数倍，不足 100 份的基金不可以卖出

48. 关于基金销售机构应当具备的条件中，下列说法错误的是（　　）。

A. 制定了有效的风险控制制度，有安全、高效的办理支付业务的信息系统

B. 商业银行取得基金销售业务资格，支付机构取得支付业务许可证

C. 最近 3 年没有受到刑事处罚或者重大行政处罚

D. 最近 3 年没有被采取重大行政监管措施

49. 关于开放式基金的认购、赎回，下列说法错误的是（　　）。

A. 在认购期内购买基金，基金认购价格通常为 1 元/份

B. 基金申购价格未知，申购份额通常在T+2日内确认，确认后的下一个工作日就可以赎回基金份额

C. 固定净值型货币基金按固定价格进行申购、赎回

D. 一般开放式基金按“已知价”原则进行买卖

50. 关于个人投资者投资基金的税收，下列说法正确的是（　　）。

A. 个人投资者买卖基金份额免征增值税

B. 个人投资者买卖基金份额需要免征收印花税

C. 个人投资者从基金分配中取得的收入，需要征收个人所得税

D. 个人投资者申购和赎回基金份额取得的差价收入，需要不征收个人所得税

二、组合型选择题（共50题，每题1分，共50分。下列各选项中，只有一项符合题目要求，不选、错选均不得分）

51. 2020年6月，刘鹤副总理首次对资本市场发展提出了“九字方针”，即要坚持“（　　）”加快发展资本市场。

①全覆盖　②建制度　③不干预　④零容忍

A. ①②③　B. ②③④

C. ①③④　D. ①②③④

52. 证券经纪商要根据证券交易所的交易规则，对客户的证件和委托单在（　　）方面进行审查。

①合法性　②真实性　③可靠性　④同一性

A. ①②　B. ③④　C. ②③　D. ①④

53. 以下关于中国资本市场场内市场的描述正确的有（　　）。

①主板市场是资本市场中最重要的组成部分，很大程度上能够反映国家或地区的经济发展状况，有“宏观经济晴雨表”之称

②设立中小企业板块的宗旨是为主业突出、具有成长性和科技含量的中小企业提供直接融资平台

③创业板市场是不同于主板市场的独特的资本市场，具有前瞻性、高风险、监管要求严格以及明显的高技术产业导向的特点

④全国中小企业股份转让系统，又被称为“新三板”，是经国务院批准设立的全国性的证券交易场所，成立于2010年9月20日，主要为创新型、创业型、成长型中小微企业发展服务

A. ①②③　B. ①②④

C. ②③④　D. ①②③④

54. 个人投资者的特点包括（　　）。

①资金规模有限　②专业知识相对匮乏

③投资行为具有随意性和分散性　　④投资行为具有规范性和短期性

A. ①②③　　B. ②③④

C. ①②④　　D. ①②③④

55. 以下属于证券市场融资的基本形式有（　　）。

①资金赤字单位在市场上向资金盈余单位发售有价证券

②资金赤字单位在市场上募得资金

③资金盈余单位购入有价证券

④获得有价证券所代表的财产所有权、收益权或债权

A. ①②③　　B. ①③④

C. ②③④　　D. ①②③④

56. 首次公开发行是指拟上市公司首次面向（　　）募集资金并上市的行为。

①不特定的社会公众投资　　②特定的社会公众投资者

③公开发行债券　　④公开发行股票

A. ①②　　B. ①③　　C. ②③　　D. ①④

57. 根据《中华人民共和国保险法》规定，以下属于保险公司资金运用范围的有（　　）。

①银行存款

②买卖债券、股票、证券投资基金份额等有价证券

③投资不动产

④国务院规定的其他资金运用形式

A. ①②③④　　B. ②③④　　C. ①②④　　D. ①②③

58. 下列（　　）现代风险管理理念是正确的。

①任何金融产品是风险和收益的组合

②任何金融产品都具有风险性

③风险是与收益相匹配的

④投资是以风险换收益

A. ①②③　　B. ②③④　　C. ①③④　　D. ①②③④

59. 风险偏好是战略性的，通常以定性描述为主，下列说法正确的有（　　）。

①风险偏好为企业在追求战略和业务目标过程中对风险的态度，包括愿意承担的风险的种类、大小、数量、以何种方式承担，以及为了增加每一分盈利愿意多承担多少风险等

②风险容忍度是风险偏好的具体体现，是对风险偏好的进一步量化和细化

③限额管理体现了风险管理是一种事后管理

④限额是根据 RAROC 最大化原则设定的，鼓励不同层级的经营机构在“资本、风险、收益”之间寻求平衡

A. ①②③　　B. ②③④　　C. ①②④　　D. ①②③④

60. 关于证券公司的内在脆弱性，下列说法正确的有（　　）。

①证券公司的内在脆弱性表现为其高负债的资金结构，证券公司的自有资金相对较少，往往是通过杠杆运作

②证券公司的脆弱性有其管理制度上的原因。其所有者和管理者是委托－代理关系，这决定了证券公司的管理过程具有内在的风险因素

③证券公司的脆弱性源于竞争的压力。在传统业务市场空间狭小和利润低的情况下，证券公司在争取顾客与市场、开拓新业务过程中进行着高风险的活动

④由于金融资产自身难以定价、金融资产价格受市场信心影响大、投机力量和信用交易机制增强了价格波动等原因，证券公司面临金融市场中大多数金融产品价格波动带来的影响

A. ①②③　　B. ②③④　　C. ①②④　　D. ①②③④

61. 下列关于限额管理的说法正确的有（　　）。

①交易限额是指对总交易头寸或净交易头寸设定的限额。总交易头寸限额对特定交易工具的多头头寸或空头头寸给予限制，净交易头寸限额对多头头寸和空头头寸相抵后的净额加以限制。

②风险限额是指对按照一定的计量方法所计量的市场风险设定的限额，如对内部模型计量的在险价值设定的限额和对期权性头寸设定的期权性头寸限额等

③止损限额即允许的最大损失额。通常，当某项头寸的累计损失达到或接近止损限额时，就必须对该头寸进行对冲交易或将其变现

④敏感度限额是指在一个特定情景下，对投资组合预计出现的最大损失进行限制，一旦投资组合预计损失值超过限额，就对投资组合作出相应的调整

A. ①②③　　B. ②③④　　C. ①②④　　D. ①②③④

62. 下列关于证券类机构主要信用风险及管理的说法正确的有（　　）。

①股票质押业务面临的信用风险是指股权质押业务的融资主体不能按时履约的风险

②为控制证券公司融资融券业务的信用风险，《证券公司融资融券业务管理办法》规定，证券公司向客户融资、融券，应当向客户收取一定比例的保证金

③证券公司债券业务面临的信用风险主要体现在信用债投资业务上，主要包括两类：一类是债券主体违约风险；另一类是逆回购、远期、借贷融出等交易对手方信用风险

④如果客户承担了与其收益不相匹配的过高信用风险，不会影响证券类机构的声誉与未来的产品发行

A. ①②③　　B. ②③④　　C. ①②④　　D. ①②③④

63. 操作风险损失数据收集主要基于（　　）。

①内部损失数据　　②外部损失数据

③情景分析　　④业务环境和内部控制因素

A. ①②③　　B. ②③④　　C. ①②④　　D. ①②③④

64. 通常情况下，股票账面价值并不等于股票的市场价格，主要原因是（　　）。

①会计价值通常反映的是历史成本或者按某种规则计算的公允价值，并不等于公司资产的实际价值

②账面价值并不反映公司的未来发展前景

③随着时间的推移，公司的净资产会发生变化，股票面值与每股净资产逐渐背离

A. ②③　　B. ①②　　C. ①③　　D. ①②③

65. 能引起股票内在价值变化的因素有（　　）。

①经济形势的变化　　②宏观经济政策的调整

③供求关系的变化

A. ②③　　B. ①②　　C. ①③　　D. ①②③

66. 国外主要股票市场的股票价格指数有（　　）。

①道·琼斯工业股价平均数　　②标准普尔500指数

③纳斯达克指数　　④金融时报证券交易所指数

⑤日经平均股价指数

A. ①③⑤　　B. ①②③④⑤

C. ①②③⑤　　D. ①②③④

67. 上海证券交易所规定，属于下列（　　）情形的，首个交易日无价格涨跌幅限制。

①首次公开发行上市的股票　　②增发上市的股票

③暂停上市后恢复上市的股票　　④退市后重新上市的股票

⑤上海证券交易所认定的其他情形

A. ①③⑤　　B. ①②③④⑤

C. ①②③⑤　　D. ①②③④

68. 从交易价格的决定特点划分，有（　　）。

①指令驱动　　②报价驱动

③定期交易　　④连续交易

A. ②③　　B. ①②　　C. ①③　　D. ①②③④

69. 从交易时间的连续特点划分，有定期交易和连续交易，连续交易的特点有（　　）。

①指令执行和结算的成本相对比较低

②市场为投资者提供了交易的即时性

③交易过程中可以反映更多的市场价格信息

A. ②③　　B. ①②　　C. ①③　　D. ①②③

70. 下列（　　）属于规范类强制退市的情形。

①未在法定期限内披露半年度报告或者经审计的年度报告，且在公司股票停牌 2 个月内仍未披露

②因公司股本总额或股权分布发生变化，导致连续 20 个交易日不再具备上市条件，在规定期限内仍未解决

③法院依法受理公司重整、和解和破产清算申请

A. ①②③　　B. ①②　　C. ①③　　D. ②③

71. 中国证监会于 2020 年 6 月 12 日发布的《创业板上市公司证券发行注册管理办法（试行）》，对创业板上市公司发行股票作出以下（　　）规定。

①上市公司向不特定对象发行股票，应当最近二年盈利，净利润以扣除非经常性损益前后孰低者为计算依据

②上市公司向不特定对象发行股票，除金融类企业外，最近一期末不存在持有金额较大的财务性投资的情形

③上市公司向不特定对象发行股票，最近三年财务会计报告被出具无保留意见审计报告

A. ①③　　B. ①②③　　C. ②③　　D. ①②

72. 下列关于股利政策的说法正确的有（　　）。

①股利政策体现了公司的发展战略和经营思路

②稳定可预测的股利政策有利于股东利益最大化

③是股份公司稳健经营的重要指标

④稳定的现金股利政策对公司现金流管理要求不高

A. ①②③④　　B. ①②③　　C. ①②④　　D. ②③④

73. 根据中国证监会发布的《上市公司证券发行管理办法（2020 年修订）》，主板（中小企业板）上市公司的配股除了要满足公开发行股票的一般规定外，还应当符合下列（　　）规定。

①拟配售股份数量不超过本次配售股份前股本总额的 20%

②控股股东应当在股东大会召开前公开承诺认配股份的数量

③采用证券法规定的代销方式发行

A. ①③　　B. ②③　　C. ①②③　　D. ①②

74. 下列不属于记名股票特点的有（　　）。

①便于挂失，相对安全　　②股东权利归属股票的持有人

③转让相对简便

A. ②③　　B. ①②　　C. ①③　　D. ①②③

75. 下列股票相关的资本管理概念正确的有（　　）。

①除息是指证券不再含有最近已宣布发放的股息（现金股利）

②除权是指证券不再含有最近已宣布的送股、配股及转增权益

③现金股利的发放致使公司的资产和股东权益减少同等数额，导致公司现金流出

④实践中，除息除权后，股价变化与理论价格之间通常会存在差异

A. ①②③④　　B. ①②③

C. ①②④　　D. ②③④

76. 下列关于商业银行柜台债券市场的说法正确的有（　　）。

①该市场是银行间债券市场的延伸　　②该市场只进行现券交易

③该市场参与者限定为个人投资者　　④该市场属于场外零售市场

A. ①②③　　B. ②③④　　C. ①②③④　　D. ①②④

77. 下列债券不可以在商业银行柜台挂牌买卖的有（　　）。

①中国证监会核准发行的债券

②人民银行主管发行的债券

③财政部发行的部分国债和代理地方政府发行的地方政府债

④中国银监会主管发行的债券

A. ①②③　　B. ②③④

C. ①②③④　　D. ①②④

78. 目前商业银行柜台债券市场的业务主要有（　　）。

①储蓄国债（电子式）业务　　②柜台流通式债券业务

③储蓄国债（凭证式）业务

A. ①②③　　B. ①　　C. ②　　D. ①②

79. 下列关于商业银行柜台市场的二级托管体制的说法正确的有（　　）。

①中央结算公司为一级托管机构

②柜台业务开办机构为二级托管机构

③中央结算公司对一级托管账务的真实性、准确性、完整性和安全性负责，并为柜台市场投资者提供复核查询功能

④开办机构对二级托管账户负责

A. ①②③　　B. ②③④

C. ①②③④　　D. ①②④

80. 下列属于可转换债券要素的有（　　）。

①有效期限和转换期限　　②票面利率或股息率

③转换比例或转换价格　　④赎回条款与回售条款

A. ①②③　　B. ②③④　　C. ①②③④　　D. ①②④

81. 下列关于证券公司次级债说法正确的有（　　）。

①证券公司次级债的清偿顺序在普通债之后

②次级债务和次级证券为证券公司同一清偿顺序的债务

③证券公司次级债券可在证券交易所或中国证监会认可的交易场所依法向机构投资者发行、转让

④证券公司次级债分为短期次级债、中期次级债和长期次级债

A. ①②③ B. ②③④ C. ①②③④ D. ①②④

82. 商业银行公开发行次级债券应具备的条件包括（ ）。

①实行贷款五级分类

②最近三年没有重大违法、违规行为

③核心资本充足率不低于4%

④贷款损失准备计提充足

A. ①②③ B. ②③④ C. ①②③④ D. ①②④

83. 关于储蓄国债（电子式）的说法正确的有（ ）。

①针对个人投资者，同时也向机构投资者发行

②采用实名制，不可流通转让

③收益安全稳定，由财政部负责还本付息，免缴利息税

④付息方式较为多样

A. ①②③ B. ②③④ C. ①②③④ D. ①②④

84. 有关私募债券的发行对象，下列说法正确的有（ ）。

①私募公司债的发行对象为合格投资者

②私募债券可以采取公开制度向合格投资者发行债券

③私募公司债每次发行对象不得超过200人

④私募债券募集对象为有限数量的专业投资机构

A. ①②③ B. ②③④ C. ①③④ D. ①②④

85. 我国非金融企业债务融资工具的种类有（ ）。

①短期融资券 ②中期票据

③非公开定向债务融资工具 ④中小非金融企业集合票据

A. ①②③ B. ②③④ C. ①②③④ D. ①②④

86. 证券公司目前可以发行的债券品种包括（ ）。

①证券公司普通债券 ②证券公司短期融资券

③证券公司次级债券 ④证券公司次级债务

A. ①②③ B. ②③④ C. ①②③④ D. ①②④

87. 政府债券的特征包括（ ）。

①安全性高 ②流通性强

③收益稳定 ④免税待遇

A. ①②③ B. ②③④

C. ①②③④ D. ①②④

88. 关于个人投资者投资基金的税收问题，下列选项错误的有（　　）。

①个人投资者买卖基金份额免征增值税

②个人投资者买卖基金份额暂免征收印花税

③个人投资者申购和赎回基金份额取得的差价收入，暂不征收个人所得税

④个人投资者从基金分配中获得的收入，征收个人所得税

A. ①②③　　B. ②③④　　C. ①④　　D. ④

89. 首次募集信息披露，基金募集申请经中国证监会注册后，基金管理人应当在基金份额发售的三日前，将（　　）、（　　）和（　　）登载在指定报刊上。

①基金份额发售公告　　②基金招募说明书提示性公告

③基金合同提示性公告　　④基金份额发售公告

A. ①③④　　B. ①②④　　C. ①②③　　D. ②③④

90. 基金合同生效后，基金招募说明书、基金产品资料概要的信息发生重大变更的，基金管理人应当在（　　）个工作日内，更新（　　），并登载在指定网站上。

①3　　②5

③基金招募说明书　　④基金产品资料概要

A. ①③④　　B. ②④　　C. ②③　　D. ①④

91. 关于机构投资者投资基金的税收，下列说法错误的有（　　）。

①机构投资者买卖基金份额暂免征收增值税

②机构投资者买卖基金份额暂免征收印花税

③机构投资者在境内买卖基金份额获得的差价收入，应并入企业的应纳税所得额，征收企业所得税

④机构投资者从基金分配中获得的收入，征收企业所得税

A. ①②　　B. ②③④

C. ①②③④　　D. ①④

92. 我国基金的监管目标有（　　）。

①保护投资人及相关当事人的合法权益

②规范基金活动，保证市场的公平、效率和透明

③降低系统风险

④推动基金业发展

A. ①②③　　B. ①③④　　C. ②③④　　D. ①②③④

93. 独立基金销售机构发生下列（　　）事项的，应当在5个工作日内向住所地中国证监会派出机构备案。

①变更公司章程、名称、住所、组织形式、经营范围、注册资本、高级管理人员

②新增持有5%以上股权的股东，变更控股股东、实际控制人

③持有5%以上股权的股东变更姓名、名称，或者质押所持独立基金销售机构的

股权

④对外进行股权投资或者提供担保

A. ①③④　　B. ①②③　　C. ②③④　　D. ①②③④

94. 基金管理人运用基金财产进行证券投资，不得有下列（　　）情形。

①一只基金持有一家公司发行的证券，其市值超过基金资产净值的5%

②同一基金管理人管理的全部基金持有一家公司发行的证券，其市值超过该证券的10%

③一只基金持有其他基金（不含货币市场基金），其市值超过基金资产净值的10%，但基金中基金除外

④基金总资产超过基金净资产的140%

A. ①②③　　B. ②③④　　C. ①③④　　D. ①②③④

95. 为了防止信息误导给投资者造成损失，保护公众投资者的合法权益，维护证券市场的正常秩序，法律法规对于借公开披露基金信息为名编制、传播虚假基金信息，恶意进行信息误导，诋毁同行或竞争对手等行为作出了禁止性规定，包括以下（　　）情形。

①禁止对基金的证券投资业绩进行预测

②禁止登载任何自然人、法人或者其他组织的祝贺性、恭维性或推荐性的文字

③禁止诋毁其他基金管理人、托管人或者基金销售机构

④禁止违规承诺收益或者承担损失

A. ①③④　　B. ①②③　　C. ①②③④　　D. ②③④

96. 关于基金披露的分类，基金信息披露大致可分为和（　　）。

①基金募集信息披露　　②运作信息披露

③临时信息披露　　④基金管理信息披露

A. ①③④　　B. ①②③　　C. ①②③④　　D. ②③④

97. 随着2020年8月1日《公开募集证券投资基金侧袋机制指引（试行）》的正式施行，基金管理人还应当在基金合同、招募说明书等法律文件中针对侧袋机制明确约定以下（　　）事项。

①侧袋账户运作安排，包括但不限于特定资产处置清算、对基金赎回的影响、信息披露、费用列支等

②相关风险揭示

③基金份额持有人大会表决权等安排

④其他对投资者权益有重大影响的事项

A. ①②　　B. ②③④　　C. ①②③④　　D. ①③

98. 基金发生重大事件，有关信息披露义务人应当在两日内编制临时报告书，并登载在指定报刊和指定网站上。上述所称重大事件，是指可能对基金份额持有人权益或者

基金份额的价格产生重大影响的下列（　　）事件。

①基金份额持有人大会的召开及决定的事项

②基金终止上市交易、基金合同终止、基金清算

③转换基金运作方式、基金合并

④更换基金管理人、基金托管人、基金份额登记机构，基金改聘会计师事务所

A. ①②③　　B. ①②③④　　C. ②③④　　D. ①③④

99. 合格投资者是指具备相应风险识别和承担能力，投资于单只私募基金的金额不低于 100 万元人民币且符合下列（　　）标准的单位和个人。

①净资产不低于 1000 万元的单位

②净资产不低于 500 万元的单位

③金融资产不低于 300 万元或者最近 3 年个人年均收入不低于 50 万元的个人

④金融资产不低于 200 万元或者最近 3 年个人年均收入不低于 50 万元的个人

A. ②③　　B. ①④　　C. ②④　　D. ①③

100. 关于私募基金财产投资要求，下列说法正确的有（　　）。

①可以使用基金财产从事借（存）贷、担保、明股实债等非私募基金投资活动

②可以投向类信贷资产或其收（受）益权

③允许私募基金以股权投资为目的，为被投企业提供短期借款、担保，借款或者担保余额不得超过该私募基金实缴金额的 20%

④不允许为被投企业提供短期借款、担保

A. ①②④　　B. ②④　　C. ③　　D. ①④

模拟试卷（五）参考答案与解析

1. 参考答案：C

考点：考查金融市场的分类。

2. 参考答案：A

考点：考查英国金融市场。

3. 参考答案：A

考点：考查多层次资本市场的主要内容。

4. 参考答案：A

考点：考查货币政策。创新型货币政策工具主要包括短期流动性调节工具（SLO）、常备借贷便利（SLF）、抵押补充贷款（PSL）、中期借贷便利（MLF）、临时流动性便利（TLF）、临时准备金动用安排（CRA）以及定向中期借贷便利（TMLF）等。

5. 参考答案：A

考点：考查证券服务机构－证券金融公司概述。证券金融公司开展转融通业务，可以使用自有资金和证券，通过证券交易所的业务平台融入的资金和证券，通过证券金融公司的业务平台融入的资金或者依法筹集的其他资金和证券。

6. 参考答案：D

考点：考查证券公司中间介绍业务的业务规则。证券公司不得直接或者间接为客户从事期货交易提供融资或者担保

7. 参考答案：C

考点：资金赤字单位和盈余单位直接接触，形成直接的权利和义务关系，而没有另外的权利义务主体介入其中。促成证券发行买卖的中介机构，如证券公司和投资公司等自身不充当权利义务主体，是连接赤字单位和盈余单位的服务性媒介，真实的资金交易是由赤字单位和盈余单位直接充当权利主体而实现的，因此，证券市场融资是一种直接融资。

8. 参考答案：B

考点：考查证券市场投资者。个人投资者是证券市场最广泛的投资者。2018 年以来，机构交易呈现上升态势，但是，从总量上看，专业机构投资者力量仍然 较为匮乏。从交易金额占比来看，近几年，自然人投资者交易额占比均在 80% 以上。证券市场的

投资者种类较多，按投资者身份，可以分为机构投资者和个人投资者。个人投资者是证券市场最广泛的投资者。

9. 参考答案：D

考点：从持股账户数来看，近几年机构投资者的持股账户数明显上升，自然人投资者的持股账户数占比保持在99%以上。

10. 参考答案：C

考点：考查市场的流动性的决定因素。

11. 答案：C

考点：考查关于金融风险的定义。

12. 参考答案：B

考点：考查金融学对企业价值的定义。

13. 参考答案：A

考点：考查股票价格指数的概念。

14. 参考答案：B

考点：考查连续竞价阶段的特点。

15. 参考答案：A

考点：考查证券交易所内的证券竞价交易原则。

16. 参考答案：A

考点：考查委托撤销。委托指令的撤销即撤单，在委托未成交之前，客户有权变更和撤销委托。证券营业部申报竞价成交后，买卖即告成立，成交部分不得撤销。

17. 参考答案：A

考点：开户包括开立证券账户和开立资金账户。

18. 参考答案：B

考点：考查证券交易原则公平原则。

19. 参考答案：A

考点：考查证券交易机制。定期交易中，成交的时点是不连续的。

20. 参考答案：A

考点：考查证券交易机制的目标。

21. 参考答案：C

考点：考查首次公开发行股票的发行。

22. 参考答案：D

考点：考查首次公开发行股票的发行方式相关规定。

23. 参考答案：C

考点：考查我国股票发行监管制度。

24. 参考答案：D

考点：考查新《证券法》公司发行新股条件。

25. 参考答案：C

考点：上海证券交易所接受会员竞价交易申报时间段为9:15—9:25，9:30—11:30和13:00—15:30。

26. 参考答案：C

考点：考查可以在商业银行柜台挂牌买卖的债券。

27. 参考答案：B

考点：目前，我国财政部通过包括工商银行在内的40家储蓄国债承销团成员（商业银行），面向个人销售以电子方式记录债权的不可流通人民币储蓄国债（电子式）。

28. 参考答案：A

考点：考查柜台流通式债券业务的定义。

29. 参考答案：C

考点：考查商业银行柜台市场的二级托管体制。中央结算公司为开办机构开立自营和代理总账户（一级托管账户），分账记载开办机构自有债券和其托管的二级托管客户所持有的债券总额，中央结算公司对一级托管账务的真实性、准确性、完整性和安全性负责，并为柜台市场投资者提供复核查询功能。

30. 参考答案：B

考点：我国《上市公司证券发行管理办法》规定，可转换债券的期限最短为1年，最长为6年。

31. 参考答案：B

考点：考查债券的转托管。目前，除了国债（包括附息国债和地方债）和企业债可以跨市场转托管，其他债券品种（包括公司债、证券公司次级债、中小企业私募债）都不能跨市场转托管。

32. 参考答案：B

考点：考查资产证券化兴起的经济动因。资产证券化对发起人的资产负债管理的提升作用体现在它可以解决资产和负债的不匹配性。

33. 参考答案：D

考点：考查信用公司债券的定义。信用公司债券是一种不以公司任何资产作担保而发行的债券，属于无担保证券范畴。

34. 参考答案：A

考点：考查企业债券的分类。

35. 参考答案：C

考点：考查地方政府专项债券的发行规模。省、自治区、直辖市政府发行的专项债券不得超过国务院确定的本地区专项债券规模。

36. 参考答案：C

考点：考查企业集团财务公司发行金融债券应具备的条件。

37. 参考答案：A

考点：《企业债券管理条例》规定，企业发行企业债券的总面额不得大于该企业的资产净值。

38. 参考答案：C

考点：考查债券的即期交易。

39. 参考答案：C

考点：考查私募基金的募集管理以及信息披露的要求。私募基金运行期间，信息披露义务人应当在每季度结束之日起10个工作日以内向投资者披露基金净值、主要财务指标以及投资组合情况等信息。

40. 参考答案：A

考点：考查基金类型的划分。

41. 参考答案：C

考点：基本记忆类题中国证券业协会是机构间私募产品报价与服务系统的管理机构。

42. 参考答案：C

考点：考查封闭基金管理的有关规定。

43. 参考答案：B

考点：考查基金合同生效的相关知识。

44. 参考答案：A

考点：考查基金份额发售的要求。

45. 参考答案：D

考点：考查证券投资基金分类中的特殊类型基金中的不动产投资信托基金。

46. 参考答案：A

考点：考查私募证券投资基金的基本规范。

47. 参考答案：D

考点：考查特殊类型基金中的交易所交易基金（ETF）的特点和交易制度。

48. 参考答案：D

考点：考查基金销售支付机构应当具备的条件。

49. 参考答案：D

考点：考查开放式基金的认购、赎回。

50. 参考答案：A

考点：考查个人投资者投资基金的税收。

51. 参考答案：B

考点：考查多层次资本市场的主要内容。

52. 参考答案：D

答案：D

考点：证券经纪商要根据证券交易所的交易规则，对客户的证件和委托单在合法性和同一性方面进行审查。

53. 参考答案：A

考点：考查中国资本市场场内市场。全国中小企业股份转让系统，又被称为“新三板”，是经国务院批准设立的全国性的证券交易场所，成立于2012年9月20日。

54. 参考答案：A

考点：考查个人投资者。投资行为具有随意性、分散性、短期性。

55. 参考答案：D

考点：证券市场融资的基本形式是资金赤字单位在市场上向资金盈余单位发售有价证券，募得资金，资金盈余单位购入有价证券，获得有价证券所代表的财产所有权、收益权或债权。

56. 参考答案：D

考点：首次公开发行，是指拟上市公司首次面向不特定的社会公众投资者公开发行股票募集资金并上市的行为。

57. 参考答案：A

考点：考查保险公司资金运用范围。《中华人民共和国保险法》规定：银行存款，买卖债券、股票、证券投资基金份额等有价证券，投资不动产以及国务院规定的其他资金运用形式均属保险公司资金运用范围。

58. 参考答案：D

考点：考查现代风险管理理念。

59. 参考答案：C

考点：考查风险偏好和限额。限额管理体现了风险管理是一种积极的事前管理。

60. 参考答案：D

考点：考查证券公司的风险生成及特征。④属于金融资产价格的过度波动性。

61. 参考答案：A

考点：考查市场风险管理。情景限额是指在一个特定情景下，对投资组合预计出现的最大损失进行限制，一旦投资组合预计损失值超过限额，就对投资组合做出相应的调整。

62. 参考答案：A

考点：考查证券类机构主要信用风险及管理。如果客户承担了与其收益不相匹配的过高信用风险，也会影响证券类机构的声誉与未来的产品发行。

63. 参考答案：D

考点：考查操作风险管理。

64. 参考答案：B

考点：通常情况下，股票账面价值并不等于股票的市场价格。主要原因有两点：一是会计价值通常反映的是历史成本或者按某种规则计算的公允价值，并不等于公司资产的实际价值；二是账面价值并不反映公司的未来发展前景。

65. 参考答案：D

考点：考查股票的内在价值影响因素。

66. 参考答案：B

考点：考查国外主要股票市场的股票价格指数。

67. 参考答案：B

考点：考查竞价涨跌幅限制知识点。

68. 参考答案：B

考点：考查证券交易机制。从交易时间的连续特点划分，有定期交易和连续交易。从交易价格的决定特点划分，有指令驱动和报价驱动。

69. 参考答案：A

考点：考查连续交易的特点。市场为投资者提供了交易的即时性是连续交易的定期交易的特点。

70. 参考答案：A

考点：考查股票强制退市制度。

71. 参考答案：B

考点：考查创业板发行股票的一般规定。

72. 参考答案：B

考点：考查股利政策。稳定的现金股利政策对公司现金流管理有较高的要求。

73. 参考答案：B

考点：考查创业板上市公司的配股应当满足的条件。

74. 参考答案：A

考点：便于挂失，相对安全属于记名股票特点。

75. 参考答案：A

考点：考查与股票相关的资本管理概念。

76. 参考答案：C

考点：考查商业银行柜台债券市场的定义。

77. 参考答案：D

考点：考查可以在商业银行柜台挂牌买卖的债券。只有财政部发行的部分国债和代理地方政府发行的地方政府债在商业银行柜台挂牌买卖。

78. 参考答案：D

考点：目前商业银行柜台债券市场主要有储蓄国债（电子式）业务和柜台流通式

债券业务等两类业务。

79. 参考答案：C

考点：考查商业银行柜台市场的二级托管体制。

80. 参考答案：C

考点：考查可转换债券的要素。

81. 参考答案：A

考点：考查证券公司次级债的概念。证券公司次级债分为短期次级债和长期次级债。

82. 参考答案：D

考点：考查商业银行次级债券的公开发行和私募发行。公开发行次级债券核心资本充足率不低于5%，私募方式发行次级债券核心资本充足率不低于4%。

83. 参考答案：B

考点：考查储蓄国债（电子式）概念。储蓄国债（电子式）是2006年推出的国债新品种，具有以下特点：针对个人投资者，不向机构投资者发行；采用实名制，不可流通转让；收益安全稳定，由财政部负责还本付息，免缴利息税；鼓励持有到期，手续简化；付息方式较为多样。

84. 参考答案：C

考点：考查私募债券的发行特点。私募债券的发行不采用公开制度。

85. 参考答案：C

考点：考查我国非金融企业债务融资工具的种类。

86. 参考答案：C

考点：考查证券公司目前可以发行的债券品种。

87. 参考答案：C

考点：考查政府债券的特征。

88. 参考答案：D

考点：考查个人投资者投资基金的税收问题。个人投资者买卖基金份额免征增值税。个人投资者买卖基金份额暂免征收印花税。个人投资者从基金分配中取得的收入，暂不征收个人所得税。个人投资者申购和赎回基金份额取得的差价收入，暂不征收个人所得税。

89. 参考答案：C

考点：考查基金募集信息披露的管理。基金募集申请经中国证监会注册后，基金管理人应当在基金份额发售的三日前，将基金份额发售公告、基金招募说明书提示性公告和基金合同提示性公告登载在指定报刊上。

90. 参考答案：A

考点：考查基金合同生效的相关要求。基金合同生效后，基金招募说明书、基金产品资料概要的信息发生重大变更的，基金管理人应当在3个工作日内，更新基金招募说明书和基金产品资料概要，并登载在指定网站上。

91. 参考答案：D

考点：考查机构投资者投资基金的税收。（1）机构投资者买卖基金份额属于金融商品转让，应按照卖出价扣除买入价后的余额为销售额计征增值税。但机构投资者购入基金、信托、理财产品等各类资产管理产品持有至到期，不属于金融商品转让。（2）机构投资者买卖基金份额暂免征收印花税。（3）机构投资者在境内买卖基金份额获得的差价收入，应并入企业的应纳税所得额，征收企业所得税。机构投资者从基金分配中获得的收入，暂不征收所得税。

92. 参考答案：D

考点：考查基金的监管目标。

93. 参考答案：D

考点：独立基金销售机构发生下列事项的，应当在5个工作日内向住所地中国证监会派出机构备案：（1）变更公司章程、名称、住所、组织形式、经营范围、注册资本、高级管理人员。（2）新增持有5%以上股权的股东，变更控股股东、实际控制人。（3）持有5%以上股权的股东变更姓名、名称，或者质押所持独立基金销售机构的股权。（4）设立、撤销分支机构，变更分支机构名称、营业场所。（5）对外进行股权投资或者提供担保。（6）中国证监会规定的其他事项。

94. 参考答案：B

考点：考查基金管理人运用基金财产进行证券投资。

95. 参考答案：C

考点：考查基金信息披露的禁止性规定。

96. 参考答案：B

考点：考查基金信息披露的分类。

97. 参考答案：C

考点：考查侧袋机制的披露要求。

98. 参考答案：B

考点：考查基金运作信息披露的相关要求。

99. 参考答案：D

考点：考查私募证券投资基金的基本规范。

100. 参考答案：C

考点：考查私募基金财产投资要求。

《金融市场基础知识》模拟试卷（六）

一、选择题（共50题，每题1分，共50分。以下各选项中，只有一项符合题目要求，不选、错选均不得分）

1. 政府通过对金融市场直接或间接的干预，影响金融市场变量，调控社会信贷可得性，进而影响公众的储蓄、消费、投资行为，调整本国与外国的经济往来，影响商业周期，最终实现对产出、就业、物价以及国际收支的有效控制，并对社会财富分配。体现了金融市场可以（　　）。

A. 促进储蓄－投资转化　　B. 优化资源配置

C. 反映经济状态　　D. 宏观调控

2. 2020年，全球最大的外汇市场是（　　）。

A. 伦敦外汇市场　　B. 纽约外汇市场

C. 东京外汇市场　　D. 新加坡外汇市场

3. 不属于一般性货币政策工具的是（　　）。

A. 存款准备金制度　　B. 再贴现政策

C. 公开市场业务　　D. 证券市场信用控制

4. 以下有关中国资本市场的说法错误的是（　　）。

A. 货币政策是中央银行利用其掌握的利率、汇率、借贷、货币发行、外汇管理及金融法规等工具，采用的各种控制和调节货币供给量或信贷规模的方针、政策和措施的总称

B. 中央银行货币政策的首要目标就是稳定物价，将一般物价水平控制在一定范围以内，以防止通货膨胀

C. 一般来说，存款准备金作为货币政策工具，只有在准备率调整幅度很大时，才会引起货币供应量的巨大波动

D. 再贴现政策是中央银行通过直接调整或制定对合格票据的贴现利率，来干预和影响市场利率，从而调节货币供应量的政策措施

5. 以下不属于证券市场融资活动特点的是（　　）。

A. 证券市场融资是一种直接融资

B. 证券市场融资是一种强市场性的融资活动

C. 证券市场融资是在由各种证券中介机构组成的证券中介服务体系的支持下完成的

D. 证券公司可以作为证券市场融资活动的权利义务主体

6. 下列关于企业（公司）融资表述正确的是（　　）。

A. 企业（公司）直接融资活动主要有股票融资和基金融资两种形式

B. 发行股票是企业（公司）补充流动资金的重要手段

C. 上市公司是指其股票在证券交易所上市交易的股份有限公司

D. 首次公开发行，是指拟上市公司首次面向特定的社会公众投资者公开发行股票募集资金并上市的行为

7. 下面对上市公司再融资描述正确的是（　　）。

A. 上市公司再融资是指上市公司为达到增加资本和募集资金的目的首次发行股票、再发行股票或可转换债券的行为

B. 增发会扩大股东人数，分散股权，避免股份过度集中

C. 定向增发不会直接影响公司原股东利益

D. 可转换债券能以较低的成本筹集到所需要的资金，能使公司将筹集到的期限有限的资金转化为短期的股本，扩大了股本规模

8. 具有同行业或相关行业较强的重要战略性资源，与上市公司谋求双方协调互补的长期共同战略利益，愿意长期持有上市公司较大比例股份，愿意并且有能力认真履行相应职责的是指（　　）。

A. 一般机构投资者　　　　B. 战略投资者

C. 金融机构投资者　　　　D. 特殊投资者

9. 以下（　　）不属于风险管理的具体表现。

A. 金融机构要主动有意识地承担风险

B. 金融机构要被动无意识地承担风险

C. 金融机构要对风险采取系统和科学的管理措施

D. 金融机构要认真分析和衡量风险

10. 以下不属于风险管理策略的是（　　）。

A. 风险管控　　　　B. 风险对冲

C. 风险补偿与准备金　　　　D. 风险规避

11. 以下不属于风险应对的是（　　）。

A. 风险走向管理　　　　B. 风险定价与拨备

C. 风险限额　　　　D. 风险缓释

12. 以下（　　）不属于风险衡量方法。

A. 衡量损失　　　　B. 波动率和方差

C. 敏感性分析法　　　　　D. VaR 法

13. 根据《深圳证券交易所创业板交易特别规定》，创业板股票竞价交易实行价格涨跌幅限制，涨跌幅限制比例为（　　）。

A. 15%　　　　　B. 20%

C. 25%　　　　　D. 30%

14. 下列关于沪伦通的说法错误的是（　　）。

A. 沪伦通存托凭证业务包括东西两个业务方向

B. 沪伦通存托凭证西向业务是指符合条件的伦交所上市公司在上交所主板上市中国存托凭证

C. 东向业务发行人仅可以在上交所上市，而不在境内融资

D. 沪伦通将境外基础股票转换为存托凭证实现产品跨境

15. 下列关于股票投资分析方法中技术分析法的说法错误的是（　　）。

A. 技术分析法的两个假设为：股票的价值决定其价格和股票的价格围绕价值波动

B. 技术分析法以价格判断为基础、以正确的投资时机抉择为依据

C. 技术分析法认为，股票价格的波动是对市场供求均衡状态偏离的调整

D. 技术分析法主要有 K 线理论、切线理论、形态理论、技术指标理论、波浪理论和循环周期理论

16. 年利率为 10%，5 年后 161.05 元的现值为（　　）元。

A. 100　　　　　B. 110

C. 121　　　　　D. 95

17. （　　）是一国在股票市场的发展初期，为了维护上市公司的稳定和平衡复杂的社会经济关系，采用行政计划的办法分配股票发行的指标和额度，由地方或行业主管部门根据指标推荐企业发行股票的一种发行制度。

A. 核准制　　　　　B. 审批制

C. 注册制　　　　　D. 推荐制

18. 股份公司向外国和我国香港、澳门、台湾地区投资者发行的股票为（　　）。

A. 外资股　　　　　B. 社会公众股

C. 国家股　　　　　D. 法人股

19. 根据中国证监会 2020 年 6 月 12 日发布的《创业板上市公司证券发行注册管理办法（试行）》，创业板上市公司的增发除了要满足发行股票的一般规定外，还应当符合下列规定：发行价格应当（　　）公告招股意向书前 20 个交易日或者前一个交易日公司股票均价。

A. 高于　　　　　B. 不低于

C. 等于　　　　　D. 近似于

20. 首次公开发行股票，网下投资者须具备丰富的投资经验和良好的定价能力，应

当接受（　　）的自律管理，遵守中国证券业协会的自律规则。

A. 中国证券业协会　　B. 中介机构

C. 中国证监会　　D. 国家

21. 公正地办理证券交易中的各项手续，公正地处理证券交易中的违法违规行为等体现（　　）证券交易原则。

A. 公开　　B. 公平

C. 公正　　D. 公允

22.（　　）是指投资者向证券公司缴纳一定的保证金，融（借）入一定数量的资金买入股票的交易行为。

A. 融资交易　　B. 融券交易

C. 证券交易　　D. 信用交易

23. 上海证券交易所证券交易实行全面指定交易制度，境外投资者从事（　　）股交易的除外。

A. H　　B. A

C. B　　D. S

24. 证券交易所内的证券竞价交易按“（　　）优先、（　　）优先”的原则撮合成交。

A. 时间　客户　　B. 价格　时间

C. 客户　申报　　D. 申报　价格

25. 客户在委托买卖证券成交后按成交金额一定比例支付的费用，是证券经纪商为客户提供证券代理买卖服务收取的费用属于（　　）。

A. 佣金　　B. 过户费

C. 印花税　　D. 证券费

26. 地方政府一般债券期限为 1 年、3 年、5 年、7 年和 10 年，由各地根据资金需求和债券市场状况等因素合理确定，但单一期限债券的发行规模不得超过一般债券当年发行规模的（　　）。

A. 10%　　B. 20%

C. 30%　　D. 40%

27.《企业债券管理条例》规定，企业债券的利率不得高于银行相同期限居民储蓄定期存款利率的（　　）。

A. 10%　　B. 20%

C. 30%　　D. 40%

28. 非公开发行公司债券，承销机构或自行销售的发行人应当在每次发行完成后（　　）个工作日内向中国证券业协会报备。

A. 5　　B. 10

C. 15　　D. 20

29.（　　）是指债券买卖双方（资金融入方和资金融出方）在成交的同时，约定于未来某一时间以某一约定价格双方再进行反向交易的行为。

A. 现券交易　　B. 远期交易

C. 回购交易　　D. 期货交易

30. 下列关于远期交易和期货交易的说法错误的是（　　）。

A. 期货合约在交易所内交易，具有公开性，远期合约也在场内进行交易

B. 远期合约是标准化合约，远期合约的所有事项都要由交易双方一一协商确定，谈判复杂，但适应性强

C. 期货合约交易双方按规定比例缴纳保证金，而远期合约因不是标准化，存在信用风险，保证金（或被称为定金）是否要付、付多少，也都由交易双方确定，无统一性

D. 期货合约具备对冲机制，履约回旋余地较大，实物交割比例极低，而远期合约如要中途取消，必须双方同意，其实物交割比例极高

31. 我国公司债券的发行期限一般为3～10年，以（　　）年为主。

A. 3　　B. 5

C. 8　　D. 10

32. 金融租赁公司和汽车金融公司发行金融债券后，资本充足率均应不低于（　　）。

A. 3%　　B. 5%

C. 8%　　D. 10%

33. 下列关于中央银行票据的说法错误的是（　　）。

A. 中央银行票据的期限通常在1个月至3年

B. 中央银行票据本质上属于特殊的金融债券

C. 中央银行票据简称央票

D. 中央银行票据是一种重要的货币政策日常操作工具

34. 下列关于项目收益债券的说法错误的是（　　）。

A. 由项目实施主体或其实际控制人发行

B. 不与特定项目相联系

C. 债券募集资金用于特定项目的投资与建设

D. 债券的本息偿还资金完全或主要来源于项目建成后运营收益的企业债券

35. 以下不属于证券市场融资活动特点的是（　　）。

A. 证券市场融资是一种直接融资

B. 证券市场融资是一种强市场性的融资活动

C. 证券市场融资是在由各种证券中介机构组成的证券中介服务体系的支持下完成的

D. 证券公司可以作为证券市场融资活动的权利义务主体

36. 下列关于债券按利率是否固定分类，说法错误的是（　　）。

A. 对于固定利率债券，债券发行人和投资者不承担市场利率波动的风险

B. 浮动利率债券可以较好地抵御通货膨胀风险

C. 可调利率债券的调整间隔往往事先设定

D. 固定利率债券其筹资成本和投资收益可以事先预计，不确定性较小

37. 下列关于公募债券的说法错误的是（　　）。

A. 公募债券是指按法定手续，经证券主管机构批准在市场上公开发行的债券

B. 公募债券的认购者可以是社会上的任何人

C. 发行者一般有较高的信誉，而发行公募债券又有助于提高发行者的信用度

D. 一般私营企业不能发行公募债券

38. 下列关于政府债券的性质，说法错误的是（　　）。

A. 从形式上看，政府债券是一种有价证券，具有债券的一般性质

B. 政府债券是进行宏观调控的工具

C. 政府债券本身无面额

D. 从功能上看，政府债券已成为政府筹集资金、扩大公共开支的重要手段

39. 基金份额净值是（　　）申购份额、赎回金额计算的基础，直接关系到基金投资者的利益，这就要求基金份额净值的计算必须准确。

A. 开放式基金　　B. 公司型基金

C. 契约型基金　　D. 封闭式基金

40. 关于证券投资基金的特点，下列说法错误的是（　　）。

A. 为降低投资风险，有关法律法规通常会要求基金进行组合投资

B. 证券投资基金实行利益共享、风险共担的原则

C. 基金管理人负责基金的投资操作并参与基金财产的保管

D. 证券投资基金通过汇集众多投资者的资金，进行共同投资，表现出一种集合理财的特点

41. 关于基金合同生效，下列说法错误的是（　　）。

A. 基金募集期限届满，基金募集份额总额不少于2亿份

B. 基金募集期限届满，基金募集金额不少于2亿元人民币

C. 基金份额持有人的人数不少于100人

D. 基金管理人应当自募集期限届满之日起10日内聘请法定验资机构验资，向中国证监会提交验资报告，办理基金备案手续

42. 关于开放式基金的认购，下列说法错误的是（　　）。

A. 投资者在募集期内可以多次认购基金份额。一般情况下，已经正式受理的认购申请不得撤销

B. 投资者于T日提交认购申请后，可于T+1日起到办理认购的网点查询认购申请的受理情况

C. 开放式基金的认购采取金额认购的方式

D. 基金份额的认购通常有前端收费和后端收费两种模式

43. 关于证券投资基金的分类，下列说法正确的是（　　）。

A. 按基金的组织形式划分，可分为封闭式基金和开放式基金等类型

B. 按基金运作方式划分，可分为契约型基金和公司型基金

C. 按基金的投资目标划分，可分为成长型基金、收入型基金、平衡型基金

D. 按基金的投资理念划分，可分为股票基金、债券基金、混合基金、货币市场基金等

44. 各类私募基金管理人在初次开展资金募集、基金管理等私募基金业务活动前，应当按照规定在（　　）完成登记，未经登记，任何单位和个人不得使用“基金”或者“基金管理”字样或者近似名称进行私募基金业务活动，法律法规另有规定的除外。

A. 上海证券交易所　　B. 深圳证券交易所

C. 基金业协会　　D. 中国证券业协会

45. FOF是以（　　）为投资对象的基金。

A. 其他基金　　B. 股票

C. 债券　　D. 金融衍生品

46. （　　）以上基金资产投资于基础设施资产支持证券，并持有其全部份额；基金通过基础设施资产支持证券持有基础设施项目公司全部股权是公募REITs产品的特征之一。

A. 50%　　B. 60%

C. 70%　　D. 80%

47. 关于开放式基金认购管理，下列说法错误的是（　　）。

A. 开放式基金认购一般分为开户、认购与确认三个步骤

B. 投资人认购开放式基金，一般通过证券交易所办理

C. 已经正式受理的认购申请不得撤销

D. 投资者在募集期内可以多次认购基金份额

48. 根据规定，基金认购费用将统一按（　　）为基础收取。

A. 净认购金额　　B. 认购份额

C. 基金资产净值　　D. 基金份额净值

49. 关于基金资产估值中需要考虑的因素，下列说法错误的是（　　）。

A. 当基金投资标的为交易活跃的证券时，直接采用市场交易价格就可以对标的资产估值

B. 我国的封闭式基金于每个交易日估值，并不晚于下一交易日公告份额净值

C. 2020年8月1日起执行的《公开募集证券投资基金侧袋机制指引（试行）》，是对不活跃证券估值问题的针对性解决方案

D. 若基金变更了估值方法，必须及时进行披露

50. 关于私募基金的募集，下列说法错误的是（　　）。

A. 各类私募基金管理人在初次开展资金募集、基金管理等私募基金业务活动前，应当按照规定在基金业协会完成登记

B. 私募基金管理人的出资人、实际控制人、关联方如果不具有基金销售资格，也未受私募基金管理人委托从事基金销售的，可以从事资金募集活动

C. 在中国证券投资基金业协会办理私募基金管理人登记的机构可以自行募集其设立的私募基金

D. 在中国证监会注册取得基金销售业务资格并已成为中国证券投资基金业协会会员的机构可以受私募基金管理人的委托募集私募基金

二、组合型选择题（共50题，每题1分，共50分。下列各选项中，只有一项符合题目要求，不选、错选均不得分）

51. 以下关于中国的金融体系与多层次资本市场的说法正确的有（　　）。

①截至2020年末，境外保险机构在华共设立了66家外资保险机构、117家代表处和17家保险专业中介机构，外资保险公司总资产1.71万亿元

②目前，我国共有上海期货交易所、大连商品交易所、郑州商品交易所和广州期货交易所等四大商品期货交易所

③随着开放程度的不断加深，外资银行业在华机构数量不断增长。截至2020年末，外资银行在华共设立了41家外资法人银行、116家外国银行分行和144家代表处，营业性机构总数946家，外资银行总资产3.78万亿元

④2021年2月，上交所、深交所分别发布全国中小企业股份转让系统挂牌公司向科创板、创业板转板上市办法，办法明确在精选层挂牌满一年，符合科创板、创业板定位，达到交易所规定上市条件的企业，可直接向交易所申请转板上市

A. ①②③　　B. ②③④

C. ①③④　　D. ①②③④

52. 我国金融衍生品市场按资产类别划分主要包括利率类衍生品、权益类衍生品、货币类衍生品、信用类衍生品，下列属于权益类衍生品的是（　　）。

①股票期权　　②股指期货

③利率互换产品　　④认股权证

A. ①②③　　B. ①②④

C. ①③④　　D. ①②③④

53. 以下不属于一般性货币政策工具的有（　　）。

①中期借贷便利（MLF）　　②再贴现政策

③公开市场业务　　④证券市场信用控制

A. ①③　　B. ②④

C. ①④　　D. ①②

54. 下列关于证券公司的相关说法正确的有（　　）。

①证券公司不得进行内幕交易、市场操纵、利益输送等违法违规行为及不正当交易活动

②证券公司必须将其证券资产管理业务与证券经纪业务、证券承销业务、证券自营业务、证券做市业务分开办理，不得混合操作

③单一资产管理计划可以接受货币资金委托，或者接受投资者合法持有的股票、债券或中国证监会认可的其他金融资产委托

④证券公司向客户融资融券，应当向客户收取一定比例的保证金，保证金可以证券充抵

A. ①②③　　B. ②③④

C. ①③④　　D. ①②③④

55. 证券金融公司应履行下列（　　）职责。

①为证券公司融资融券业务提供资金和证券的转融通服务

②对证券公司融资融券业务运行情况进行监控

③监测分析全市场融资融券交易情况，运用市场化手段防控风险

④中国证监会确定的其他职责

A. ①②③　　B. ②③④

C. ①②④　　D. ①②③④

56. 战略投资者应当符合的情形包括（　　）。

①能够给上市公司带来国际国内领先的核心技术资源

②显著增强上市公司的核心竞争力和创新能力

③带动上市公司的产业技术升级，显著提升上市公司的盈利能力

④能够给上市公司带来国际国内领先的市场、渠道、品牌等战略性资源

A. ①②③　　B. ②③④

C. ①②④　　D. ①②③④

57. 按照《保险资金运用管理办法》规定，保险经营机构新增保险资金三大投向，包括（　　）。

①资产证券化产品　　②文化投资资金

③创业投资基金　　④保险私募基金

A. ①②③　　B. ①③④

C. ②③④ D. ①②④

58. 下列关于风险管理流程的说法正确的有（　　）。

①风险识别是指对影响各类目标实现的潜在事项或因素予以全面识别，依据风险定义进行系统分类、鉴定风险性质，并找出风险原因的过程

②风险衡量方法有敏感性分析法、波动性分析法和压力测试等

③风险缓释，是指采用相关措施来降低风险的损失频率或影响程度

④风险监测是风险管理的重要一环，是风险偏好、风险限额以及日常风险管理得以有效实施的重要保障

A. ①②③ B. ②③④

C. ①②④ D. ①②③④

59. 压力测试，是指将整个金融机构或资产组合置于某一特定压力情景之下，然后测试该金融机构或资产组合在这些关键市场变量突变压力下的表现状况，以考虑它们是否能经受得起这种市场的突变。下列情况应当开展专项或综合压力测试的有（　　）。

①重大对外投资或收购、重大对外担保、重大固定资产投资、利润分配或其他资本性支出、证券公司分类评价结果负向调整、负债集中到期或赎回等可能导致净资本和流动性等风险控制指标发生明显不利变化或接近预警线的情形

②确定重大业务规模和开展重大创新业务；确定经营计划和业务规模、确定自营投资规模限额、开展重大创新业务、承担重大包销责任等

③预期或已经出现重大内部风险状况；自营投资大幅亏损，政府部门行政处罚、诉讼、声誉受损等；预期或已经出现重大外部风险和政策变化事件

④证券市场大幅波动，监管政策发生重大变化等

A. ①②③ B. ②③④

C. ①②④ D. ①②③④

60. 证券公司风险的特征包括（　　）。

①社会性 ②扩张性 ③周期性 ④可控性

A. ①②③ B. ②③④

C. ①②④ D. ①②③④

61. 下列关于市场风险的应对的说法正确的有（　　）。

①风险定价和估值是市场风险管理的基础

②风险对冲是指通过投资或购买与标的资产收益波动负相关的某种资产或衍生产品，来冲抵标的资产潜在的风险损失的一种风险管理策略

③证券公司应当建立与风险管理效果挂钩的绩效考核及责任追究机制，保障全面风险管理的有效性

④风险调整资本收益率（RAROC）是最常用、最主流的经风险调整后的评估业务

绩效指标的工具，也是经济资本配置的核心工具

A. ①②③　　B. ②③④

C. ①②④　　D. ①②③④

62. 下列属于操作风险管理方法的有（　　）。

①内部控制　　②保险

③业务外包　　④IT 技术应用

A. ①②③　　B. ②③④

C. ①②④　　D. ①②③④

63. 以下属于金融风险特征的有（　　）。

①隐蔽性　　②扩散性

③加速性　　④不可管理性

A. ①②③　　B. ②③④

C. ①③④　　D. ①②③④

64. 下列体现股票具有有价证券特征的有（　　）。

①虽然股票本身没有价值，但股票是一种代表财产权的有价证券

②股票与它代表的财产权有不可分离的关系，二者合为一体

③不是创造股东的权利，而是证明股东的权利

A. ②③　　B. ①②

C. ①③　　D. ①②③

65. 按股东享有权利的不同，股票可以分为（　　）。

①普通股票　　②特别股票　　③金股

A. ②③　　B. ①②

C. ①③　　D. ①②③

66. 股利政策实务中通常有（　　）。

①固定股利政策　　②固定股利支付率政策

③零股利政策　　④剩余股利政策

A. ①②③④　　B. ①②③

C. ①②④　　D. ②③④

67. 下列与股票相关的资本管理概念正确的有（　　）。

①除息是指证券不再含有最近已宣布发放的股息（现金股利）

②除权是指证券不再含有最近已宣布的送股、配股及转增权益

③现金股利的发放致使公司的资产和股东权益减少同等数额，导致公司现金流出

④实践中，除息除权后，股价变化与理论价格之间通常会存在差异

A. ①②③④　　B. ①②③

C. ①②④　　D. ②③④

68. 下列关于有面额股票和无面额股票的说法正确的有（　　）。

①有面额股票记载的金额也被称为票面金额、票面价值或股票面值

②有面额股票可以明确表示每一股所代表的股权比例

③无面额股票的价值随股份公司每股净资产和预期每股收益的增减而相应增减

A. ②③　　B. ①②

C. ①③　　D. ①②③

69. 下列关于股票投资主要分析方法的说法正确的有（　　）。

①公司分析是基本分析的重点，分析报告，最终都要落实在某家公司股票价格的走势上

②量化分析法是继传统的基本分析和技术分析之后发展起来的一种重要的股票投资分析方法

③基本分析法的优点主要是能够从经济和金融层面揭示股票价格决定的基本因素及这些因素对价格的影响方式和影响程度

④技术分析法缺乏牢固的经济金融理论基础，对股票价格行为模式的判断有一定随意性，在学术界评价不高

A. ①②③④　　B. ①②③

C. ①②④　　D. ②③④

70. 下列（　　）属于境内上市外资股的特点。

①记名股票

②人民币认购、买卖

③人民币标明股票价值

④投资者包括外国的自然人、法人和其他组织

A. ①③④　　B. ①②③

C. ①②④　　D. ②③④

71. 按照我国《上市公司证券发行管理办法》规定，上市公司再融资的方式有（　　）。

①向原股东配售股份　　②向特定对象公开募集股份

③发行可转换公司债券　　④非公开发行股票

A. ①②③④　　B. ①②③

C. ①③④　　D. ②③④

72. 下列关于首次公开发行股票的发行方式说法正确的有（　　）。

①可以通过向网下投资者询价的方式确定股票发行价格

②可以通过发行人与主承销商自主协商直接定价等其他合法可行的方式确定发行价格

③投资者应当自行选择参与网下或网上发行，不得同时参与

④网下投资者报价应当包含每股价格和该价格对应的拟申购股数，且只能有一个报价

A. ①②③④　　B. ①②③

C. ①②④　　D. ②③④

73. 下列关于股票价格指数的编制方法说法正确的有（　　）。

①几何平均法中，报告期和基期的股票平均价采用样本股票价格的几何平均数

②伦敦金融时报指数和美国价值线指数采用几何平均法编制

③加权平均法权数的选择，可以是股票的成交金额，也可以是它的上市股数

④几何平均法首先按样本股票在市场上的不同地位赋予其不同的权数

A. ①②③④　　B. ①②③

C. ①②④　　D. ②③④

74. 下列关于中证指数有限公司的股价指数中沪深 300 指数说法正确的有（　　）。

①沪深 300 指数由 300 只股票组成

②沪深 300 指数每半年调整一次

③沪深 300 指数计算采用分级靠档的方法

A. ②③　　B. ①②

C. ①③　　D. ①②③

75. 下列说法错误的有（　　）。

①目前我国证券市场采用的结算模式是机构结算模式

②证券公司在证券登记结算机构只需开立证券交收账户

③证券公司与其客户之间的资金清算交收由证券公司自行负责完成

④证券公司与客户之间的证券清算交收，应当由证券公司全权办理

A. ①②③④　　B. ①②③

C. ①②④　　D. ②③④

76. 下列关于储蓄国债（凭证式）和储蓄国债（电子式）的不同之处说法正确的有（　　）。

①申请购买手续不同　　②债权记录方式不同

③付息方式不同　　④到期兑付方式不同

⑤发行对象不同　　⑥承办机构不同

A. ①②③④⑤　　B. ①②③④⑤⑥

C. ②③④⑤⑥　　D. ①②④⑤⑥

77. 以下属于我国金融债券的品种的有（　　）。

①政策性金融债券　　②商业银行金融债券

③资本补充债券

A. ①②　　B. ①③

C. ①②③　　D. ②③

78. 下列关于欧洲债券和外国债券的说法正确的有（　　）。

①外国债券一般由发行地所在国的证券公司、金融机构承销

②欧洲债券由一家或几家大银行牵头，组织十几家或几十家国际性银行在一个国家或几个国家同时承销

③外国债券的发行受发行地所在国有关法规的管制和约束，并且必须经官方主管机构批准

④欧洲债券不需要官方主管机构的批准，也不受货币发行国有关法令的管制和约束

A. ①②③④　　B. ①②③

C. ②③④　　D. ①②④

79. 根据证券化产品的金融属性不同，可将资产证券化分为（　　）。

①境内资产证券化　　②离岸资产证券化

③股权型证券化　　④债权型证券化

⑤混合型证券化

A. ①②③④⑤　　B. ①②④

C. ②③④　　D. ③④⑤

80. 影响国债销售价格的因素包括（　　）。

①市场利率

②承销商承销国债的中标成本

③流通市场中可比国债的收益率水平

④国债承销的手续费收入

⑤承销商所期望的资金回收速度

⑥其他国债分销过程中的成本

A. ①②③④⑤⑥　　B. ①②④⑤

C. ②③④⑥　　D. ①②③④⑤

81. 目前我国发行的普通国债有（　　）。

①记账式国债

②储蓄国债（凭证式）

③储蓄国债（电子式）

④特别国债

A. ①②③　　B. ①②④

C. ②③④　　D. ①③④

82. 政策性金融债券可在全国银行间债券市场和交易所债券市场公开发行或定向发行，发行人可以采取（　　）或（　　）的方式。

①一次足额发行　　②不限额分次发行

③限额内分期发行　　④连续发行

A. ①③　　B. ①④

C. ②③　　D. ③④

83. 下列（　　）属于非金融企业债务融资工具特点。

①融资工具发行对象均为作为银行间债券市场成员的机构投资者

②融资工具发行参与方包括审计师事务所、律师事务所、主承销商、评级机构、增信机构等中介服务机构

③发行方式市场化，依照中国银行间市场交易商协会相关工作指引注册发行，通常一次注册拟发行的全部额度，此后可根据资金需求及市场情况分批发行，无须再作审批，但需要将相关分期发行信息上报备案

④定价市场化，融资工具的发行利率根据企业和融资工具级别、银行间市场资金面情况等要素

A. ①②③④　　B. ①②③

C. ②③④　　D. ①②④

84. 下列关于中小非金融企业集合票据的说法正确的有（　　）。

①发行主体是2个（含）以上、10个（含）以下具有法人资格的企业

②在银行间债券市场以统一产品设计、统一券种冠名、统一信用增进、统一发行注册方式共同发行的

③约定在一定期限还本付息

④中小非金融企业发行集合票据募集的资金应用于符合国家相关法律法规及政策要求的企业生产经营活动

A. ①②③④　　B. ①②③

C. ②③④　　D. ①②④

85. 以下属于国际债券的特征的有（　　）。

①资金来源广、发行规模大　　②不存在汇率风险

③有国家主权保障　　④以自由兑换货币作为计量货币

A. ①③④　　B. ①②③

C. ②③④　　D. ①②④

86. 下列关于资产证券化的种类与范围的说法正确的有（　　）。

①根据证券化的基础资产不同，可以将资产证券化划分为不动产证券化、应收账款证券化、信贷资产证券化、未来收益证券化（如高速公路收费）、债券组合证券化等类别

②根据资产证券化发起人、发行人和投资者所属地域不同，可将资产证券化划分为境内资产证券化和离岸资产证券化

③根据证券化产品的金融属性不同，可以分为股权型证券化、债权型证券化和混合

型证券化

A. ①③ B. ①②③

C. ②③ D. ①②

87. 从发起人的角度，资产证券化兴起的经济动因包括（ ）。

①增加资产的流动性，提高资本使用效率

②提升资产负债管理能力，优化财务状况

③实现低成本融资

④增加收入来源

A. ①②③④ B. ①②③

C. ②③④ D. ①②④

88. 基金的募集是指基金管理公司根据有关规定向中国证监会（ ）的行为。

①提交募集申请文件 ②募集基金

③发售基金份额

A. ①② B. ②③

C. ①③ D. ①②③

89. 基金运作可分为基金的（ ）部分。

①市场营销 ②投资管理

③后台管理 ④基金募集

A. ①③ B. ①②③

C. ①②④ D. ②③

90. 基金的定期报告包括（ ）。

①基金年度报告 ②基金中期报告

③基金季度报告 ④基金月度报告

A. ①②③④ B. ②③④

C. ①②③ D. ①③④

91. 关于一般开放式基金的利润分配，下列说法正确的有（ ）。

①我国一般开放式基金按规定需在基金合同和招募说明书中约定每年基金收益分配的最多次数和每次基金收益分配的最低比例

②基金利润分配后基金份额净值不得低于面值

③一般开放式基金的分红方式包括现金分红和红利再投资

④一般开放式基金利润分配默认的方式应当采用现金分红

A. ①②③ B. ①②

C. ②③④ D. ①②③④

92. 基金管理人运用基金财产进行证券投资，不得有下列（ ）情形。

①一只基金持有一家公司发行的证券，其市值超过基金资产净值的10%

②同一基金管理人管理的全部基金持有一家公司发行的证券，其市值超过该证券的10%

③基金中基金持有其他单只基金，其市值超过基金资产净值的20%，或者投资于其他基金中基金

④基金总资产超过基金净资产的140%

A. ①②③　　B. ①②

C. ②③④　　D. ①②③④

93. 按照私募证券投资基金的基本规范，私募基金管理人应当在经营范围中标明（　　）等体现受托管理私募基金特点的字样。

①私募投资基金管理

②私募证券投资基金管理

③私募股权投资基金管理

④创业投资基金管理

A. ①②③　　B. ②③④

C. ①②④　　D. ①②③④

94. 私募基金运行期间，信息披露义务人应当在每年结束之日起4个月以内向投资者披露以下（　　）信息。

①报告期末基金净值和基金份额总额

②基金投资运作情况和运用杠杆情况

③投资者账户信息，包括实缴出资额、未缴出资额以及报告期末所持有基金份额总额等

④投资收益分配和损失承担情况

A. ①②④　　B. ②④

C. ①②③④　　D. ①④

95. 关于基金估值的基本原则，下列选项正确的有（　　）。

①采用公允价值进行估值，估值日无报价且最近交易日后未发生影响公允价值计量的重大事件的，应采用最近交易日的报价确定公允价值

②采用公允价值进行估值，不需要在估值技术中考虑不同特征因素的影响

③采用估值技术确定公允价值时，应优先使用可观察输入值

④采用公允价值进行估值时，如果对资产出售或使用的限制值针对资产持有者的，在估值技术中不应当将该限制作为特征考虑

A. ①③④　　B. ①②③

C. ①②③④　　D. ②③④

96. 关于开放式基金的利润分配规定，下列说法正确的有（　　）。

①基金利润分配后基金份额净值不得低于面值

②一般开放式基金的分红方式有现金分红和红利再投资两种

③一般开放式基金利润分配默认的方式应当采用红利再投资方式

④在开放式基金的分红方式中，基金份额持有人事先未作出选择的，基金管理人应当支付现金

A. ①②③　　B. ①②

C. ②③④　　D. ①②④

97. 关于基金自身投资活动中产生的增值税，下列说法正确的有（　　）。

①基金运营过程中发生的增值税应税行为，以管理人为增值税纳税人

②证券投资基金管理人运用基金买卖股票、债券转让收入免征增值税

③资管产品管理人运营资管产品过程中发生的增值税应税行为，暂适用简易计税方法

④资管产品管理人运营资管产品过程中发生的增值税应税行为，按照3%的征收率缴纳增值税

A. ①③④　　B. ①②④

C. ①②③④　　D. ②③④

98. 关于基金评价指标中的夏普指数，下列说法正确的有（　　）。

①夏普指数和特雷诺指数一样，能够反映基金经理的市场调整能力

②夏普指数越大，表示基金绩效越好

③夏普指数能够反映基金经理分散和降低非系统性风险的能力

④夏普指数同时考虑了系统风险和非系统性风险

A. ①②③　　B. ①②

C. ②③④　　D. ①②③④

99. 独立基金销售机构发生下列（　　）事项的，应当在5个工作日内向住所地中国证监会派出机构备案。

①持有1%以上股权的股东变更姓名、名称

②对外进行股权投资

③变更控股股东、实际控制人

④变更分支机构名称、营业场所

A. ①②③④　　B. ①②③

C. ②③④　　D. ①③④

100. 基金管理人运用基金财产进行证券投资，不得有下列（　　）情形。

①基金中基金持有其他单只基金，其市值不超过基金资产净值的20%，或者投资于其他基金中基金

②基金总资产不超过基金净资产的140%

③基金财产参与股票发行申购，单只基金所申报的金额超过该基金的总资产

④基金财产参与股票发行申购，单只基金所申报的股票数量超过拟发行股票公司本次发行股票的总量

A. ①②③　　B. ③④

C. ②③④　　D. ①②③④

模拟试卷（六）参考答案与解析

1. 参考答案：D

考点：考查金融市场的重要性。

2. 参考答案：A

考点：考查英国的金融市场。

3. 参考答案：D

考点：考查货币政策。

4. 参考答案：C

考点：考查中国资本市场。一般来说，存款准备金是一种威力强大的货币政策工具，即使准备率调整幅度很小，也会引起货币供应量的巨大波动。

5. 参考答案：D

考点：证券市场融资活动的特点主要有：证券市场融资是一种直接融资，是一种强市场性的融资活动，是在由各种证券中介机构及证券交易所等组成的证券服务体系的支持下完成的。

6. 参考答案：C

考点：企业（公司）直接融资活动主要有股票融资和债券融资两种形式。发行股票和长期债券是企业（公司）筹措长期资本的主要途径，发行短期债券是补充流动资金的重要手段。首次公开发行，是指拟上市公司首次面向不特定的社会公众投资者公开发行股票募集资金并上市的行为。

7. 参考答案：B

考点：考查上市公司再融资的途径。上市公司再融资是指上市公司为达到增加资本和募集资金的目的而再发行股票或可转换债券的行为非公开发行股票，也被称为定向增发，是股份公司向特定对象发行股票的增资方式。这种增资方式会直接影响公司原股东利益，需要经过股东大会特别批准。可转换债券能以较低的成本筹集到所需要的资金，能使公司将筹集到的期限有限的资金转化为长期稳定的股本，扩大了股本规模。

8. 参考答案：B

考点：战略投资者是指具有同行业或相关行业较强的重要战略性资源，与上市公司谋求双方协调互补的长期共同战略利益，愿意长期持有上市公司较大比例股份，愿意并且有能力认真履行相应职责。

9. 参考答案：B

考点：考查积极主动的风险管理的具体表现。

10. 参考答案：A

考点：考查风险管理策略。

11. 参考答案：A

考点：考查风险应对的措施。

12. 参考答案：A

考点：考查风险衡量方法。

13. 参考答案：B

考点：考查涨跌幅限制与竞价申报的有效范围。

14. 参考答案：B

考点：考查沪伦通相关知识点。沪伦通存托凭证业务包括东、西两个业务方向。东向业务是指符合条件的伦交所上市公司在上交所主板上市中国存托凭证。西向业务是指符合条件的上交所的A股上市公司在伦交所主板发行上市全球存托凭证。

15. 参考答案：A

考点：考查股票投资分析方法中技术分析法。技术分析的三个假设是：市场的行为包含一切信息；价格沿趋势移动；历史会重复。基本分析法的两个假设为：股票的价值决定其价格和股票的价格围绕价值波动。

16. 参考答案：A

考点：考查现值的计算。$161.05/(1+10\%)^5=100$（元）

17. 参考答案：B

考点：考查股票发行监管制度。

18. 参考答案：A

考点：考查我国股票的类型。

19. 参考答案：B

考点：考查创业板上市公司的增发条件。

20. 参考答案：A

考点：考查首次公开发行股票的发行方式相关规定。

21. 参考答案：C

考点：考查证券交易原则公正原则。

22. 参考答案：A

考点：考查融资交易定义，是指投资者向证券公司缴纳一定的保证金，融（借）入一定数量的资金买入股票的交易行为。

23. 参考答案：C

考点：考查上海证券交易所交易证券的托管制度。对于在上海证券交易所交易的证券，其托管制度是和全面指定交易制度联系在一起的。上海证券交易所证券交易实行全面指定交易制度，境外投资者从事 B 股交易除外。

24. 参考答案：B

考点：考查证券交易所内的证券竞价交易原则。

25. 参考答案：A

考点：考查交易费用的分类。

26. 参考答案：C

考点：考查地方政府一般债券单一期限债券的发行规模。

27. 参考答案：D

考点：考查企业债券的利率。

28. 参考答案：A

考点：考查非公开发行公司债券。承销机构或自行销售的发行人应当在每次发行完成后 5 个工作日内向中国证券业协会报备。

29. 参考答案：C

考点：考查回购交易的定义。

30. 参考答案：A

考点：考查远期交易和期货交易的特点。期货合约在交易所内交易，具有公开性，而远期合约在场外进行交易。

31. 参考答案：B

考点：考查企业债券的发行期限。公司债券的发行期限一般为 3—10 年，以 5 年为主。

32. 参考答案：C

考点：考查金融租赁公司和汽车金融公司发行金融债券应具备的条件。金融租赁公司和汽车金融公司发行金融债券后，资本充足率均应不低于 8%。

33. 参考答案：A

考点：考查对中央银行票据的理解。中央银行票据简称央票，是中央银行为调节商业银行超额准备金而向商业银行发行的短期债务凭证，是一种重要的货币政策日常操作工具，期限通常在 3 个月至 3 年。

34. 参考答案：B

考点：考查项目收益债券的定义。项目收益债券是指“由项目实施主体或其实际控制人发行的，与特定项目相联系的，债券募集资金用于特定项目的投资与建设，债券的本息偿还资金完全或主要来源于项目建成后运营收益的企业债券”。

35. 参考答案：D

考点：证券市场融资活动的特点主要有：证券市场融资是一种直接融资，是一种强市场性的融资活动，是在由各种证券中介机构及证券交易所等组成的证券中介服务体系的支持下完成的。

36. 参考答案：A

考点：考查利率按是否固定分类。固定利率债券是指在发行时规定了整个偿还期内利率不变的债券，其筹资成本和投资收益可以事先预计，不确定性较小，但债券发行人和投资者仍然必须承担市场利率波动的风险。

37. 参考答案：D

考点：考查公募债券的定义和发行。除政府机构、地方公共团体外，一般私营企业必须符合规定的条件才能发行公募债券。

38. 参考答案：C

考点：考查政府债券的性质。政府债券本身有面额。

39. 参考答案：A

考点：考查基金份额净值的相关概念。

40. 参考答案：C

考点：考查证券投资基金的特点。

41. 参考答案：C

考点：考查基金合同生效的相关要求。

42. 参考答案：B

考点：考查开放式基金认购的相关规定。

43. 参考答案：C

考点：考查证券投资基金的分类。

44. 参考答案：C

考点：考查私募证券投资基金的基本规范。

45. 参考答案：A

考点：考查特殊类型基金中 FOF 的相关概念，基金中基金是以其他基金为投资对象的基金。

46. 参考答案：D

考点：考查特殊类型基金中公募 REITs 产品的特征。

47. 参考答案：B

考点：考查开放式基金的认购管理。

48. 参考答案：A

考点：考查基金认购费用将统一按净认购金额为基础收取。

49. 参考答案：B

考点：考查基金资产估值中需要考虑的因素，我国的开放式基金于每个交易日估值，并不晚于下一交易日公告份额净值。

50. 参考答案：B

考点：考查私募基金的募集管理。

51. 参考答案：D

考点：考查中国的金融体系与多层次资本市场。

52. 参考答案：B

考点：考查我国金融衍生品市场。

53. 参考答案：C

考点：考查货币政策。

54. 参考答案：D

考点：考查证券公司的主要业务。

55. 参考答案：D

考点：考查证券金融公司的定位与从事转融通业务的管理。

56. 参考答案：D

考点：战略投资者还应当符合下列情形之一：能够给上市公司带来国际国内领先的核心技术资源，显著增强上市公司的核心竞争力和创新能力，带动上市公司的产业技术升级，显著提升上市公司的盈利能力；能够给上市公司带来国际国内领先的市场、渠道、品牌等战略性资源，大幅促进上市公司市场拓展，推动实现上市公司销售业绩大幅提升。

57. 参考答案：B

考点：考查保险经营机构相关知识。按照《保险资金运用管理办法》规定，保险经营机构新增保险资金三大投向，分别是资产证券化产品、创业投资基金、保险私募基金。

58. 参考答案：D

考点：考查风险管理流程。

59. 参考答案：D

考点：考查金融风险之压力测试。

60. 参考答案：D

考点：考查证券公司风险的特征。

61. 参考答案：D

考点：考查市场风险管理中市场风险的应对。

62. 参考答案：D

考点：考查操作风险管理。

63. 参考答案：A

考点：考查金融风险的特征。

64. 参考答案：B

考点：考查股票有价证券的特征。股票只是把已存在的股东权利表现为证券的形式，它的作用不是创造股东的权利，而是证明股东的权利，体现股票证权证券的性质。

65. 参考答案：B

考点：考查股票的分类。“金股” 属于特别股票的一种。

66. 参考答案：A

考点：考查四种股利政策。

67. 参考答案：A

考点：考查与股票相关的资本管理概念。

68. 参考答案：D

考点：考查面额股票和无面额股票含义和性质。

69. 参考答案：A

考点：考查股票投资主要分析方法。

70. 参考答案：A

考点：考查境内上市外资股。股采取记名股票形式，以人民币标明股票面值，以外币认购、买卖，在境内证券交易所上市交易。

71. 参考答案：C

考点：考查上市公司再融资的途径。按照我国《上市公司证券发行管理办法》规定，上市公司再融资的方式有向原股东配售股份、向不特定对象公开募集股份、发行可转换公司债券、非公开发行股票。

72. 参考答案：A

考点：考查首次公开发行股票的发行方式。

73. 参考答案：B

考点：考查股票价格指数的编制方法。加权平均法首先按样本股票在市场上的不同地位赋予其不同的权数，即地位重要的权数大，地位次要的权数小。

74. 参考答案：D

考点：考查沪深 300 指数。

75. 参考答案：C

考点：目前我国证券市场采用的结算模式是法人结算模式，证券公司在证券登记结算机构需开立证券交收账户和资金交收账户，证券公司与其客户之间的资金清算交收由证券公司自行负责完成，证券公司与客户之间的证券清算交收，是委托中国结算公司根据成交记录按照业务规则代为办理。

76. 参考答案：B

考点：考查储蓄国债（凭证式）和储蓄国债（电子式）的不同之处。

77. 参考答案：C

考点：考查我国金融债券的品种。

78. 参考答案：A

考点：考查欧洲债券和外国债券的区别。

79. 参考答案：D

考点：考查资产证券化的种类与范围。根据证券化产品的金融属性不同，可以分为股权型证券化、债权型证券化和混合型证券化。

80. 参考答案：A

考点：考查影响国债销售价格的因素。

81. 参考答案：A

考点：考查我国发行的普通国债的种类。

82. 参考答案：A

考点：政策性金融债券可在全国银行间债券市场和交易所债券市场公开发行或定向发行，发行人可以采取一次足额发行或限额内分期发行的方式。

83. 参考答案：A

考点：考查非金融企业债务融资工具特点。

84. 参考答案：A

考点：考查中小非金融企业集合票据的定义和发行。

85. 参考答案：A

考点：考查国际债券的特征。

86. 参考答案：B

考点：考查资产证券化的种类与范围。

87. 参考答案：A

考点：考查发起人角度的资产证券化兴起的经济动因。

88. 参考答案：D

考点：考查基金的募集的相关概念。

89. 参考答案：B

考点：考查基金运作的相关概念。

90. 参考答案：C

考点：考查基金定期报考包含的报告。

91. 参考答案：D

考点：考查一般开放式基金的利润分配。

92. 参考答案：D

考点：考查基金管理人运用基金财产进行证券投资的管理。

93. 参考答案：D

考点：考查私募证券投资基金的基本规范。

94. 参考答案：C

考点：考查私募基金运行期间信息披露义务人的责任。

95. 参考答案：A

考点：考查基金估值的基本原则。

96. 参考答案：D

考点：考查开放式基金的利润分配规定。

97. 参考答案：C

考点：考查基金自身投资活动产生的税收中增值税征收的相关规定。

98. 参考答案：D

考点：考查基金评价指标中的夏普指数的特征。

99. 参考答案：C

考点：考查基金独立销售机构需要进行备案的情况。

100. 参考答案：B

考点：考查基金管理人运用基金财产进行证券投资的限制。

《金融市场基础知识》模拟试卷（七）

一、选择题（共50题，每题1分，共50分。以下各选项中，只有一项符合题目要求，不选、错选均不得分）

1. 以下关于金融市场的说法错误的是（　　）。

A. 直接融资和间接融资的区别主要在于融资过程中资金的需求者与资金的供给者是否直接形成债权债务关系

B. 按交易金额比较，场外市场交易量远远大于交易所市场的交易量，交易结构和交易方式也较为丰富

C. 根据标的资产的不同，衍生品可以划分为商品衍生品和金融衍生品

D. 资本市场是指所交易金融资产到期期限在一年以内的金融市场，例如银行间同业拆借市场、商业票据市场、短期国库券市场、大额可转让存单市场等

2. 下列不属于伦敦外汇市场的特点的是（　　）。

A. 以外币交易为主　　　　　　B. 以居民交易为主

C. 以金融机构批发性交易为主　　D. 以外汇衍生品交易为主

3. 中央银行货币政策的首要目标是（　　）。

A. 金融稳定　　　　　　　　B. 稳定物价

C. 经济增长　　　　　　　　D. 国际收支平衡

4. 以下关于资本市场的说法错误的是（　　）

A. 主板市场是资本市场中最重要的组成部分，很大程度上能够反映国家或地区的经济发展状况，有“宏观经济晴雨表”之称

B. 场外市场是指在集中的交易场所之外进行证券交易的市场，没有集中的交易场所和市场制度，又被称为店头市场或者柜台市场

C. 券商柜台市场，是指证券公司为与特定交易对手方在集中交易场所之外进行交易或为投资者在集中交易场所之外进行交易提供服务的场所或平台

D. 相对于私募基金，公募基金在运作上具有较大的灵活性，它既可以投资于衍生金融产品进行买空卖空交易，也可以进行汇率、商品期货投机交易等

5. 下列关于证券金融公司的说法错误的是（　　）。

A. 我国证券金融公司以营利为目的，有稳定的营业收入和利润

B. 证券金融公司形成了一个资金流和证券流的汇总，与证券公司、证券投资基金、保险公司、社保资金、银行等金融机构形成资金和证券的债权和负债关系枢纽

C. 我国证券金融公司应履行持券信息披露义务。证券金融公司通过转融通担保证券账户持有的证券不计入其自有证券，证券金融公司无须因该账户内证券数量的变动而履行信息报告、披露或者要约收购义务

D. 证券金融公司应当每个交易日公布转融资余额、转融券余额、转融通成交数据以及转融通费率

6. 下面关于中央银行表述正确的是（　　）。

A. 中央银行不能代表一国政府发行法偿货币、制定和执行货币政策、实施金融监管

B. 中央银行作为证券发行主体，主要涉及两类证券：中央银行股票；中央银行出于调控货币供给量目的而发行的特殊债券

C. 在美国，中央银行采取了股份制组织结构，通过发行股票募集资金，股东享有决定中央银行政策的权利

D. 中国人民银行从2008年起开始发行中央银行票据，对冲金融体系中过多的流动性

7. 按政策标准，机构投资者可以分为一般机构投资者和（　　）。

A. 特殊机构投资者　　B. 战略机构投资者

C. 金融机构投资者　　D. 非金融机构投资者

8. 下面对机构投资者描述正确的是（　　）。

A. 按机构投资者业务与资本市场的关系，可分为金融机构投资者和证券机构投资者

B. 一般机构投资者相比较战略投资者的定义，条件更为严谨

C. 发展机构投资者有利于改善投资转化为储蓄的机制与效率，促进直接融资

D. 机构投资者具体体现为开设股票账户的法人

9. 下面关于风险的相关描述，说法不正确的是（　　）。

A. 声誉风险一般是受其他风险影响而产生的次生风险，很难确认和计量

B. 市场风险包括股票价格风险、债券价格风险、商品价格风险、金融衍生品价格风险等

C. 操作风险既可能带来损失，也可能带来收益

D. 对操作的风险的管理策略是在合理的成本范围内，尽可能减少操作风险

10. 下面不属于风险管理的方法是（　　）。

A. 风险预防　　B. 风险规避

C. 风险分散　　D. 风险控制

11. 下面关于风险对冲，说法正确的是（　　）。

A. 风险对冲对管理仅对系统性风险有效

B. 为了防范和化解非系统性风险，人们需要借助于金融衍生工具进行风险对冲

C. 套期保值是常见的风险对冲手段

D. 风险对冲是指投资者通过购买某种金融产品或采取某些合法的手段将风险转嫁给愿意和有能力承接的主体

12. 下列关于风险管理的说法不正确的是（　　）。

A. 现代风险管理是一种全面的风险管理，以企业的股东价价值和社会价值增长为总体目标

B. 风险管理的目标是创造价值

C. 风险管理在于减少损失、降低风险

D. 事前管理决定了风险管理是一种积极管理

13. 创业板首次公开发行上市的股票，上市后的前（　　）个交易日不设价格涨跌幅限制。

A. 3　　B. 5

C. 7　　D. 10

14. 为进一步完善内地与香港股票市场互联互通机制，2018 年 5 月 1 日起，沪港通下的港股通每日额度调整为（　　）亿元人民币。

A. 300　　B. 520

C. 420　　D. 500

15.（　　）是在市场化程度较高的成熟股票市场所普遍采用的一种发行制度。

A. 核准制　　B. 审批制

C. 注册制　　D. 推荐制

16.（　　）指有资格的证券公司推荐符合条件的公司公开发行股票和上市，对发行人的申请文件和信息披露资料进行审慎核查，督导发行人规范运作。

A. 保荐制度　　B. 发审委制度

C. 承销制度　　D. 推荐制度

17. 公开发行股票，是指发行人向不特定对象发行股票或向特定对象发行股票累计超过（　　）人，但依法实施员工持股计划的员工人数不计算在内或法律、行政法规规定的其他发行行为。

A. 50　　B. 100

C. 200　　D. 250

18.（　　）是指公司首次在证券市场公开发行股票募集资金并上市的行为。

A. IPO　　B. PPP

C. ICO　　D. IOB

19. 股票价格指数的（　　）是先选定具有代表性的样本股票，以某年某月某日为基期，并确定基期指数，然后计算某一日样本股票的价格平均数，将该平均数与基期对应的平均数相比，最后乘以基期指数即得出该日的股票价格平均指数。

A. 加权平均法　　B. 几何平均法

C. 近似平均法　　D. 算术平均法

20. 股票票面上标明的金额为股票的（　　）。

A. 票面价值　　B. 账面价值

C. 清算价值　　D. 内在价值

21. 关于“B股”，下列说法正确的是（　　）。

A.“B股”允许外币现钞买卖

B. 公司向境内上市外资股股东支付股利，可以以外币支付

C. 境内居民个人购买的“B股”可以向境外转托管

D. 境内居民与非居民之间可以进行“B股”转让协议

22. 股票是一种（　　）风险的金融产品。

A. 高　　B. 中高

C. 低　　D. 中低

23. 在美国上市的阿里巴巴采取的“合伙人制度”，阿里巴巴合伙人可以提名简单多数的董事候选人，本质上是对普通股票附加了（　　）。

A. 赞成　　B. 反对

C. 弃权　　D. 特别参与性权利

24. 我国《公司法》规定，股票发行价格不可以（　　）票面金额。

A. 等于　　B. 超过

C. 低于　　D. 低于或等于

25.（　　）将公司所有收益全部投资于本公司用于内部积累。

A. 固定股利政策　　B. 固定股利支付率政策

C. 零股利政策　　D. 剩余股利政策

26.（　　）是银行间债券市场开展双边报价业务的交易员进行现券买卖报价时，在中国人民银行核定的债券买卖差价范围内连续报出该券种的买卖实价，并同时报出该券种的买卖数量、清算速度等交易要素。

A. 公开报价　　B. 对话报价

C. 小额报价　　D. 双边报价

27. 银行间市场的询价交易方式下，最低交易量为券面总额（　　）万元，交易量最小变动单位为券面总额（　　）万元。

A. 10　5　　B. 10　10

C. 100　5　　D. 100　10

28. 银行间市场的点击成交交易方式下，最低交易量为券面总额（　　）万元，交易量最小变动单位为券面总额（　　）万元。

A. 10　5　　B. 10　10

C. 100　5　　D. 100　10

29.（　　）是使债券未来现金流现值等于当前价格所用的相同的贴现率，也就是金融学中所谓的内部报酬率。

A. 即期利率　　B. 当期收益率

C. 到期收益率　　D. 持有期收益率

30. 以下（　　）属于利率期限结构理论中市场预期理论的观点。

A. 利率期限结构完全取决于对未来即期利率的市场预期

B. 投资者并不认为长期债券是短期债券的理想替代物

C. 在贷款或融资活动进行时，贷款者和借款者并不能自由地在利率预期的基础上将证券从一个偿还期部分替换成另一个偿还期部分

D. 在市场存在分割的情况下，投资者和借款人由于偏好或者某种投资期限习惯的制约，他们的贷款或融资活动总是局限于一些特殊的偿还期部分

31. 债券的清算是指对在同一交割日同一种债券的买和卖相互抵消，确定应当交割的债券数量和应当交割的价款数额，然后按照（　　）交收原则办理债券和价款的交割。

A. 全额交收　　B. 净额交收

C. 差额交收　　D. 余额交收

32. 根据《证券资信评级机构执业行为准则》，证券评级机构应制订评级业务程序，并据此开展评级业务。下列关于评级业务的说法错误的是（　　）。

A. 评级业务程序一般包括评级准备、尽职调查、报告撰写、报告审核、等级评定、评级结果反馈与复评、评级结果公布、资料存档和跟踪评级等环节

B. 根据受评级机构或受评级证券发行人所处行业特点、企业规模及复杂程度组建评级项目组

C. 初评报告须按照内部审核程序进行三级审核，各级审核人员应在内部审核记录上签署审核意见、时间并署名

D. 信用等级评审会议由评级委员会主任或其书面委托的其他委员主持，参会评审委员不得少于 3 人

33. 从理论上说，回购交易是质押贷款的一种方式，通常用在（　　）上。

A. 政府债券　　B. 企业债券

C. 公司债券　　D. 金融债券

34.（　　）是银行间债券市场的延伸，该市场只进行现券交易，参与者也限定为个人投资者，属于场外零售市场。

A. 商业银行柜台交易市场　　B. 交易所债券市场

C. 银行间债券市场　　D. 场内市场

35. 下列关于金融债券分类的说法错误的是（　　）。

A. 根据是否记名划分为记名债券和不记名债券

B. 根据担保情况划分为信用债券和担保债券

C. 根据债券票面利率是否变动划分为固定利率债券和累进利率债券

D. 根据发行人是否给予投资者选择权划分为附有选择权的债券和不附有选择权的债券

36. 根据《商业银行次级债券发行管理办法》，以下不属于商业银行公开发行次级债券应具备条件的是（　　）。

A. 实行贷款五级分类，贷款五级分类偏差小

B. 核心资本充足率低于5%

C. 贷款损失准备计提充足

D. 最近三年没有重大违法、违规行为

37. 证券公司发行短期融资券实行余额管理，待偿还短期融资券余额不超过（　　）的60%，在此范围内，证券公司自主确定每期短期融资券的发行规模。

A. 净资本　　B. 资产总额

C. 负债总额　　D. 净利润

38. 下列关于保险公司次级债务的说法错误的是（　　）。

A. 保险公司募集次级债所获取的资金，可以计入附属资本

B. 保险公司募集次级债所获取的资金，可以用于弥补保险公司日常经营损失

C. 保险公司计入附属资本的次级债金额不得超过净资产的50%

D. 其本金和利息的清偿顺序列于保单责任和其他负债之后

39. 关于证券投资基金与股票、债券的区别下列说法正确的是（　　）。

A. 基金反映的是所有权关系　　B. 债券反映的是债权债务关系

C. 股票反映的是信托关系　　D. 债券是间接投资工具

40. 关于证券投资基金与股票、债券的风险收益水平，下列说法错误的是（　　）。

A. 股票的直接收益取决于发行公司的经营效益，不确定性强，投资于股票有较大的风险

B. 证券投资基金实行利益共享、风险共担的原则

C. 债券的直接收益取决于债券利率，而债券利率一般是事先确定的，投资风险较小

D. 基金主要投资于有价证券，投资选择灵活多样，从而使基金投资收益一定能够高于债券

41. 关于股票基金、债券基金、混合基金、货币市场基金，下列说法错误的是

（　　）。

A. 股票基金投资目标侧重于追求资本利得和长期资本增值，比较适合长期投资

B. 股票基金按所持股票性质分类，可分为价值型股票基金、成长型股票基金和平衡型股票基金等

C. 债券基金风险较低，适合于稳健型投资者

D. 混合基金是指同时投资于股票与债券的基金，风险收益差异较小

42. 关于公募基金与私募基金的特征，下列说法错误的是（　　）。

A. 公募基金可以向社会公众公开发售基金份额和宣传推广

B. 私募基金不能进行公开发售和宣传推广，只能采取非公开方式发行

C. 公募基金的基金份额的投资金额要求较低，适合中小投资者参与

D. 私募基金的投资范围较小

43. 在中国，根据中国证监会对基金类别的分类标准，（　　）以上的基金资产投资于其他基金份额的，为基金中基金。

A. 50%　　B. 60%

C. 70%　　D. 80%

44. 关于基金投资风险管理，下列说法正确的是（　　）。

A. 外部风险包括经营风险

B. 内部风险包括信用风险

C. 内部风险多属于系统性风险

D. 系统性风险可以通过分散投资来降低

45. 关于基金业绩评价指标中的特雷诺指数，下列说法错误的是（　　）。

A. 特雷诺利用单位系统性风险所获得的超额收益率来衡量投资基金的业绩

B. 特雷诺指数表示的是基金承受每单位系数风险所获取风险收益的大小，特雷诺指数越小，基金的绩效表现越好

C. 当基金分散程度提高时，特雷诺指数可能并不会变大

D. 特雷诺指数不能评估基金经理分散和降低非系统性风险的能力

46. 不动产投资信托基金采取封闭式运作，收益分配比例不低于合并后基金年度可供分配金额的（　　）。

A. 50%　　B. 60%

C. 80%　　D. 90%

47. 关于私募基金的投资要求，下列说法错误的是（　　）。

A. 严禁使用基金财产从事借（存）贷、担保、明股实债等非私募基金投资活动

B. 严禁投向类信贷资产或其收（受）益权

C. 不得从事承担无限责任的投资，不得从事国家禁止投资、限制投资以及不符合国家产业政策、环保政策、土地管理政策的项目等

D. 允许私募基金以股权投资为目的，为被投企业提供短期借款、担保，借款或者担保余额不得超过该私募基金实缴金额的40%

48. 关于中国证监会对基金市场的监管，下列说法错误的是（　）。

A. 中国证监会基金监管主要职责包括制定有关证券投资基金活动监督管理的规章、规则

B. 中国证监会通过外部基金监管部门具体施行基金市场准入监管与日常持续监管

C. 市场准入监管主要指对基金从业机构的资格审核，通过严格的市场准入，从源头上控制整个行业运作风险

D. 日常持续监管一般是对基金从业机构日常经营活动、相关人员从业行为、基金运作各环节的监管

49. 关于基金运作信息的披露，下列说法错误的是（　　）。

A. 基金运作信息披露主要指在基金合同生效后至基金合同终止前，基金信息披露义务人依法定期披露基金的上市交易、投资运作及经营业绩等信息

B. 基金管理人和基金托管人应当按照法规规定的各项时间要求进行基金运作信息的披露，时间一般是可以事先预见的

C. 基金运作信息披露文件不包括月度报告

D. 对开放式基金而言，在开放申购和赎回后，会披露每个开放日的收益公告和每万份基金收益和最近7日年化收益率

50. 单只私募证券投资基金管理规模金额达到5000万元以上的，应当持续在每月结束之日起（　　）个工作日以内向投资者披露基金净值信息。

A. 5　　　　B. 10

C. 15　　　　D. 30

二、组合型选择题（共50题，每题1分，共50分。下列各选项中，只有一项符合题目要求，不选、错选均不得分）

51. 私募基金的合格投资者，是指具备相应风险识别能力和风险承担能力，符合（　　）标准的单位和个人。

①投资于单只私募基金的金额不低于100万元

②净资产不低于1000万元的单位

③个人金融资产不低于300万元或最近三年个人年均收入不低于50万元

④私募基金投资经验满10年

A. ①②③　　　　B. ②③④

C. ①③④　　　　D. ①②③④

52. 以下关于货币政策的说法错误的有（　　）。

①中央银行货币政策的首要目标就是稳定物价，将一般物价水平控制在一定范围以

内，以防止通货膨胀

②一般性货币政策工具主要包括存款准备金制度、再贴现政策和公开市场业务三大工具

③创新型货币政策工具主要包括消费者信用控制、证券市场信用控制、不动产信用控制等

④选择性货币政策工具主要包括短期流动性调节工具（SLO）、常备借贷便利（SLF）、抵押补充贷款（PSL）、中期借贷便利（MLF）等

A. ①③　　B. ①②

C. ③④　　D. ②③④

53. 以下机构属于“一委一行两会”中的是（　　）。

①国务院发展改革委员会　　②中国人民银行

③中国证券监督管理委员会　　④中国银行保险监督管理委员会

A. ①②③　　B. ①②④

C. ②③④　　D. ①②③④

54. 2019 年 9 月 10 日，国家外汇管理局对人民币合格境外机构投资者（RQFII）和合格境外机构投资者（QFII）的投资额度调整内容包括（　　）。

①取消合格境外机构投资者额度限制时，RQFII 试点国家和地区限制也一并取消

②取消对合格境外机构投资者（QFII）的投资额度限制

③明确对单家合格境外机构投资者的投资额度进行备案和审批

④取消对人民币合格境外机构投资者（RQFII）的投资额度限制

A. ①②③　　B. ①③④

C. ②③④　　D. ①②④

55. 下列关于证券公司的相关说法正确的有（　　）。

①证券公司不得进行内幕交易、市场操纵、利益输送等违法违规行为及不正当交易活动

②证券公司必须将其证券资产管理业务与证券经纪业务、证券承销业务、证券自营业务、证券做市业务分开办理，不得混合操作

③单一资产管理计划可以接受货币资金委托，或者接受投资者合法持有的股票、债券或中国证监会认可的其他金融资产委托

④证券公司向客户融资融券，应当向客户收取一定比例的保证金，保证金可以证券充抵

A. ①②③　　B. ②③④

C. ①③④　　D. ①②③④

56. 证券金融公司履行下列（　　）职责。

①为证券公司融资融券业务提供资金和证券的转融通服务

②对证券公司融资融券业务运行情况进行监控

③监测分析全市场融资融券交易情况，运用市场化手段防控风险

④中国证监会确定的其他职责

A. ①②③ B. ②③④

C. ①②④ D. ①②③④

57. 下面关于机构投资者的说法，错误的有（ ）。

①机构投资者是推动直接融资市场发展，但是无法扩大直接融资比重

②机构投资者只能通过事后的监督机制促进金融资源的配置和公司治理的完善

③机构投资者的需求和选择有助于提高货币政策调控金融市场的灵敏度，改善货币市场传导机制，促进利率市场化进程

④通过发展机构投资者，可以把国家、企业和个人积累的养老金投资于各种金融产品，实现社会资本的平均边际收益水平

A. ①② B. ①③④

C. ②③④ D. ①②③④

58. 下列关于我国证券公司风险管理体系建立与发展的说法正确的有（ ）。

①监管机构对证券公司的监管框架是行业风险管理发展的主动力

②自律组织的建章立制是行业风险管理发展的助推器

③市场的大幅波动是券商重视并提高风险管理能力的加速器

A. ①② B. ②③

C. ①③ D. ①②③

59. 下列关于我国证券公司风险管理基本情况的说法正确的有（ ）。

①风险限额方面，各家证券公司均已建立了适合自身业务管理需要的风险偏好，在风险偏好框架下设立了风险容忍度及风险限额，并建立了逐级分解机制

②风险报告方面，证券公司的定期风险报告主要包括风险日报、月报、年报，反映风险识别、评估结果和应对方案，并按照不同报告路径向董事会、经理层提交

③风险计量方面，各家证券公司选择风险价值 VaR、违约概率 PD、现金流缺口等方法或模型来计量和评估市场风险、信用风险、流动性风险等可量化的风险类型，并采用敏感性分析和压力测试等手段评估极端风险

④部分证券公司会编制有每周、季度、半年度风险报告。不定期报告主要包括重大风险专项报告、压力测试报告、新产品风险评估报告、监管自查以及其他专项报告

A. ①②③ B. ②③④

C. ①②④ D. ①②③④

60. 下列关于市场风险衡量中敏感性分析的说法正确的有（ ）。

①敏感性是一个变量对另外一个变量发生的变化的反应程度，也就是经济学分析中的弹性

②某一金融产品对某一因子的风险敏感性是该金融产品的价值函数对于某一风险因子的一阶导数

③债券的久期是指投资者收到所有现金流所要等待的平均时间

④期权的风险在很大程度上取决于四个因素：基础资产的价格、离期权到期日的时间、基础资产价格波动性以及无风险利率

A. ①②③ B. ②③④

C. ①②④ D. ①②③④

61. 关于决定市场流动性的四个维度因素的说法正确的有（　　）。

①一是深度，即执行大规模交易而不对价格产生过度影响的能力

②二是密度，即买卖价格的缺口，资产的买卖价差越小，流动性越好

③三是即时性，即交易执行的速度

④四是弹性，即基础价格在受到影响后重新恢复的速度

A. ①②③ B. ②③④

C. ①②④ D. ①②③④

62. 股票市场融资的特点有（　　）。

①让渡一定的企业经营控制权 ②让渡一定的剩余索取权

③让渡一定的收益分配权 ④让渡一定的债权

A. ①②③ B. ②③④

C. ①③④ D. ①②③④

63. 风险规避主要是通过以下（　　）形式来实现。

①设立有限的风险忍耐度

②通过拒绝或退出某一业务或市场来消除本机构对该业务或市场的风险暴露

③经济资本配置

④设立各种业务限额

A. ①②③ B. ①②④

C. ②③④ D. ①②③④

64. 首次公开发行股票时，发行人和主承销商可以自主协商确定（　　），并按照事先确定的配售原则在有效申购的网下投资者中选择配售股票的对象。

①参与网下询价投资者的条件 ②有效报价条件

③配售原则 ④配售方式

A. ①②③④ B. ①②③

C. ①②④ D. ②③④

65. 深圳证券交易规定发行人申请在深交所创业板上市，应当符合（　　）条件。

①符合中国证监会规定的创业板发行条件

②发行后股本总额不低于3000万元

③公开发行的股份达到公司股份总数的25%以上；公司股本总额超过4亿元的，公开发行股份比例为10%以上

④市值及财务指标符合《深交所创业板股票上市规则》规定的标准

⑤深交所要求的其他上市条件

A. ①③⑤　　B. ①②③④⑤

C. ①②③⑤　　D. ①②③④

66. 以下证券交易机制从交易时间的连续特点划分可分为（　　）。

①定期交易　　②连续交易

③指令驱动　　④报价驱动

A. ①②③④　　B. ①②

C. ②④　　D. ③④

67. 我国《公司法》规定，发行无记名股票的，公司应当记载（　　）。

①股票数量　　②编号

③发行日期

A. ②③　　B. ①②

C. ①③　　D. ①②③

68. 下列关于沪股通的说法正确的有（　　）。

①以港币报价和交易

②2018年5月1日起，沪股通每日额度调整为520亿元人民币

③香港联交所证券交易服务公司对沪股通交易每日额度的使用情况进行实时监控，并在其指定网站公布额度使用情况

A. ②③　　B. ①②

C. ①③　　D. ①②③

69. 个人投资者开通科创板股票交易权限的，应当符合下列（　　）条件。

①申请权限开通前20个交易日证券账户及资金账户内的资产日均不低于人民币50万元

②参与证券交易24个月以上

③上海证券交易所规定的其他条件

A. ②③　　B. ①②

C. ①③　　D. ①②③

70. 会计报表是描述公司经营状况的一种相对客观的工具，分析公司财务状况，重点在于研究公司的（　　）。

①盈利性　　②安全性

③流动性　　④稳定性

A. ①②③④　　B. ①②③

C. ①②④　　　　　　　　　　D. ②③④

71. 影响股价变动的基本因素中，公司经营状况的好坏，可以从（　　）来分析。

①公司治理水平与管理层质量　　　　②公司竞争力

③财务状况　　　　　　　　　　　　④公司并购重组

A. ①②③④　　　　　　　　　　B. ①②③

C. ①②④　　　　　　　　　　D. ②③④

72. 最常用的公司竞争力分析框架是所谓的 SWOT 分析，它提出考察维度分别是（　　）。

①优势　　　　　　　　　　②劣势

③机会　　　　　　　　　　④威胁

⑤创新　　　　　　　　　　⑥占有率

A. ①②③④　　　　　　　　　　B. ①②③④⑤⑥

C. ①②④⑤　　　　　　　　　　D. ②③④

73. 竞争力分析的侧重点各不相同，但通常包括（　　）。

①市场占有情况　　　　　　　　②产品线完整程度

③创新能力　　　　　　　　　　④财务健全性

A. ①②③④　　　　　　　　　　B. ①②③

C. ①②④　　　　　　　　　　D. ②③④

74. 存在以下（　　）情形之一的股票，不纳入港股通股票。

①深交所或上交所上市 A 股为风险警示股票

②退市整理股票或者暂停上市股票的 A + H 股上市公司的相应 H 股

③在联交所以港币以外货币报价交易的股票

④深交所认定的其他特殊情形的股票

A. ①②③④　　　　　　　　　　B. ①②③

C. ①②④　　　　　　　　　　D. ②③④

75. 下列关于首次公开发行股票的发行方式说法正确的有（　　）。

①首次公开发行股票采用直接定价方式的，全部向网上投资者发行，不进行网下询价和配售

②首次公开发行股票，持有一定数量非限售股份或存托凭证的投资者才能参与网上申购

③网上投资者应当自主表达申购意向，不得全权委托证券公司进行新股申购

④首次公开发行股票网下投资者申购数量低于网下初始发行量的，发行人和主承销商不得将网下发行部分向网上回拨，应当中止发行

A. ①②③④　　　　　　　　　　B. ①②③

C. ①②④　　　　　　　　　　D. ②③④

76. 证券公司次级债券的发行条件包括（　　）。

①借入或募集资金有合理用途

②次级债应以现金或中国证监会认可的其他形式借入或融入

③借入或发行次级债数额应符合相关规定：长期次级债计入净资本的数额不得超过净资本（不含长期次级债累计计入净资本的数额）的50%；净资本与负债的比例、净资产与负债的比例等各项风险控制指标不触及预警标准

④募集说明书内容或次级债务合同条款符合证券公司监管规定

A. ①②③④　　B. ①②③

C. ②③④　　D. ①②④

77. 与现券交易相比，远期交易的特点主要表现在（　　）。

①远期交易买卖双方必须签订远期合同，而现券交易则无此必要

②远期交易买卖双方进行商品交收或交割的时间与达成交易的时间，通常有较长的间隔，而现券交易通常是现买现卖，即时交收或交割，即便有一定的时间间隔，也比较短

③远期交易往往要通过正式的磋商、谈判，双方达成一致意见签订合同之后才算成立，而现券交易随机性较大，方便灵活，没有严格的交易程序

A. ①②　　B. ①②③

C. ②③　　D. ①③

78. 以下属于影响利率期限结构形状因素的有（　　）。

①对未来利率变动方向的预期

②债券预期收益中可能存在的流动性溢价

③市场效率低下或者资金从长期（或短期）市场向短期（或长期）市场流动可能存在的障碍

A. ①②③　　B. ①

C. ①②　　D. ①③

79. 以下属于市场分割理论观点的有（　　）。

①假设市场参与者会按照他们的利率预期从债券市场的一个偿还期部分自由地转移到另一个偿还期部分，而不受任何阻碍

②在贷款或融资活动进行时，贷款者和借款者并不能自由地在利率预期的基础上将证券从一个偿还期部分替换成另一个偿还期部分

③利率期限结构取决于短期资金市场供求状况与长期资金市场供求状况的比较

④如果短期资金市场供需曲线交叉点利率高于长期资金市场供需曲线交叉点利率，利率期限结构则呈现向下倾斜的趋势

A. ①②③④　　B. ①②③

C. ②③④　　D. ①②④

80. 以下属于利率期限结构理论的有（　　）。

①市场预期理论　　②流动性偏好理论

③市场分割理论　　④MM 理论

A. ①②③④　　B. ①②③

C. ②③④　　D. ①②④

81. 在证券交易所内，债券成交就是要使买卖双方在价格和数量上达成一致。这一程序必须遵循特殊的原则，即竞价原则。这种竞价原则的主要内容包括（　　）。

①价格优先　　②时间优先

③客户委托优先　　④数量优先

A. ①②③④　　B. ①②③

C. ②③④　　D. ①②④

82. 证券交易所的交易价格按竞价的方式进行，竞价方式包括（　　）。

①口头报唱　　②板牌竞价

③计算机终端申报竞价

A. ①②③　　B. ①②

C. ②③　　D. ①③

83. 债券的交割就是将债券由卖方交给买方，将价款由买方交给卖方。在证券交易所交易的债券，按照交割日期的不同，可分为（　　）。

①当日交割　　②普通日交割

③约定日交割　　④立即交割

A. ①②③④　　B. ①②③

C. ②③④　　D. ①②④

84. 因为债券筹资的数额巨大，所以对发行主体的资信评级是必不可少的一个环节，以下属于评级主要内容的有（　　）。

①经营能力　　②企业素质

③获利能力　　④发展前景

A. ①②③④　　B. ①②③

C. ②③④　　D. ①②④

85. 以下（　　）属于商业银行以私募方式发行次级债券或募集次级定期债务应符合的条件。

①实行贷款五级分类，贷款五级分类偏差大

②核心资本充足率低于 2%

③贷款损失准备计提充足

④具有良好的公司治理结构与机制

⑤最近三年没有重大违法、违规行为

A. ①②③④⑤　　B. ③④⑤

C. ②③④⑤　　D. ①②④⑤

86. 以下属于银行业金融机构发行资本补充债券应满足条件的是（　　）。

①具有完善的公司治理机制

②偿债能力良好，且成立满三年

③经营稳健，资产结构符合行业特征，以服务实体经济为导向，遵守国家产业政策和信贷政策

④满足宏观审慎管理要求，且主要金融监管指标符合监管部门的有关规定

A. ①②③④　　B. ①②③

C. ②③④　　D. ①②④

87. 下列关于收益公司债券的说法正确的有（　　）。

①收益公司债券有固定到期日

②收益公司债券的清偿顺序先于股票

③收益公司债券的利息只有在公司有盈利时才支付

④收益公司债券的未付利息可以累加，待公司收益增加后再补发

A. ①②③④　　B. ①②③

C. ②③④　　D. ①②④

88. 关于基金服务机构，下列说法正确的有（　　）。

①基金管理人、基金托管人既是基金的当事人，又是基金的主要服务机构

②从事基金服务业务的机构，应当按照基金业协会的规定进行注册或者备案

③未经注册，任何单位或者个人不得从事基金销售业务

④基金管理人可以依照中国证监会的规定委托基金份额登记机构办理基金份额登记业务

A. ①②③　　B. ②③④

C. ①③④　　D. ①②③④

89. 关于基金募集，下列说法正确的有（　　）。

①基金管理人进行基金的募集，必须根据《证券投资基金法》的有关规定，向中国证监会提交相关文件

②根据《证券投资基金法》的规定，国务院证券监督管理机构应当自受理公开募集基金的募集注册申请之日起三个月内依照法律、行政法规及国务院证券监督管理机构的规定进行审查，作出注册或者不予注册的决定

③按简易程序注册，注册审查时间原则上不超过 10 个工作日

④按照普通程序注册，注册审查时间不超过 6 个月

A. ①③　　B. ①②③

C. ①④　　D. ②③

90. 关于开放式基金的认购步骤和认购方式，下列说法正确的有（　　）。

①投资者于 T 日提交认购申请后，可于 T+1 日起到办理认购的网点查询认购申请的受理情况

②认购申请无效的，认购资金将退回到投资人资金账户

③认购的最终结果要待基金募集期结束后才能确认

④基金管理人会针对不同的基金类型、不同的认购金额设置不同的认购费率

A. ①②③④　　B. ②③④

C. ①②③　　D. ①③④

91. 关于基金的认购与基金申购的区别，下列说法正确的有（　　）。

①认购指在基金设立募集期内，投资者申请购买基金份额的行为

②申购指在基金合同生效后，投资者申请购买基金份额的行为

③申购期内购买基金，基金认购价格通常为 10 元/份

④申购基金时，申购份额通常在 T+2 日内确认

A. ①②③　　B. ①②

C. ②③④　　D. ①②④

92. 关于开放式基金的申购、赎回费用及销售服务费，下列说法正确的有（　　）。

①投资者在办理开放式基金申购时，一般需要缴纳申购费

②和认购费不同，申购费采用在基金份额申购时收取的前端收费方式

③对于持有期高于 5 年的投资人，基金管理人不得免收其后端申购费用

④基金的持有时间越长，适用的赎回费率越低

A. ①②③　　B. ①④

C. ②③④　　D. ①②③④

93. 关于封闭式基金的交易规则，下列说法正确的有（　　）。

①封闭式基金的交易遵从"价格优先、时间优先"的原则

②封闭式基金的报价单位为每份基金价格

③基金的申报价格最小变动单位为 0.001 元人民币

④买入与卖出封闭式基金份额申报数量应当为 100 份或其整数倍，单笔最大数量应低于 100 万份

A. ①②③　　B. ②③④

C. ①②④　　D. ①②③④

94. 关于基金费用的种类，下列说法正确的是（　　）。

①基金销售过程中发生的由基金投资者承担的费用，主要包括申购费（认购费）、赎回费及基金转换费等

②基金管理过程中发生的费用，主要包括基金管理费、基金托管费、持有人大会费用、信息披露费等，这些费用由基金资产承担

③基金销售过程中发生的由基金投资者承担的费用参与基金的会计核算

④基金管理过程中发生的费用的种类及计提标准需在基金合同及基金招募说明书中明确规定

A. ①②④　　　　B. ②④

C. ①②③④　　　　D. ①④

95. 关于基金管理过程中发生费用的项目，下列选项正确的有（　　）。

①基金管理人和基金托管人因未履行或未完全履行义务导致的费用支出或基金财产的损失

②基金管理人和基金托管人处理与基金运作无关的事项发生的费用

③基金合同生效前的相关费用不包括验资费、会计师和律师费、信息披露费等费用

A. ①③　　　　B. ①②

C. ①②③　　　　D. ②③

96. 关于货币市场基金的利润分配规定，下列说法正确的有（　　）。

①对于每日按照面值进行报价的货币市场基金，可以在基金合同中将收益分配的方式约定为红利再投资

②对于每日按照面值进行报价的货币市场基金，应当每月进行收益分配

③货币市场基金在每日进行利润分配时，当日申购的基金份额自下一个工作日起享有基金的分配权益

④货币市场基金在每日进行利润分配时，当日赎回的基金份额自下一个工作日起不享有基金的分配权益

A. ①②③　　　　B. ①②

C. ②③④　　　　D. ①③④

97. 关于詹森指数，下列说法正确的有（　　）。

①詹森指数是一种在风险调整基础上的绝对绩效度量方法，表示在完全的风险水平情况下，基金经理对证券价格的准确判断能力

②詹森指数能评估基金的业绩优于基准的程度

③詹森指数能够体现各基金表现优于基准组合的具体大小

A. ①③　　　　B. ①②

C. ①②③　　　　D. ②③

98. 私募基金运行期间，信息披露义务人应当在每年结束之日起4个月以内向投资者披露以下（　　）信息。

①基金的财务情况

②基金管理人取得的管理费和业绩报酬

③基金合同约定的其他信息

A. ①②③　　　　B. ①②

C. ②③　　D. ①③

99. 私募基金运行期间，信息披露义务人应当在每年结束之日起（　　）个月内向投资者披露（　　）以及投资运作情况等信息。

①2　　②4

③基金净值　　④财务情况

A. ①③　　B. ①④

C. ②③④　　D. ②④

100. 私募基金管理人、私募基金销售机构及其从业人员在私募基金募集过程中不得直接或间接存在下列（　　）行为。

①向《私募投资基金监督管理暂行办法》规定的合格投资者之外的单位、个人募集资金或者为投资者提供多人拼凑、资金借贷等满足合格投资者要求的便利

②通过报刊、电台、电视、互联网等公众传播媒体，讲座、报告会、分析会等方式，布告、传单、短信、即时通信工具、博客和电子邮件等载体，随意向不特定对象宣传推介

③通过设置特定对象确定程序的官网、客户端等互联网媒介向合格投资者进行宣传推介

④以登记备案、金融机构托管、政府出资等名义为增信手段进行误导性宣传推介

A. ①②③　　B. ①②④

C. ②③④　　D. ①②③④

模拟试卷（七）参考答案与解析

1. 参考答案：D

考点：考查金融市场的分类。

2. 参考答案：B

考点：考查英国的金融市场。

3. 参考答案：B

考点：考查货币政策。中央银行货币政策的首要目标就是稳定物价，将一般物价水平控制在一定范围以内，以防止通货膨胀。

4. 参考答案：D

考点：考查中国资本市场场外市场。相对于公募基金，私募基金在运作上具有较大的灵活性，它既可以投资于衍生金融产品进行买空卖空交易，也可以进行汇率、商品期货投机交易等。

5. 参考答案：A

考点：考查证券金融公司。我国证券金融公司虽规定不以营利为目的，但是因为其开展转融通业务，所以有稳定的营业收入和利润。

6. 参考答案：B

考点：考查中央银行相关知识。中央银行是代表一国政府发行法偿货币、制定和执行货币政策、实施金融监管的重要机构。中央银行作为证券发行主体，主要涉及两类证券：第一类是中央银行股票。在一些国家（如美国），中央银行采取了股份制组织结构，通过发行股票募集资金，但是，中央银行的股东并不享有决定中央银行政策的权利，只能按期收取固定的红利，其股票类似于优先股。第二类是中央银行出于调控货币供给量目的而发行的特殊债券。中国人民银行从 2003 年起开始发行中央银行票据，主要用于对冲金融体系中过多的流动性。

7. 参考答案：B

考点：按政策标准，机构投资者可分为一般机构投资者和战略机构投资者。

8. 参考答案：D

考点：考查机构投资者的内容。按机构投资者业务与资本市场的关系，可分为金融机构投资者和非金融机构投资者。战略机构投资者是因机构投资者与股票市场的配售关系演化而来的。一般机构投资者相比较战略投资者的定义，条件更为宽松。

9. 参考答案：C

考点：考查风险的相关描述。与信用风险、市场风险不同，操作风险一般为下侧风险，只可能带来损失，不能够带来收益，因此，对操作风险的管理策略是在合理的成本范围内，尽可能减少操作风险。

10. 参考答案：D

考点：考查风险管理的方法。风险管理的主要方法包括风险预防、风险规避、风险分散、风险对冲、风险转移和风险补偿。

11. 参考答案：C

考点：考查风险对冲的相关内容。为了防范和化解系统性风险，人们需要借助于金融衍生工具进行风险对冲。风险转移是指投资者通过购买某种金融产品或采取某些合法的手段将风险转嫁给愿意和有能力承接的主体。

12. 参考答案：C

考点：考查金融风险管理的内涵与目标。

13. 参考答案：B

考点：考查涨跌幅限制与竞价申报的有效范围。

14. 参考答案：C

考点：考查港股通每日额度调整。

15. 参考答案：C

考点：考查股票发行监管制度。

16. 参考答案：A

考点：考查股票发行制度。

17. 参考答案：C

考点：考查公开发行股票的基本条件。

18. 参考答案：A

考点：考查首次公开上市。

19. 参考答案：D

考点：考查股票价格指数的编制方法。

20. 参考答案：A

考点：股票的票面价值，又被称为面值，即在股票票面上标明的金额。

21. 参考答案：B

考点：考查境内上市外资股相关知识点。“B 股”不允许外币现钞买卖；公司向境内上市外资股股东支付股利，以人民币计价和宣布，以外币支付；境内居民个人购买的“B 股”不可以向境外转托管；境内居民与非居民之间不得进行“B 股”转让。

22. 参考答案：A

考点：考查股票价格波动性和风险性的特征。

23. 参考答案：D

考点：特别股票还包括被赋予特别参与性权利的股票。

24. 参考答案：C

考点：我国《公司法》规定，股票发行价格可以按票面金额，也可以超过票面金额，但不得低于票面金额。

25. 参考答案：C

考点：零股利政策，是将公司所有收益全部投资于本公司，用于内部积累。

26. 参考答案：D

考点：考查双边报价的定义。

27. 参考答案：B

考点：考查银行间债券市场的询价交易方式。

28. 参考答案：D

考点：考查银行间债券市场的点击成交交易方式。

29. 参考答案：C

考点：考查到期收益率的定义。

30. 参考答案：A

考点：考查市场预期理论的观点。

31. 参考答案：B

考点：考查债券的清算。债券的清算是指对在同一交割日同一种债券的买和卖相互抵消，确定应当交割的债券数量和应当交割的价款数额，然后按照“净额交收”原则办理债券和价款的交割。

32. 参考答案：D

考点：考查信用评级的程序。信用等级评审会议由评级委员会主任或其书面委托的其他委员主持。参会评审委员不得少于 5 人。

33. 参考答案：A

考点：考查债券的回购交易。从理论上说，回购交易是质押贷款的一种方式，通常用在政府债券上。

34. 参考答案：A

考点：考查商业银行柜台债券市场的定义。商业银行柜台债券市场是银行间债券市场的延伸，该市场只进行现券交易，参与者也限定为个人投资者，属于场外零售市场。

35. 参考答案：C

考点：考查金融债券的分类。根据债券票面利率是否变动，可以将金融债券划分为固定利率债券、浮动利率债券和累进利率债券。

36. 参考答案：B

考点：考查商业银行公开发行次级债券应具备的条件。根据《商业银行次级债券发行管理办法》，商业银行公开发行次级债券应具备以下条件：“实行贷款五级分类，贷款五级分类偏差小；核心资本充足率不低于5%；贷款损失准备计提充足；具有良好的公司治理结构与机制；最近三年没有重大违法、违规行为。”

37. 参考答案：A

考点：考查证券公司发行短期融资券的条件。证券公司发行短期融资券实行余额管理，待偿还短期融资券余额不超过净资本的60%，在此范围内，证券公司自主确定每期短期融资券的发行规模。

38. 参考答案：B

考点：考查保险公司次级债务的发行以及募集资金用途。保险公司募集次级债所获取的资金，可以计入附属资本，但不得用于弥补保险公司日常经营损失。保险公司计入附属资本的次级债金额不得超过净资产的50%。

39. 参考答案：B

考点：考查证券投资基金与股票、债券的区别。

40. 参考答案：D

考点：考查证券投资基金与股票、债券的风险收益水平的区别。

41. 参考答案：D

考点：考查股票基金、债券基金、混合基金、货币市场基金的概念和特征。混合基金是指同时投资于股票与债券的基金，该类基金由于资产配置比例不同，风险收益差异较大。

42. 参考答案：D

考点：考查公募基金与私募基金的特征。

43. 参考答案：D

考点：考查FOF的相关概念。

44. 参考答案：A

考点：考查基金投资风险管理的相关内容。外部风险包括市场风险、政策风险等系统性风险和信用风险、经营风险等非系统性风险；内部风险包括基金管理人的合规风险、操作风险和职业道德风险等。

45. 参考答案：B

考点：考查基金业绩评价指标中的特雷诺指数的相关特征。特雷诺指数表示的是基金承受每单位系数风险所获取风险收益的大小，特雷诺指数越大，基金的绩效表现越好。

46. 参考答案：D

考点：考查特殊类型基金中公募REITs产品的特征。不动产投资信托基金采取封闭式运作，收益分配比例不低于合并后基金年度可供分配金额的90%。

47. 参考答案：D

考点：考查私募基金财产投资要求。遵从商业惯例，允许私募基金以股权投资为目的，为被投企业提供短期借款、担保，借款或者担保余额不得超过该私募基金实缴金额的 20%。

48. 参考答案：B

考点：考查中国证监会对基金市场的监管，中国证监会通过内部基金监管部门具体施行基金市场准入监管与日常持续监管。

49. 参考答案：D

考点：货币基金不像一般开放式基金那样披露每个开放日的份额净值，而是需要披露收益公告，包括每万份基金收益和最近 7 日年化收益率。开放式基金开放申购赎回后会披露每个开放日的份额净值和份额累计净值。

50. 参考答案：A

考点：考查私募基金的信息披露要求。单只私募证券投资基金管理规模金额达到 5000 万元以上的，应当持续在每月结束之日起 5 个工作日以内向投资者披露基金净值信息。

51. 参考答案：A

考点：考查《私募投资基金监督管理暂行办法》。

52. 参考答案：C

考点：考查货币政策。选择型货币政策工具主要包括消费者信用控制、证券市场信用控制、不动产信用控制等。创新型货币政策工具主要包括短期流动性调节工具（SLO）、常备借贷便利（SLF）、抵押补充贷款（PSL）、中期借贷便利（MLF）等。所以③④错误。

53. 参考答案：C

考点：考查“一委一行两会”相关知识。

54. 参考答案：D

考点：考查人民币合格境外机构投资者。投资额度调整内容之一：明确不再对单家合格境外机构投资者的投资额度进行备案和审批。

55. 参考答案：D

考点：考查证券公司的主要业务。

56. 参考答案：D

考点：考查证券金融公司的定位与从事转融通业务的管理。

57. 参考答案：A

考点：考查机构投资者的作用。

58. 参考答案：D

考点：考查我国证券公司风险管理体系建立与发展。

59. 参考答案 D

考点：考查我国证券公司风险管理基本情况。

60. 参考答案 D

考点：考查市场风险衡量。

61. 参考答案：D

考点：考查决定市场流动性的四个维度因素。

62. 参考答案：A

考点：本题主要考查股票市场融资的概念。股票市场融资，是股份制企业以让渡一定的企业经营控制权、收益分配权和剩余索取权而获得企业经营资金的一种方式。

63. 参考答案：D

考点：考查风险规避的实现方式。

64. 参考答案：A

考点：考查首次公开发行股票的发行方式。

65. 参考答案：B

考点：深圳证券交易所于 2020 年 12 月 31 日发布了《深圳证券交易所创业板股票上市规则（2020 年 12 月修订）》规定。

66. 参考答案：B

考点：证券交易机制是证券市场具体交易制度设计的基础，从交易时间的连续特点划分，有定期交易和连续交易。

67. 参考答案：D

考点：考查无记名股票相关知识点。

68. 参考答案：A

考点：考查沪股通。沪股通股票以人民币报价和交易。

69. 参考答案：D

考点：考查科创板投资者适当性。个人投资者开通科创板股票交易权限的，应当符合下列条件：（1）申请权限开通前 20 个交易日证券账户及资金账户内的资产日均不低于人民币 50 万元（不包括该投资者通过融资融券融入的资金和证券）。（2）参与证券交易 24 个月以上。（3）上海证券交易所规定的其他条件。机构投资者参与科创板股票交易，应当符合法律法规及上海证券交易所业务规则的规定。

70. 参考答案：B

考点：分析公司财务状况，重点在于研究公司的盈利性、安全性和流动性。

71. 参考答案：A

考点：考查影响股价变动的基本因素。

72. 参考答案：A

考点：考查 SWOT 分析法。

73. 参考答案：A

考点：考查影响股价变动的基本因素，公司竞争力分析。

74. 参考答案：A

考点：考查深港通下的港股通。

75. 参考答案：A

考点：考查首次公开发行股票的发行方式中的网上发行。

76. 参考答案：A

考点：考查证券公司借入或发行次级债应符合的条件。

77. 参考答案：B

考点：考查现券交易与远期交易的特点。

78. 参考答案：A

考点：考查影响利率期限结构的形状的因素。

79. 参考答案：C

考点：考查市场分割理论的观点。

80. 参考答案：B

考点：考查利率期限结构的理论。

81. 参考答案：B

考点：考查债券成交的原则。在证券交易所内，债券成交就是要使买卖双方在价格和数量上达成一致。这一程序必须遵循特殊的原则，即竞价原则。这种竞价原则的主要内容是“三先”，即价格优先、时间优先、客户委托优先。

82. 参考答案：A

考点：考查竞价的方式。证券交易所的交易价格按竞价的方式进行。竞价方式包括口头报唱、板牌竞价以及计算机终端申报竞价三种。

83. 参考答案：B

考点：考查债券的交割。按照交割日期的不同，可分为当日交割、普通日交割和约定日交割三种。

84. 参考答案：A

考点：考查对债券发行主体资信评级的主要内容。

85. 参考答案：B

考点：考查商业银行以私募方式发行次级债券或募集次级定期债务应符合的条件。商业银行以私募方式发行次级债券或募集次级定期债务应符合以下条件：实行贷款五级分类，贷款五级分类偏差小；核心资本充足率不低于4%；贷款损失准备计提充足；具有良好的公司治理结构与机制；最近三年没有重大违法、违规行为。

86. 参考答案：A

考点：考查银行业金融机构发行资本补充债券应满足的条件。根据中国人民银行

2018 年第 3 号公告，银行业金融机构发行资本补充债券，应满足以下条件：“具有完善的公司治理机制；偿债能力良好，且成立满三年；经营稳健，资产结构符合行业特征，以服务实体经济为导向，遵守国家产业政策和信贷政策；满足宏观审慎管理要求，且主要金融监管指标符合监管部门的有关规定。”

87. 参考答案：A

考点：考查收益公司债券的性质和利息支付。

88. 参考答案：C

考点：考查基金服务机构的相关管理规定，从事基金服务业务的机构，应当按照国务院证券监督管理机构的规定进行注册或者备案。

89. 参考答案：C

考点：考查基金募集管理的相关要求，根据《证券投资基金法》的规定，国务院证券监督管理机构应当自受理公开募集基金的募集注册申请之日起 6 个月内依照法律、行政法规及国务院证券监督管理机构的规定进行审查，作出注册或者不予注册的决定，按简易程序注册，注册审查时间原则上不超过 20 个工作日。

90. 参考答案：B

考点：考查开放式基金的认购步骤和认购方式。开放式基金的认购投资者于 T 日提交认购申请后，可于 T+2 日起到办理认购的网点查询认购申请的受理情况。

91. 参考答案：D

考点：考查基金的认购与基金申购的区别，在认购期内购买基金，基金认购价格通常为 1 元/份。

92. 参考答案：B

考点：考查开放式基金的申购、赎回费用及销售服务费。和认购费一样，申购费可以采用在基金份额申购时收取的前端收费方式，也可以采用在赎回时从赎回金额中扣除的后端收费方式。对于持有期低于 3 年的投资人，基金管理人不得免收其后端申购费用。

93. 参考答案：D

考点：考查封闭式基金的交易规则。

94. 参考答案：A

考点：考查基金费用的种类的概念和处理要求。在基金运作过程中涉及的费用可以分为两大类：一类是基金销售过程中发生的由基金投资者承担的费用。另一类是基金管理过程中发生的费用，第一类费用并不参与基金的会计核算，而第二类费用则需要直接从基金资产中列支，其种类及计提标准需在基金合同及基金招募说明书中明确规定。

95. 参考答案：B

考点：考查基金管理过程中发生费用的项目，基金合同生效前的相关费用，包括但不限于验资费、会计师和律师费、信息披露费等费用。

96. 参考答案：D

考点：考查货币市场基金的利润分配规定。《货币市场基金监督管理办法》规定："对于每日按照面值进行报价的货币市场基金，可以在基金合同中将收益分配的方式约定为红利再投资，并应当每日进行收益分配。"

97. 参考答案：C

考点：考查基金业绩评价指标中詹森指数的特征。

98. 参考答案：A

考点：考查私募基金运行期间信息披露义务人的信息披露规定。

99. 参考答案：C

考点：考查私募基金运行期内，每年基金净值的披露要求。

100. 参考答案：B

考点：考查私募基金募集过程中的行为。

《金融市场基础知识》模拟试卷（八）

一、选择题（共50题，每题1分，共50分。以下各选项中，只有一项符合题目要求，不选、错选均不得分）

1. 金融市场通过竞争性的价格决定（利率），将货币资金配置到生产效率最高的经济主体或部门，使这些部门能够获得更多生产要素（土地、资本、技术、劳动力），从而提高了全社会的产出，使资源的利用效率得到提高。体现了金融市场可以（　　）。

A. 促进储蓄－投资转化　　B. 优化资源配置

C. 反映经济状态　　D. 宏观调控

2. 不属于国际金融监管体系的组织是（　　）。

A. 巴塞尔银行监管委员会　　B. 国际证监会组织（IOSCO）

C. 国际保险监督官协会（IAIS）　　D. 国际货币基金组织

3. 2020年，随着低硫燃料油期货同步对外开放上市，上海国际铜期货上市以及棕榈油期货向境外投资者开放，对外开放期货品种达到了（　　）个。

A. 5　　B. 6　　C. 7　　D. 8

4. 以下关于货币政策的说法错误的是（　　）。

A. 中国人民银行公开市场业务债券交易主要包括回购交易、现券交易和发行中央银行票据

B. 正回购为央行向一级交易商购买有价证券，并约定在未来特定日期将有价证券卖给一级交易商的交易行为，正回购为央行向市场上投放流动性的操作，正回购到期则为央行从市场收回流动性的操作

C. 现券交易分为“现券买断”和“现券卖断”两种，前者为央行直接从二级市场买入债券，一次性地投放基础货币；后者为央行直接卖出持有债券，一次性地回笼基础货币

D. 公开市场操作的优点是主动权完全在央行，可以进行经常性、连续性的操作，可以较为准确地达到政策目标，且具有较强的可逆转性

5. 下列有关对机构投资者的资格认定的说法错误的是（　　）。

A. 基金管理公司：净资产不少于10亿元人民币；经营证券投资基金管理业务达3

年以上；在最近一个季度末资产管理规模不少于100亿元人民币或等值外汇资产

B. 证券公司：各项风险控制指标符合规定标准；净资本不低于8亿元人民币；净资本与净资产比例不低于70%；经营集合资产管理计划业务达1年以上；在最近一个季度末资产管理规模不少于20亿元人民币或等值外汇资产

C. 就持股比例而言，单个合格境外投资者或其他境外投资者持有单个上市公司或者挂牌公司的投资限额与国内基金一样，不得超过该公司股份总数的10%

D. 全部合格境外投资者及其他境外投资者持有单个公司A股或者境内挂牌股份的总和，不得超过该公司股份总数的30%

6. 证券市场融资活动是指资金盈余单位和（　　）之间以有价证券为媒介，实现资金融通的金融活动。

A. 个人投资者　　B. 赤字单位

C. 证券投资单位　　D. 证券公司

7. 政府作为债券发行的重要主体之一，所筹集的资金不可以用来（　　）。

A. 协调财政资金短期周转，弥补财政赤字

B. 兴建大型基础设施项目

C. 经营性投资

D. 弥补战争费用

8. 下面关于机构投资者的说法正确的是（　　）。

A. 在成熟资本市场，机构投资者往往在证券市场中居于辅助地位，他们在证券市场上的交易活动往往对整体市场的运行态势产生影响

B. 一般来说，机构投资者的投资行为相对理性化，投资成功率及收益水平通常低于个人投资者

C. 机构投资者由于不具有独立的法律地位，必须建立严格的法律法规对其进行规范

D. 机构投资者可以通过合理有效的投资组合分散投资风险

9. 关于风险，下列说法错误的是（　　）。

A. 风险转移是指投资者通过购买某种金融产品或采取某些合法的手段将风险转嫁给愿意和有能力承接的主体

B. 市场风险包括股票价格风险、债券价格风险、商品价格风险、金融衍生品价格风险等

C. 某债券发行人不能如期还本付息、债券发行人破产倒闭，这对债券持有人而言，就发生了风险事件

D. 风险识别是进行风险管理的后续工作

10. 风险管理的流程并不包括（　　）。

A. 风险的衡量　　B. 风险的识别

C. 风险的监测、预警与报告　　D. 风险的规避

11. 现代风险管理是一种全面的风险管理，以企业的股东价值和社会价值增长为总体目标，从管理环境、管理技术、（　　）等多个层面，对金融机构所有的风险因子、所有的业务线路和产品、所有的分支机构和所有的人员和完整的经营过程进行的管理过程。

A. 管理方法　　B. 管理运行

C. 管理流程　　D. 管理理念

12. 风险限额管理包括（　　）。

A. 风险限额调整　　B. 风险限额监测

C. 超限额处置　　D. 风险限额设定

13. 通常，把那些经营业绩较好、具有稳定且较高的现金股利支付的公司股票称为（　　）筹股。

A. 蓝　　B. 红　　C. 金　　D. 黄

14. 1991 年 11 月，上海真空电子器件股份有限公司向海外投资者发行面值 100 元人民币、总共 100 万股的人民币特种股票，并于 1992 年 2 月在上交所上市。这是中国证券市场的第一只（　　）股。

A. H　　B. S　　C. B　　D. A

15. 价格波动的不确定性越（　　），投资收益的不确定性越（　　）。

A. 大　大　　B. 大　小　　C. 小　大　　D. 小　小

16. （　　）是指现金优先用于公司投资需要，只有在满足该需要后有剩余，剩余的部分才用来发放股利。

A. 固定股利政策　　B. 固定股利支付率政策

C. 零股利政策　　D. 剩余股利政策

17. （　　）是指上市公司向不特定对象公开募集股份的行为。

A. 配股　　B. 增发　　C. 募集　　D. 公开发行

18. 上市公司增发，可以（　　）向原股东优先配售，优先配售比例应当在发行公告中披露。

A. 部分　　B. 全部

C. 集中　　D. 全部或者部分

19. 每日股票交易结束后，证券公司要为客户办理证券和资金的清算与交收。目前我国证券市场采用的是（　　）结算模式。

A. 公司　　B. 法人　　C. 中介　　D. 证券

20. 股票的（　　）是公司清算时每一股份所代表的实际价值。

A. 票面价值　　B. 账面价值　　C. 清算价值　　D. 内在价值

21. 由中国境内注册、上市的公司发行，以人民币标明面值的股票，但以其他货币

认购和交易的股票是（　　）股。

A. H　　B. S　　C. B　　D. A

22.（　　）等于公司净利润除以发行在外的总股数。

A. 每股收益　　B. 每股净资产

C. 每股市价　　D. 每股利润

23. 公司盈利水平高低及未来发展趋势是股东权益的基本决定因素，通常把盈利水平高的公司股票称为（　　）。

A. 红股　　B. 蓝股

C. 绩优股　　D. 高增长型股票

24. 货币的（　　）是指货币随时间的推移而发生的增值。

A. 时间价值　　B. 内在价值

C. 现值　　D. 复利价值

25. 运营历史悠久的制造业企业和新兴产业企业往往不适合采用（　　）。

A. 市净率倍数法　　B. 息税折旧摊销前利润倍数法

C. 市销率倍数法　　D. 企业价值倍数法

26.（　　）是指公司股票在一段时间内连续低于转换价格达到某一幅度时，可转换债券持有人按事先约定的价格将所持可转换债券卖给发行人的行为。

A. 回售　　B. 赎回　　C. 转换　　D. 转让

27.（　　）条件一般是当公司股票价格在一段时间内连续高于转换价格达到一定幅度时，公司可按照事先约定的赎回价格买回发行在外尚未转股的可转换债券。

A. 回售　　B. 赎回　　C. 转换　　D. 转让

28. 2020 年 3 月 27 日，中共中央政治局召开会议，分析国内外新冠肺炎疫情防控和经济运行形势，提出用“发行（　　）”这一政策工具来应对疫情对经济造成的影响。

A. 特别国债　　B. 赤字国债

C. 建设国债　　D. 特种国债

29. 2020 年 6 月 18 日，财政部采取市场化方式，公开招标发行首批 1000 亿元抗疫特别国债，2020 年 7 月 30 日，2020 年抗疫特别国债实现发行总额（　　）元。

A. 5000 亿　　B. 1 万亿　　C. 2 万亿　　D. 5 万亿

30. 在可转债存续期间，当公司股票在任意连续 30 个交易日中有（　　）个交易日的收盘价低于当期转股价格一定比例（80% ~85%）时，公司董事会有权提出转股价格向下修正方案并提交公司股东大会审议表决。

A. 10　　B. 15　　C. 20　　D. 25

31. 目前，不可进行跨市场转托管的债券是（　　）。

A. 付息国债　　B. 公司债　　C. 企业债　　D. 地方债

32. 我国债券市场发行债券包括利率债和信用债，下面关于利率债和信用债的说法，错误的是（　　）。

A. 利率债以政府信用为基础或以政府提供偿债支持为基础而发行

B. 利率债风险小于信用债

C. 铁路总公司发行的债券为信用债

D. 信用债是以企业的商业信用为基础而发行的债券

33. 金融租赁公司和汽车金融公司发行金融债券后，资本充足率均应不低于（　　）。

A. 6%　　B. 7%　　C. 8%　　D. 9%

34. 有的债券附有一定的选择权，即发行契约中赋予债券发行人或持有人具有某种选择的权利。关于有选择权的债券，下列说法有误的是（　　）。

A. 附有赎回选择权条款的债券表明债券发行人具有在到期日之前买回全部或部债的权利

B. 附有可转换条款的债券表明债券持有人具有按约定条件将债券转换成发行公司普通股股票的选择权

C. 附有新股认购权条款的债券表明债券持有人具有按约定条件购买债券发行公司新发行的普通股股票的选择权

D. 附有出售选择权条款的债券表明债券持有人具有在指定的日期内以票面价值将债券在市场上出售的权利

35. 甲是投资者，试图投资资产证券化产品。对于甲来说，资产证券化的优势在于（　　）。

A. 增加资产的流动性，提高资本使用效率

B. 提升资产负债管理能力，优化财务状况

C. 降低资本要求，扩大投资规模

D. 增加收入来源

36. 银行间债券市场发行国债的分销要求，分销认购人（　　）。

A. 在中央国债登记结算有限责任公司开立债券托管账户

B. 在证券交易所开立债券托管账户

C. 向中央国债登记结算有限责任公司提供一个自营账户作为托管账户

D. 向证券交易所提供一个自营账户作为托管账户

37. 地方政府一般债券采用（　　）付息形式，地方政府一般债券实行自发自还。

A. 记账式浮动利率　　B. 记账式固定利率

C. 凭证式固定利率　　D. 凭证式浮动利率

38. 以下不属于债券所规定的资金借贷双方的权责关系的是（　　）。

A. 所借贷货币资金的数额

B. 借贷的时间

C. 在借贷时间内的资金成本或应有的补偿（债券的利息）

D. 债券的利率

39. （　　）依据基金管理人、基金托管人之间所签署的基金合同设立，基金投资者购买基金份额后成为基金持有人，依法享受权利并承担义务。

A. 公司型基金　　B. 股票基金

C. 私募基金　　D. 契约型基金

40. ETF（交易所交易基金）结合了（　　）与（　　）的运作特点，一方面可以在（　　）进行买卖，另一方面又可以进行申购、赎回。

A. 主动型基金　被动型基金　二级市场

B. 封闭式基金　开放式基金　二级市场

C. 公募基金　私募基金　一级市场

D. 股权投资基金　风险投资基金　一级市场

41. 对于持有期低于（　　）年的投资人，基金管理人不得免收其后端申购费用。

A. 5　　B. 3　　C. 2　　D. 1

42. 基金管理人的基金宣传推介资料，应当事先经基金管理人负责基金销售业务的高级管理人员和督查长检查，出具合规意见书，并自向公众发布或者发布之日起（　　）报主要经营活动所在地（　　）备案。

A. 5 个工作日　中国证监会派出机构

B. 10 个工作日　中国人民银行

C. 15 个工作日　中国银监会

D. 20 个工作日　基金业协会

43. 基金合同应当约定给投资者设置不少于（　　）的投资冷静期。

A. 48 小时　　B. 36 小时　　C. 24 小时　　D. 12 小时

44. （　　）是投资者申购基金份额、赎回金额的计算基础，直接关系到基金投资者的利益，也是评价基金投资业绩的基础指标之一。

A. 基金份额　　B. 基金资产

C. 基金总份额　　D. 基金份额净值

45. 单只私募证券投资基金管理规模金额达到（　　）万元以上的，应当持续在每月结束之日起（　　）个工作日以内向投资者披露基金净值信息。

A. 5000　10　　B. 10000　10

C. 5000　5　　D. 10000　5

46. 私募基金管理人应当按照规定通过（　　）指定的私募基金信息披露备份平台报送信息。

A. 中国证券投资基金业协会　　B. 证券交易所

C. 中国证监会　　　　　　　　　　　D. 中国证券业协会

47. 基金投资风险管理中的内部风险不包括（　　）

A. 合规风险　　　　　　　　　　　　B. 操作风险

C. 职业道德风险　　　　　　　　　　D. 经营风险

48. 关于基金业绩评价指标，下列说法错误的是（　　）。

A. 特雷诺指数表示的是基金承受每单位系数风险所获取风险收益的大小，特雷诺指数越大，基金的绩效表现越好

B. 特雷诺指数也能评估基金经理分散和降低非系统性风险的能力

C. 夏普指数能够反映基金经理分散和降低非系统性风险的能力

D. 詹森指数能评估基金的业绩优于基准的程度

49. 关于开放性金额的转换，下列说法正确的是（　　）。

A. 投资者采用“金额转换”的原则提交申请

B. 基金份额的转换不会收取转换费用

C. 基金转换业务所涉及的基金，不一定是由同一基金管理人管理的、在同一注册登记人处注册登记的基金

D. 当转出基金申购费率低于转入基金申购费率时，费用补差为按照转出基金金额计算的申购费用差额

50. 甲投资者投资 500000.00 元认购股票型基金，基金份额初始面值为 1 元，对应认购费率为 1.50%，在募集期间产生利息 100.00 元，则认购份额为（　　）。

A. 492710.84　　　　　　　　　　　B. 492610.84

C. 478930.26　　　　　　　　　　　D. 493670.26

二、组合型选择题（共 50 题，每题 1 分，共 50 分。下列各选项中，只有一项符合题目要求，不选、错选均不得分）

51. 2020 年，我国债券市场运行特点包括（　　）。

①大力发行疫情防控债券，为助力疫情防控提供专业高效的技术保障和支持服务，发挥了稳定经济的关键作用

②债券市场产品创新提速，包括金融债券持续创新，企业债券积极创新，债券市场价格产品进一步丰富

③债券市场制度建设持续推进，包括推进信用债券注册制改革，健全债券违约处置机制，统一信用债信息披露制度

④债券市场对外开放全面推进，包括境外机构政策不断优化，国际债券市场参与度持续提高，境内外机构保持交流合作

A. ①②③　　　B. ②③④　　　C. ①③④　　　D. ①②③④

52. 以下关于各种经济理论对货币政策的传导机制的选项正确的有（　　）。

①货币政策的作用过程，先是通过货币供应量的变动影响利率水平，再经过利率水平的变动改变投资活动水平，最后导致收入和产出水平的变动。其基本思路可以表示为：货币供应量↑→实际利率↓→投资↑→总产出↑

②当扩张性货币政策引起货币（准备金和存款）增加时，银行的可贷资金也相应增加。对银行信贷比较依赖的企业的筹资额度也会扩大，这会刺激企业的投资支出，最终会扩大社会总产出。银行信贷渠道的运行机制可表示为：货币供应量↑→银行存款和贷款↑→投资↑→总产出↑

③托宾 q 理论认为货币政策可以通过股票价值来影响经济活动，其提出的资产价格传导机制可以表示为：货币供应量↑→股价↑→托宾 q↑→投资↑→总产出↑

④本币贬值会促进本国商品出口，抑制外国商品进口，从而使净出口增加，最终导致总需求和总产出增加。汇率传导机制可表示为：货币供应量↑→实际利率↓→汇率↓→净出口↑→总产出↑

A. ②③　　B. ①②④　　C. ②③④　　D. ①②③④

53. 下列属于报价系统的主要特点的有（　　）。

①参与人制度，各类符合条件的机构均可参与报价系统

②一体化市场，发行交易与登记托管结算前中后台互为一体

③移动互联市场，基于互联网、证联网、深证通，7×24 小时发行交易，日间多批次滚动结算

④分层分类风险管理，双层风险防控机制，前中后台业务隔离，设立专项风险监控指标

A. ①②③　　B. ①②④　　C. ①③④　　D. ①②③④

54. 合格境外投资者可以投资的金融工具包括（　　）。

①公募证券投资基金

②在中国金融期货交易所上市交易的金融期货合约

③在全国中小企业股份转让系统转让的股票等证券

④在国务院或中国证监会批准设立的交易场所上市交易的期权

A. ①②④　　B. ①②③④　　C. ①②③　　D. ①③④

55. 企业直接融资活动主要有（　　）。

①股票融资　　②基金融资　　③债券融资　　④个人融资

A. ①②　　B. ①③　　C. ②③　　D. ①④

56. 按照《证券法》和相关规定，可以参加股票交易但操作受到限制的企业包括（　　）。

①国有企业　　②私营企业

③国有控股公司　　④上市公司

A. ①②③　　B. ①③④　　C. ②③④　　D. ①②③④

57. 按照《保险资金运用管理办法》规定，保险经营机构新增保险资金三大投向，包括（　　）。

①资产证券化产品　②文化投资资金

③创业投资基金　④保险私募基金

A. ①②③　B. ①③④　C. ②③④　D. ①②④

58. 下列属于流动性风险的有（　　）。

①市场流动性风险　②资产流动性风险

③市场风险　④融资流动性风险

A. ①②③　B. ①②④　C. ②③④　D. ①②③④

59. 在资本充足方面，常用的风险控制指标不包括（　　）。

①风险覆盖率　②资本杠杆率

③压力测试　④资本负债率

A. ①②　B. ③④　C. ②③　D. ②④

60. 从机构层面衡量流动性风险的资产负债结构指标包括（　　）。

①流动比率　②现金流向比率

③速动比率　④净稳定资金率

A. ①②③　B. ①③④　C. ②③④　D. ①②④

61. 常用的风险管理工具有（　　）等。

①风险分散　②风险对冲

③风险转移　④风险规避

A. ①②④　B. ②③④　C. ①②③　D. ①②③④

62. 下列关于风险补偿的说法正确的有（　　）。

①在造成实质损失之前，对所承担的风险进行价格补偿的策略性选择

②对未知风险进行拒绝或退出某一业务或市场

③通过加价来索取风险回报

④风险管理的一个重要方面就是对风险合理定价

A. ①③④　B. ①②④　C. ②③④　D. ①②③④

63. 鉴于传统的风险管理存在的缺陷，现代风险管理强调采用 VaR 为核心，其主要优势是（　　）。

①限额动态化　②VaR 限额结合了杠杆效应

③考虑了不同组合的风险分散效应　④易于在不同组织层级上进行交流

A. ①②③④　B. ①②　C. ①③④　D. ③④

64. 下列关于记名股票和无记名股票的说法正确的有（　　）。

①无记名股票一旦遗失，原股票持有者便丧失股东权利，且无法挂失

②股份有限公司向发起人、法人发行的股票，应当为记名股票

③记名股票一旦遗失，记名股东的资格和权利随之消失

A. ②③　　B. ①②　　C. ①③　　D. ①②③

65. 中国证监会对科创板上市公司发行股票作出规定，上市公司向不特定对象发行股票，应当符合（　　）。

①具备健全且运行良好的组织机构

②具有完整的业务体系和直接面向市场独立经营的能力

③会计基础工作规范，内部控制制度健全且有效执行

④除金融类企业外，最近一期末不存在金额较大的财务性投资

A. ①②③④　　B. ①②③

C. ①②④　　D. ②③④

66. 在证券市场实践中，衡量公司盈利水平高低，应当分析公司的（　　）。

①每股收益　　②净资产收益率

③盈利的构成　　④盈利持续性

A. ①②③④　　B. ①②③

C. ①②④　　D. ②③④

67. 财务安全性分析往往涉及（　　）。

①债务担保比率　　②长期债务比率

③短期财务比率　　④财务杠杆比率

A. ①②③④　　B. ①②③

C. ①②④　　D. ②③④

68. 行业分析因素，行业因素包括定性因素和定量因素，常见的有（　　）。

①行业或产业竞争结构　　②行业可持续性

③抗外部冲击的能力　　④监管及税收待遇

⑤劳资关系　　⑥财务与融资问题

⑦行业估值水平

A. ①②③④⑤　　B. ①②③⑥⑦

C. ①②④⑥　　D. ①②③④⑤⑥⑦

69. 根据行业周期理论，任何行业都会经历（　　）阶段。

①幼稚期　　②成长期

③成熟期　　④衰退期

A. ①②　　B. ③

C. ①②④　　D. ①②③④

70. 关于股票投资分析中，说法正确的有（　　）。

①量化分析法所采用的各种数理模型本身也存在模型风险

②任何投资分析理论或分析方法都有其适用的前提和假设

③基本分析法对基本面数据的真实、完整性具有较强依赖

④技术分析法是仅从证券的市场行为来分析证券价格未来变化趋势的方法

A. ①②③④　　B. ①②③　　C. ①②④　　D. ②③④

71. 股票投资主要分析方法中技术分析法的假设包括（　　）。

①市场的行为包含一切信息　　②价格沿趋势移动

③历史会重复

A. ①②③　　B. ①③　　C. ①②　　D. ②

72. 技术分析法主要有（　　）。

①K 线理论　　②切线理论

③形态理论　　④技术指标理论

⑤波浪理论　　⑥循环周期理论

A. ①③⑤⑥　　B. ①②③④⑤⑥

C. ①②③⑤⑥　　D. ①②③④

73. 影响股价变动的基本因素中属于宏观经济与政策因素的有（　　）。

①经济增长　　②经济周期循环

③货币政策　　④财政政策

⑤市场利率　　⑥通货膨胀

⑦汇率变化　　⑧国际收支状况

A. ①②③④⑤⑧　　B. ①②③⑥⑦

C. ①②④⑤⑥⑧　　D. ①②③④⑤⑥⑦⑧

74. 基本分析法中属于宏观经济分析的有（　　）。

①利率水平　　②货币供给

③消费者预期　　④主要生产资料价格

⑤经营管理能力

A. ①③⑤　　B. ①②③④⑤

C. ①②③⑤　　D. ①②③④

75. 衡量财务流动性状况需要从资产负债整体考量，最常用的指标包括（　　）。

①流动比率　　②速动比率

③应收账款平均回收期　　④销售周转率

A. ①②③④　　B. ①②③

C. ①②④　　D. ②③④

76. 公开发行公司债券，应当符合（　　）的规定。

①《证券法》　　②《公司法》

③《公司债券发行与交易管理办法》

A. ①②③　　B. ①　　C. ①②　　D. ①③

77. 下列关于公开发行公司债券的说法正确的有（　　）。

①公开发行公司债券筹集的资金，必须按照公司债券募集说明书所列资金用途使用

②公开发行公司债券募集的资金，若改变资金用途，必须经债券持有人会议作出决议

③公开发行公司债券，由证券交易所负责受理、审核，并报中国证监会注册

④公开发行公司债券筹集的资金，可以用于弥补亏损和非生产性支出

A. ①②③④　　B. ①②③

C. ②③④　　D. ①②④

78. 下列有关发行公司债券的说法正确的有（　　）。

①中国证监会同意注册的决定自作出之日起两年内有效

②公开发行公司债券的募集说明书自最后签署之日起6个月内有效

③发行人应当及时更新债券募集说明书等公司债券发行文件

④债券募集说明书等公司债券发行文件，每期发行前不需报证券交易所备案

A. ①②③④　　B. ①②③

C. ②③④　　D. ①②④

79. 资信评级机构为公开发行公司债券进行信用评级的，应当符合的规定或约定包括（　　）。

①将评级信息告知发行人，并及时向市场公布首次评级报告、定期和不定期跟踪评级报告

②公司债券的期限为一年以上的，在债券有效存续期间，应当每年至少向市场公布一次定期跟踪评级报告

③应充分关注可能影响评级对象信用等级的所有重大因素，及时向市场公布信用等级调整及其他与评级相关的信息变动情况，并向证券交易场所报告

A. ①②③　　B. ①③

C. ①②　　D. ②③

80. 全国社会保障基金理事会投资运行全国社会保障基金，应当坚持的原则包括（　　）。

①谨慎性　　②安全性　　③收益性　　④长期性

A. ①②③　　B. ①③④

C. ②③④　　D. ①②④

81. 下列关于公司债券的说法正确的有（　　）。

①不动产抵押公司债券用作抵押的财产价值不一定与发生的债务额相等

②一般来说，投资者比较愿意购买保证公司债券

③收益公司债券的清偿顺序在股票之后

④可转换公司债券具有双重选择权的特征

A. ①②③④　　B. ①②③
C. ②③④　　D. ①②④

82. 银行业金融机构发行资本补充债券，应满足的条件包括（　　）。
①具有完善的公司治理机制　　②偿债能力良好，且成立满一年
③遵守国家产业政策和信贷政策　　④经营稳健，资产结构符合行业特征
A. ①③④　　B. ①②③　　C. ②③④　　D. ①②④

83. 关于储蓄国债（电子式）的说法正确的有（　　）。
①针对个人投资者，同时也向机构投资者发行
②采用实名制，不可流通转让
③收益安全稳定，由财政部负责还本付息，免缴利息税
④付息方式较为多样
A. ①③④　　B. ①②③　　C. ②③④　　D. ①②④

84. 下列属于记账式国债优点的是（　　）。
①发行时间短　　②发行利率高
③交易手续烦琐　　④成本低
A. ①③④　　B. ①②③　　C. ②③④　　D. ①②④

85. 对于债券市场来说，不同市场的债券分别由不同机构负责托管和结算，关于债券的托管，以下说法错误的有（　　）。
①银行间市场对应中央国债登记公司
②上海证券交易所对应中央国债登记公司
③深圳证券交易所对应中央国债登记公司
④银行间市场对应中国证券登记结算总公司
A. ①③④　　B. ①②③　　C. ②③④　　D. ①②④

86. 发售凭证式国债的收款凭证中需要注明的有（　　）。
①投资者身份　　②购买日期
③发行利率　　④期限
A. ①③④　　B. ①②③　　C. ②③④　　D. ①②③④

87. 银行间债券市场成员根据其是否与中央债券簿记系统直接联网办理债券结算业务而分为直接结算成员和间接结算成员。其中，间接结算成员主要有（　　）。
①中小金融机构　　②存款类金融机构
③非金融机构　　④大型金融机构
A. ①④　　B. ②③　　C. ③④　　D. ①③

88. 关于基金销售过程中发生的费用，以下选项正确的是（　　）。
①申购费　　②赎回费
③基金转换费　　④基金托管费

A. ①②③　　B. ②③④　　C. ①②④　　D. ①②③④

89. 基金的利润主要来自基金收入减去基金费用后的净额、公允价值变动损益等，基金收入主要包括（　　）。

①利息收入　　②投资收益

③其他收入　　④公允价值变动收入

A. ①②③　　B. ②③④　　C. ①②④　　D. ①③④

90. 关于封闭式基金的利润分配，以下说法错误的有（　　）。

①封闭式基金的收益分配每年不得少于两次

②封闭式基金的收益分配比例不得低于基金年度可供分配利润的50%

③基金分配后，基金份额净值不得低于面值

④封闭式基金分配可以采用现金方式分红和红利再投资

A. ①②　　B. ②③

C. ①②③　　D. ①②③④

91. 按照《证券投资基金法》和其他相关法规的规定，基金财产不得用于下列（　　）投资或者活动。

①从事内幕交易、操纵证券交易价格

②向其基金管理人、基金托管人出资

③买卖其他基金份额

④从事承担无限责任的投资

A. ①②　　B. ②③④

C. ①②③④　　D. ①③

92. 《货币市场基金管理暂行规定》中规定："对于每日按照面值进行报价的货币市场基金，可以在基金合同中将收益分配的方式约定为（　　），并应当（　　）进行收益分配。"

①现金分红　　②红利再投资

③每周　　④每日

A. ①③　　B. ①④　　C. ②③　　D. ②④

93. 基金管理人运用基金财产进行证券投资，不得有下列（　　）情形。

①基金总资产超过基金净资产的140%

②基金中基金持有其他单只基金，其市值超过基金资产净值的20%，或者投资于其他基金中基金

③一只基金持有其他基金（不含货币市场基金），其市值超过基金资产净值的10%，但基金中基金除外

④基金财产参与股票发行申购，单只基金所申报的金额超过该基金的总资产，单只基金所申报的股票数量超过拟发行股票公司本次发行股票的总量

A. ①③④　　B. ①②③

C. ②③④　　D. ①②③④

94. 基金的信息披露是指基金信息披露义务人按照法律、行政法规和中国证监会的规定披露基金信息，并保证所披露信息的真实性、准确性和完整性的活动。基金信息披露义务人包括（　　）等法律、行政法规和中国证监会规定的自然人、法人和其他组织。

①基金管理人　　②基金托管人

③召集基金份额持有人大会的基金份额持有人

A. ①②　　B. ②③　　C. ①③　　D. ①②③

95. 根据2020年8月1日《公开募集证券投资基金侧袋机制指引（试行）》要求，基金管理人应当在基金合同、招募说明书等法律文件中针对侧袋机制明确约定以下（　　）事项。

①实施条件、实施程序和特定资产范围

②侧袋账号运作安排

③主袋账户的投资安排、基金份额持有人大会表决权安排

④相关风险提示、其他对投资者权益有重大影响的事项

A. ①③④　　B. ①②③

C. ①②③④　　D. ②③④

96. 独立基金销售机构发生的下列（　　）事项，应当在5个工作日内向住所地中国证监会派出机构备案。

①新增持有5%以上股权的股东，变更控股股东、实际控制人

②持有5%以上股权的股东变更姓名、名称，或者质押所持独立基金销售机构的股权

③设立、撤销分支机构，变更分支机构名称、营业场所

④对外进行股权投资或者提供担保

A. ①③④　　B. ①②③　　C. ②③④　　D. ①②③④

97. 根据所承担的责任与作用的不同，可以将基金市场的参与主体分为（　　）。

①基金当事人　　②基金服务机构

③基金的监管机构和自律组织

A. ①②　　B. ①③　　C. ②③　　D. ①②③

98. 关于基金合同生效，下列说法正确的有（　　）。

①我国股票型基金的认购费率大多在1%—1.5%

②债券型基金的认购费率通常在1%以下

③货币市场基金认购费通常在0.15%以下

④前端收费模式设计的目的是鼓励投资者能长期持有基金

A. ①②③　　B. ①②　　C. ②③④　　D. ①③④

99. 关于封闭基金交易的交易费用，下列说法正确的有（　　）。

①按照沪、深证券交易所公布的收费标准，我国基金交易佣金不得高于成交金额的0.5%

②交易佣金的起点为5元，由证券公司向投资者收取

③封闭式基金交易收取印花税

④深圳证券交易所和上海证券交易所规定上述佣金水平不得低于代收的证券交易监管费和证券交易经手费前端收费模式设计的目的是鼓励投资者能长期持有基金

A. ①②③　　B. ①②　　C. ②③④　　D. ①③④

100. 关于基金资产估值需要考虑的因素，下列说法正确的有（　　）。

①估值频率　　②交易价格的公允性

③估值方法的一致性　　④估值方法的公开性

A. ①②③　　B. ①②　　C. ②③④　　D. ①②③④

模拟试卷（八）参考答案与解析

1. 参考答案：B

考点：考查金融市场的重要性。

2. 参考答案：D

考点：考查国际金融监管体系。

3. 参考答案：C

考点：考查资本市场对外开放的新实践。

4. 参考答案：B

考点：考查货币政策。逆回购为央行向一级交易商购买有价证券，并约定在未来特定日期将有价证券卖给一级交易商的交易行为，逆回购为央行向市场上投放流动性的操作，逆回购到期则为央行从市场收回流动性的操作。

5. 参考答案：A

考点：考查机构投资者的资格认定。基金管理公司：净资产不少于2亿元人民币；经营证券投资基金管理业务达2年以上；在最近一个季度末资产管理规模不少于200亿元人民币或等值外汇资产。

6. 参考答案：B

考点：考查证券市场融资活动的定义。证券市场融资活动是指资金盈余单位和赤字单位之间以有价证券为媒介，实现资金融通的金融活动。

7. 参考答案：C

考点：考查政府和政府机构发行债券的作用。政府发行债券所筹集的资金既可以用于协调财政资金短期周转、弥补财政赤字、兴建政府投资的大型基础性的建设项目，也可以用于实施某种特殊的政策，在战争期间还可以用于弥补战争费用的开支。

8. 参考答案：D

考点：考查机构投资者的特点。在成熟资本市场，机构投资者往往在证券市场中居于主导地位，他们在证券市场上的交易活动往往对整体市场的运行态势产生影响。机构投资者是具有独立法人地位的经济实体。一方面，他们要受到一系列法律法规的约束和政府监管部门、行业自律组织的监督；另一方面，其内部通常设有董事会、监事会等组织形式，进行相应的管理和风险控制。一般来说，机构投资者的投资行为相对理性化，投资成功率及收益水平通常高于个人投资者。

9. 参考答案：D

考点：考查风险的相关综合性内容。

10. 参考答案：D

考点：考查风险管理流程。

11. 参考答案：B

考点：考查对现代风险管理的概念理解。

12. 参考答案：A

考点：考查风险限额管理过程。

13. 参考答案：A

考点：稳定的现金股利政策对公司现金流管理有较高的要求，通常把那些经营业绩较好、具有稳定且较高的现金股利支付的公司股票称为蓝筹股。

14. 参考答案：C

考点：考查 B 股相关知识。

15. 参考答案：A

考点：考查股票价格波动性和风险性的特征。

16. 参考答案：D

考点：考查剩余股利政策含义。

17 参考答案：B

考点：考查增发定义。

18. 参考答案：D

考点：考查上市公司配股。

19. 参考答案：B

考点：考查股票交易的清算与交收程序。

20. 参考答案：C

考点：考查股票的清算价值含义。

21. 参考答案：C

考点：考查 B 股定义。

22. 参考答案：A

考点：考查每股收益定义。

23. 参考答案：C

考点：公司盈利水平高低及未来发展趋势是股东权益的基本决定因素，通常把盈利水平高的公司股票称为绩优股，把未来盈利增长趋势强劲的公司股票称为高增长型股票，它们在股票市场上通常会有较好的表现。

24. 参考答案：A

考点：考查货币的时间价值定义。

25. 参考答案：A

考点：考查股票的相对估值方法。

26. 参考答案：A

考点：考查债券回售的定义。

27. 参考答案：B

考点：考查债券赎回条件的定义。

28. 参考答案：A

考点：2020 年 3 月 27 日，中共中央政治局召开会议，分析国内外新冠肺炎疫情防控和经济运行形势，提出用“发行特别国债”这一政策工具来应对疫情对经济造成的影响。

29. 参考答案：B

考点：2020 年 7 月 30 日，2020 年抗疫特别国债实现发行总额 1 万亿元。

30. 参考答案：B

考点：考查公司可转换债券转换价格的调整情况。

31. 参考答案：B

考点：考查可以进行跨市场转托管的债券。目前，除了国债（包括附息国债和地方债）和企业债可以跨市场转托管，其他债券品种（包括公司债、证券公司次级债、中小企业私募债）都不能跨市场转托管。

32. 参考答案：C

考点：考查债券市场。广义的利率债包括铁路总公司等政府支持机构发行的债券。

33. 参考答案：C

考点：考查金融租赁公司和汽车金融公司发行金融债券后，资本充足率应满足的条件。金融租赁公司和汽车金融公司发行金融债券后，资本充足率均应不低于 8%。

34. 参考答案：D

考点：考查有选择权的债券。附有出售选择权条款的债券表明债券持有人具有在指定的日期内以票面价值将债券卖回给发行人的权利。

35. 参考答案：C

考点：考查资产证券化的优势。

36. 参考答案：A

考点：考查银行间债券市场发行国债的分销。分销认购人应是全国银行间债券市场参与者，并已在中央国债登记结算有限责任公司开立债券托管账户。

37. 参考答案：B

考点：考查地方政府一般债券的利率形式。一般债券采用记账式固定利率付息形式，地方政府一般债券实行自发自还，债券资金收支列入一般公共预算管理。

38. 参考答案：D

考点：考查债券所规定的资金借贷双方的权责关系。债券所规定的资金借贷双方的权责关系主要有：第一，所借贷货币资金的数额；第二，借贷的时间；第三，在借贷时间内的资金成本或应有的补偿（债券的利息）。

39. 参考答案：D

考点：考查契约型基金的概念，注意与其他类型基金进行区分。

40. 参考答案：B

考点：考查交易所交易基金与封闭式基金和开放式基金的特点。

41. 参考答案：B

考点：考查申购费用的后端收费方式。

42. 参考答案：A

考点：考查对公募基金销售活动的监管情况。

43. 参考答案：C

考点：考查关于投资冷静期的时限。

44. 参考答案：D

考点：考查基金份额净值的概念及重要性。

45. 参考答案：C

考点：考查私募基金信息披露的管理。

46. 参考答案：A

考点：考查私募基金信息披露的管理。私募基金管理人应当按照规定通过中国证券投资基金业协会指定的私募基金信息披露备份平台报送信息，投资者可以登录中国证券投资基金业协会指定的私募基金信息披露备份平台进行查询。

47. 参考答案：D

考点：考查基金投资风险管理中的内部风险。内部风险包括基金管理人的合规风险、操作风险和职业道德风险等。

48. 参考答案：B

考点：考查基金业绩评价指标。特雷诺指数不能评估基金经理分散和降低非系统性风险的能力。

49. 参考答案：D

考点：考查开放性金额的转换。

50. 参考答案：A

考点：考查开放式基金认购份额的计算。

51. 参考答案：D

考点：考查债券市场运行特点。

52. 参考答案：D

考点：考查各种经济理论对货币政策的传导机制的看法。

53. 参考答案：D

考点：考查报价系统的主要特点。

54. 参考答案：B

考点：合格境外投资者可以投资于下列金融工具：（1）在证券交易所交易或转让的股票、存托凭证、债券、债券回购、资产支持证券。（2）在全国中小企业股份转让系统转让的股票等证券。（3）中国人民银行允许合格境外投资者投资的在银行间债券市场交易的产品以及债券类、利率类、外汇类衍生品。（4）公募证券投资基金。（5）在中国金融期货交易所上市交易的金融期货合约。（6）中国证监会批准设立的期货交易场所上市交易的商品期货合约。（7）在国务院或中国证监会批准设立的交易场所上市交易的期权。（8）国家外汇管理局允许合格境外投资者交易基于套期保值目的的外汇衍生品。（9）中国证监会允许的其他金融工具。

55. 参考答案：B

考点：企业（公司）直接融资活动主要有股票融资和债券融资两种方式。

56. 参考答案：B

考点：考查机构投资者的分类，属基础记忆题。按照《证券法》和相关法规，可以参加股票交易但操作受到限制的“三类企业”，即国有企业、国有控股公司和上市公司。

57. 参考答案：B

考点：考查保险经营机构相关知识。按照《保险资金运用管理办法》规定，保险经营机构新增保险资金三大投向，分别是资产证券化产品、创业投资基金、保险私募基金。

58. 参考答案：B

考点：考查流动性风险的分类。

59. 参考答案：B

考点：考查对风险控制指标的掌握。在资本充足方面，常用的风险控制指标包括风险覆盖率与资本杠杆率。

60. 参考答案：B

考点：从机构层面衡量流动性风险的资产负债结构指标包括流动比率、速动比率和净稳定资金率。

61. 参考答案：D

考点；风险管理的常用工具包括风险分散、风险对冲、风险转移、风险规避、风险补偿等。

62. 参考答案：A

考点：风险补偿是指在所从事的业务活动造成实质损失之前，对所承担的风险进行价格补偿的策略性选择。在交易价格上附加更高的风险溢价，即通过加价来索取风险回报，对风险合理定价。

63. 参考答案：A

考点：考查现代风险管理强调采用 VaR 为核心的主要优势。

64. 参考答案：B

考点：如果股票遗失，记名股东的资格和权利并不消失，并可依据法定程序向股份公司挂失，要求公司补发新的股票。

65. 参考答案：A

考点：中国证监会于 2020 年 7 月 3 日发布的《科创板上市公司证券发行注册管理办法（试行）》，对科创板上市公司发行股票作出了规定。

66. 参考答案：A

考点：衡量盈利性最常用的指标是每股收益和净资产收益率。在证券市场实践中，除了分析利润的绝对量（每股收益）和相对量（净资产收益率）之外，通常还需要考查盈利的构成以及持续性等因素。

67. 参考答案：A

考点：通常用公司杠杆比率来刻画公司的财务稳健性或安全性。除此之外，财务安全性分析往往还涉及债务担保比率、长期债务比率、短期财务比率等指标。

68. 参考答案：D

考点：考查影响股价变动的基本因素，行业分析因素。

69. 参考答案：D

考点：考查影响股价变动的基本因素，行业周期理论。

70. 参考答案：A

考点：考查股票投资分析方法。

71. 参考答案：A

考点：考查技术分析法的假设。技术分析的三个假设是：市场的行为包含一切信息；价格沿趋势移动；历史会重复。

72. 参考答案：B

考点：考查股票投资分析方法，技术分析法。

73. 参考答案：D

考点：考查影响股价变动的基本因素，宏观经济与政策因素。

74. 参考答案：D

考点：考查基本分析法中宏观经济分析。经营管理能力属于公司分析。宏观经济分析主要探讨各经济指标和经济政策对股票价格的影响。经济指标分为三类：第一，先行性指标。这类指标可以对将来的经济状况提供预示性的信息，如利率水平、货币供给、消费者预期、主要生产资料价格、企业投资规模等。第二，同步性指标。这类指标的变化基本上与总体经济活动的转变同步，如个人收入、企业工资支出、国内生产总值、社会商品销售额等。第三，滞后性指标。这类指标的变化一般滞后于国民经济的变化，如失业率、库存量、银行未收回贷款规模等。经济政策主要包括货币政策、财政政策、信贷政策、债务政策、税收政策、利率与汇率政策、产业政策、收入分配政策等。

75. 参考答案：A

考点：考查衡量公司财务状况指标。

76. 参考答案：A

考点：考查公开发行公司债券应当符合的规定。

77. 参考答案：B

考点：考查公开发行公司债券的资金用途。

78. 参考答案：B

考点：发行人应当及时更新债券募集说明书等公司债券发行文件，并在每期发行前报证券交易所备案。

79. 参考答案：A

考点：资信评级机构为公开发行公司债券进行信用评级的应当符合的规定或约定。

80. 参考答案：C

考点：考查社保基金投资运行的原则。按照《全国社会保障基金条例》规定，全国社会保障基金理事会投资运行全国社会保障基金，应当坚持安全性、收益性和长期性原则。

81. 参考答案：D

考点：考查对公司债券的理解。

82. 参考答案：A

考点：考查银行业金融机构发行资本补充债券应满足的条件。

83. 参考答案：C

考点：考查对储蓄国债（电子式）的理解。

84. 参考答案：D

考点：考查记账式国债的优点。

85. 参考答案：C

考点：考查债券的托管。

86. 参考答案：D

考点：考查发售凭证式国债的收款凭证中需要注明的内容。在凭证式国债的收款凭证中除了注明投资者身份外，还须注明购买日期、期限、发行利率等内容。

87. 参考答案：D

考点：考查银行间债券市场成员的分类。银行间债券市场成员根据其是否与中央债券簿记系统直接联网办理债券结算业务而分为直接结算成员和间接结算成员。其中，间接结算成员主要是中小金融机构和非金融机构。

88. 参考答案：A

考点：考查基金销售过程中发生的费用。

89. 参考答案：A

考点：考查基金收入的组成。

90. 参考答案：C

考点：考查封闭式基金的利润分配。

91. 参考答案：C

考点：考查基金财产的管理要求。

92. 参考答案：D

考点：考查货币市场基金的利润分配方式。

93. 参考答案：D

考点：考查基金管理人运用基金财产进行证券投资的管理。

94. 参考答案：D

考点：考查基金信息披露义务人的范围。

95. 参考答案：C

考点：考查基金募集信息披露中，侧袋机制注意事项。

96. 参考答案：D

考点：考查基金监管内容中的独立基金销售机构需要向住所地中国证监会派出机构备案的情况。

97. 参考答案：D

考点：考查基金市场参与主体的分类。

98. 参考答案：B

考点：考查开放式基金认购的相关规定。

99. 参考答案：B

考点：考查封闭基金交易的交易费用。

100. 参考答案：D

考点：考查基金资产估值需要考虑的因素。

《金融市场基础知识》模拟试卷（九）

一、选择题（共50题，每题1分，共50分。以下各选项中，只有一项符合题目要求，不选、错选均不得分）

1. 1944年布雷顿森林会议宣布成立国际复兴开发银行（世界银行前身）和国际货币基金组织两大机构，确立了以美元为中心的国际货币体系，使（　　）成为主要的国际储备货币和结算货币，纽约成为世界金融中心。

A. 人民币　　B. 美元

C. 欧元　　D. 日元

2. 下列关于全球金融体系的主要参与者的说法错误的是（　　）。

A. 全球金融体系的主要参与者包括金融公司、住户、为住户服务的非营利机构、广义政府、公共部门，不包括非金融公司

B. 存款吸收机构，是指通过自己的账户，以中介的方式将资金从贷款人转向借款人的单位。存款吸收机构包括商业银行和其他存款吸收机构

C. 中央银行是国家金融机构，是控制金融体系的关键，其业务主要包括发行货币、管理外汇储备以及向存款吸收机构提供信贷

D. 其他金融公司主要是那些从事金融中介或者与金融中介关系紧密的辅助性金融业务

3.（　　）年第五次全国金融工作会议提出设立国务院金融稳定发展委员会。

A. 2015　　B. 2017

C. 2018　　D. 2020

4. 以下关于中国资本市场场内市场的说法错误的是（　　）。

A. 券商柜台市场，是指证券公司为与特定交易对手方在集中交易场所之外进行交易或为投资者在集中交易场所之外进行交易提供服务的场所或平台

B. 投资者在柜台市场交易私募产品，证券公司应当为其开立产品账户

C. 相对于私募基金，公募基金在运作上具有较大的灵活性，它既可以投资于衍生金融产品进行买空卖空交易，也可以进行汇率、商品期货投机交易

D. 私募基金市场是指在中华人民共和国境内，以非公开方式向投资者募集资金设

立的投资基金

5. 下列关于证券公司的说法错误的是（　　）。

A. 中国证监会根据证券公司评价计分的高低，将证券公司分为 A（AAA、AA、A）、B（BBB、BB、B）、C（CCC、CC、C）、D、E 五大类 11 个级别

B. 证券公司办理经纪业务，不得接受客户的全权委托而决定证券买卖、选择证券种类、决定买卖数量或者买卖价格，且不得允许他人以证券公司的名义直接参与证券的集中交易

C. 发布证券研究报告是证券投资咨询业务的一种基本形式，指证券公司、证券投资咨询机构对证券及证券相关产品的价值、市场走势或者相关影响因素进行分析，形成证券估值、投资评级等投资分析意见，制作证券研究报告，并向客户发布的行为

D. 证券代销，是指证券公司将发行人的证券按照协议全部购入或者在承销期结束时将售后剩余证券全部自行购入的承销方式

6. 关于首次公开发行股票，下列说法错误的是（　　）。

A. 发行人在满足必须具备的条件，并经证券监管机构审核、核准或注册后，通过证券承销机构面向社会公众公开发行股票并在证券交易所上市的过程

B. 拟上市公司首次面向不特定的社会公众投资者公开发行股票募集资金并上市的行为

C. 发行人不仅募集到所需资金，而且完成了股份有限公司的设立或转制，成为上市公众公司

D. 与上市公司在股票发行上市后进行的包括配股、增发在内的股权再融资一样

7. 战略投资者是指具有同行业或相关行业较强的重要战略性资源，与上市公司谋求双方协调互补的长期共同战略利益，愿意长期持有上市公司较大比例股份，愿意并且有能力认真履行相应职责，委派董事实际参与公司治理，提升上市公司治理水平，帮助上市公司显著提高公司质量和内在价值，具有良好诚信记录，最近（　　）年未受到中国证监会行政处罚或被追究刑事责任的投资者。

A. 1　　　　B. 2

C. 3　　　　D. 5

8. 下列对机构投资者的说法正确的是（　　）。

A. 按机构投资者业务与资本市场的关系，可分为金融机构投资者和证券机构投资者

B. 一般机构投资者相比较战略投资者的定义，条件更为严谨

C. 战略机构投资者是因机构投资者与股票二级市场的配售关系演化而来的

D. 机构投资者限定为可以开设股票账户的法人

9. 下列不属于压力测试原则的是（　　）。

A. 审慎性原则　　　　B. 前瞻性原则

C. 适宜性原则　　D. 实践性原则

10. 根据《证券公司压力测试指引》，证券公司开展压力测试不包括（　）。

A. 确定压力测试方法，并设置测试情景

B. 无须确定风险因子，收集测试数据

C. 实施压力测试，分析报告测试结果并且制定和执行应对措施

D. 选择测试对象，制订测试方案

11. 根据不同的压力情景，证券公司压力测试可采用敏感性分析和（　）。

A. 情景分析　　B. 历史情景分析

C. 感知分析　　D. 感性分析

12. 属于波动性分析方法的是（　）。

A. 波动率和方差　　B. 情景分析

C. 敏感性分析　　D. 历史情景分析

13.（　）股，即人民币普通股，是指由中国境内公司发行、上市，境内机构和个人以人民币购买交易的股票。

A. H　　B. S

C. B　　D. A

14.《上市公司行业分类指引》将上市公司按二级分类，分别列入（　）个门类及 90 大类。

A. 18　　B. 19

C. 20　　D. 21

15. 基本分析中利率水平、货币供给、消费者预期、主要生产资料价格、企业投资规模分析属于（　）。

A. 宏观经济分析　　B. 行业和区域分析

C. 公司分析　　D. 市场分析

16.（　）是股票最基本的特征。

A. 收益性　　B. 价格波动性

C. 流动性　　D. 风险性

17. 普通股股票持有人作为股份公司的股东，有权出席股东大会，选举公司董事会，体现股票的（　）。

A. 收益性　　B. 价格波动性

C. 流动性　　D. 参与性

18.（　）是指统计和确认参加本期股利分配的股东的日期，在此日期持有公司股票的股东方能享受股利发放。

A. 股利宣告日　　B. 除息除权日

C. 股利派发日　　D. 股权登记日

19.（　　）是秉持“一股一权”规则之下收益权与表决权无差别、等比例配置的股票。

A. 普通股　　B. 特别股

C. 优先股　　D. 金股

20. 下列关于深圳证券交易所的股价指数说法错误的是（　　）。

A. 深证成分指数是中国证券市场中历史最悠久、数据最完整的成分股指数

B. 深证综合指数反映了在深圳证券交易所全部股票的价格综合变动情况

C. 深证综合指数由深圳证券市场市值规模最大、成交最活跃的100家A股上市公司组成

D. 深圳证券交易所的股价指数是反映深圳证券交易所上市股票价格整体水平和变动趋势的指标

21.（　　）是指有权代表国家投资的部门或机构以国有资产向公司投资形成的股份。

A. 国家股　　B. 法人股

C. 社会公众股　　D. 外资股

22. 以下关于首次公开发行股票并在创业板上市的规定错误的是（　　）。

A. 发行人是依法设立且持续经营2年以上的股份有限公司，具备健全且运行良好的组织机构

B. 最近三年财务会计报告由注册会计师出具无保留意见的审计报告

C. 发行人业务完整，具有直接面向市场独立持续经营的能力

D. 发行人规范运行

23. 关于股利政策，下列说法不正确的是（　　）。

A. 公司的股利政策直接影响股票投资价值

B. 股票价格与股利水平成反比

C. 股利水平越高，股票价格越高

D. 股利来自公司盈利，但公司盈利的增加只为股利分配提供了可能，盈利增加并非意味着股利一定增加

24. 下列有关盈利水平的说法错误的是（　　）。

A. 公司的盈利水平是影响股票投资价值的基本因素之一

B. 一般来说，预期公司盈利增加，股票市场价格上涨

C. 预期公司盈利减少，股票市场价格上升

D. 股票价格的涨跌和公司盈利的变化并不完全同时发生

25. 下列关于竞价原则的说法错误的是（　　）。

A. 证券交易所内的证券竞价交易按“价格优先、时间优先”的原则撮合成交

B. 成交时价格优先的原则为：较高价格买入申报优先于较低价格买入申报，较低

价格卖出申报优先于较高价格卖出申报

C. 成交时时间优先的原则为：买卖方向、价格相同的，先申报者优先于后申报者。先后顺序按证券交易所交易主机接受申报的时间确定

D. 证券交易所内的证券竞价交易按“价格优先、时间优先”的原则竞价成交

26. 公开发行公司债券，可以申请一次注册，分期发行。中国证监会同意注册的决定自作出之日起（　　）内有效，发行人应当在注册决定有效期内发行公司债券，并自主选择发行时点。

A. 1 年　　B. 2 年

C. 3 年　　D. 5 年

27. 非公开发行的公司债券应当向专业投资者发行，不得采用广告、公开劝诱和变相公开方式，每次发行对象不得超过（　　）人。

A. 100　　B. 200

C. 300　　D. 500

28. 非公开发行公司债券，承销机构或自行销售的发行人应当在每次发行完成后 5 个工作日内向（　　）报备。

A. 中国证监会　　B. 证券交易所

C. 中国证券业协会　　D. 公司股东（大）会

29. 目前，记账式国债发行采用（　　）方式，储蓄国债发行采用（　　）方式。

A. 竞争性招标　代销　　B. 代销　竞争性招标

C. 代销　代销　　D. 竞争性招标　竞争性招标

30. 如无特殊规定，（　　）年期以下期限（含）记账式国债可以进行追加发行。

A. 5　　B. 10

C. 15　　D. 20

31. 财政部代理发行地方政府债券，面向（　　）招标发行，采用（　　）招标方式，招标标的为（　　），各中标承销团成员按面值承销。

A. 记账式国债承销团　单一价格　利率

B. 记账式国债承销团　多重价格　价格

C. 凭证式国债承销团　单一价格　利率

D. 凭证式国债承销团　多重价格　利率

32. 财政部代理地方政府债券发行招标，债权确立实行（　　）方式。

A. 中标得券　　B. 认购得券

C. 见款付券　　D. 见认购单付券

33. 按照《国务院关于加强地方政府性债务管理的意见》，地方政府举债采取政府债券方式：有一定收益的公益性事业发展确需政府举债专项债务的，由地方政府通过发行（　　）融资，以对应的政府性基金或专项收入偿还。

A. 专项债券　　B. 特定债券

C. 专门债券　　D. 一般债券

34. 金融债券可在全国银行间债券市场（　　），可以采取（　　）发行的方式。

A. 公开发行　一次足额

B. 公开发行　一次足额或限期内分期

C. 定向发行　一次足额或限期内分期

D. 公开发行或定向发行　一次足额或限期内分期

35. 按照相关规定，证券公司次级债数额应符合：长期次级债计入净资本的数额不得超过净资本（不含长期次级债累计计入净资本的数额）的（　　）。

A. 50%　　B. 40%

C. 30%　　D. 20%

36. （　　）是指银行业金融机构为满足资本监管要求而发行的、对特定触发事件下债券偿付事宜作出约定的金融债券，包括但不限于无固定期限资本债券和二级资本债券。

A. 商业银行资本补充债券

B. 商业银行次级债券

C. 商业银行金融债券

D. 商业银行一般债券

37. 债券按付息方式分类，可以分为（　　）。

A. 零息债券、附息债券和息票累积债券

B. 零息债券和息票累积债券

C. 零息债券和附息债券

D. 零息债券、附息债券和记账式债券

38. 以下（　　）不属于储蓄国债（电子式）与记账式国债的不同点。

A. 发行对象不同

B. 发行利率确定机制不同

C. 流通或变现方式不同

D. 记录债权方式不同

39. 关于私募基金的合格投资者，以下说法错误的是（　　）。

A. 合格投资者需要具备相应的风险识别和风险承担能力，投资于单只私募基金的金额不能低于 100 万元

B. 最近两年年均收入不低于 40 万元的个人

C. 金融资产不低于 500 万元的个人

D. 净资产不低于 1000 万元的单位

40. 在我国境内，以非公开方式向投资者募集资金设立的投资基金指（　　）。

A. 区域性股权市场

B. 私募基金市场

C. 机构间私募产品报价与服务系统

D. 券商柜台市场

41. 封闭式基金有固定的存续期，通常在（　　）年以上，一般为（　　）年或（　　）年。

A. 3　5　10　　B. 2　5　10

C. 5　10　15　　D. 10　15　20

42. 按照简易程序注册的基金，审查时间原则上不超过（　　）。

A. 5 个工作日　　B. 10 个工作日

C. 15 个工作日　　D. 20 个工作日

43. 基金经注册后，方可发售基金份额。基金管理人应当自收到核准文件之日起（　　）内进行基金份额的发售。

A. 1 个月　　B. 3 个月

C. 6 个月　　D. 12 个月

44.（　　）是计算投资者申购基金份额、赎回金额的计算基础，直接关系到基金投资者的利益，也是评价基金投资业绩的基础指标之一。

A. 基金份额　　B. 基金资产

C. 基金总份额　　D. 基金份额净值

45. 关于特殊类型基金中的 MOM 产品，下列说法正确的是（　　）。

A. 母公司是产品管理人

B. 子公司是产品管理人

C. 母公司属于基金服务机构

D. MOM 产品只能通过非公开募集方式设立

46. 基金管理人变更基金份额登记机构的，应当在变更完成（　　）个工作日内向中国证监会报告。

A. 7　　B. 5

C. 10　　D. 14

47. 侧袋机制，是将基金投资组合中的特定资产从原有账户分离至一个专门账户进行处置清算。其中，特定资产不包括（　　）。

A. 无可参考的活跃市场价格且采用估值技术仍导致公允价值存在重大不确定性的资产

B. 按摊余成本计量且计提资产减值准备仍导致资产价值存在重大不确定性的资产

C. 其他资产价值存在重大不确定性的资产

D. 有可参考的活跃市场的资产

48. 关于导致基金需要进行临时信息披露的重大事件，下列选项不正确的是（　　）。

A. 转换基金运作方式、基金合并

B. 基金管理公司变更持有5%以上股权的股东、变更公司的实际控制人

C. 基金管理人的董事在最近6个月内变更超过50%，基金管理人、基金托管人专门基金托管部门的主要业务人员在最近6个月内变动超过30%

D. 基金份额净值计价错误达基金份额净值0.5%

49. 关于证券投资基金的分类，下列选项正确的是（　　）。

A. 按基金的组织形式划分，可分为封闭式基金和开放式基金等类型

B. 按基金运作方式划分，可分为契约型基金和公司型基金

C. 按基金的投资目标划分，可分为成长型基金、收入型基金、平衡型基金

D. 按基金的投资理念划分，可分为票基金、债券基金、混合基金、货币市场基金等

50. 在我国，（　　）依法对证券投资基金活动实施监督管理。

A. 国务院证券监督管理机构　　B. 中国证券业协会

C. 基金业协会　　D. 证券交易所

二、组合型选择题（共50题，每题1分，共50分。下列各选项中，只有一项符合题目要求，不选、错选均不得分）

51. 关于我国金融市场的发展现状的说法正确的有（　　）。

①我国已经逐渐形成了一个由货币市场、债券市场、股票市场、外汇市场、黄金市场、商品期货市场和金融衍生品市场等构成的，具有交易场所多层次、交易品种多样化和交易机制多元化等特征的金融市场体系

②我国债券交易市场分为场外市场和场内市场。场外市场包括银行间市场和银行柜台市场，前者的市场参与者限定为机构，属于场外债券批发市场；后者参与者限定为个人，属于场外债券零售市场

③期货市场监管方面，我国形成了中国证监会、地方证监局、期货交易所、期货市场监控中心和中国期货业协会“五位一体”的期货监管协调工作机制与较为完善的期货监管法律体系

④中国黄金市场目前初步形成了以上海黄金交易所黄金现货为主体，上海期货交易所黄金期货、商业银行柜台黄金产品共同组成的，层次分明且各有侧重的多元市场体系

A. ①②③　　B. ②③④

C. ①③④　　D. ①②③④

52. 以下关于创新型货币政策工具的说法正确的有（　　）。

①MLF于2014年9月由中国人民银行创设，是央行提供中期基础货币的货币政策

工具，对象为符合宏观审慎管理要求的商业银行、政策性银行，采取质押方式发放，并需提供国债、央行票据、政策性金融债、高等级信用债等优质债券作为合格质押品。MLF 起到了补充流动性缺口的作用，有利于保持中性适度的流动性水平

②SLF 是中国人民银行在 2013 年初创设的中央银行借贷便利类工具，用以满足金融机构期限较长的大额流动性需求。SLF 以隔夜和 7 天为主，最长期限为 3 个月，利率水平根据货币调控需要、发放方式等综合确定

③TLF 以 7 天期内短期回购为主，遇节假日可适当延长操作期限，采用市场化利率招标方式开展操作

④TMLF 于 2017 年 1 月 20 日由中国工商银行创设，向现金投放中占比高的几家大型商业银行提供临时性流动性支持，以满足春节前后现金投放的集中需求

A. ①③　　B. ①②

C. ①④　　D. ①②③④

53. 中国证监会制定了统一适用于证券基金经营机构的《证券公司和证券投资基金管理公司境外设立、收购、参股经营机构管理办法》，主要内容涉及（　　）。

①维持适当门槛，支持机构“走出去”

②规范业务范围，完善组织架构

③督促母公司加强管控，完善境外机构管理

④加强持续监管，完善跨境监管合作

A. ①②③　　B. ②③④

C. ①③④　　D. ①②③④

54. 按照《商业银行个人理财业务管理暂行办法》的规定，商业银行不可以提供的业务有（　　）。

①向个人客户提供综合理财服务

②向所有客户销售理财计划

③接受客户的委托与授权

④按照自己的投资计划与方式进行投资和资产管理

A. ①②　　B. ①③

C. ②③　　D. ②④

55. 我国对申请合格境外投资者资格所应具备的条件包括（　）。

①财务稳健，资信良好，具备证券期货投资经验

②境内投资业务主要负责人员符合申请人所在境外地区有关从业资格的要求（如有）

③治理结构、内部控制和合规管理制度健全有效，按照规定指定督察员负责对申请人境内投资行为的合法合规性进行监督

④经营行为规范，近 3 年或者自成立以来未受到监管机构的重大处罚

A. ①②④　　B. ①③④

C. ①②③　　D. ①②③④

56. 以下（　　）属于金融风险的特征。

①加速性　　②可管理性

③周期性　　④隐蔽性

A. ①②③　　B. ①②④

C. ②③④　　D. ①②③④

57. 下列关于风险与金融产品和投资的说法正确的有（　　）。

①风险是与收益相匹配的

②投资是以风险换收益

③以风险换收益应无限制地承担风险

④任何金融产品都是风险和收益的组合

A. ①②③　　B. ①②④

C. ②③④　　D. ①②③④

58. 以下关于现代风险管理基本理念的说法正确的有（　　）。

①任何金融产品都是风险与收益的组合

②任何金融产品服从风险与收益的二元结构，这是金融产品的重要特征之一

③投资是“以收益换风险”

④坚持“以风险换收益”这样的投资和风险承担原则的金融机构在长期的投资活动中最终会实现盈利

A. ①②③　　B. ①③④

C. ②③④　　D. ①②④

59. 从市场层面衡量流动性风险的指标包括（　　）。

①买卖价差法　　②换手率

③冲击成本　　④流动性覆盖率

A. ①②③　　B. ①③④

C. ②③④　　D. ①②④

60. 战略投资者应当符合的情形包括（　　）。

①能够给上市公司带来国际国内领先的核心技术资源

②显著增强上市公司的核心竞争力和创新能力

③带动上市公司的产业技术升级，显著提升上市公司的盈利能力

④能够给上市公司带来国际国内领先的市场、渠道、品牌等战略性资源

A. ①②③　　B. ②③④

C. ①②④　　D. ①②③④

61. 以下（　　）不属于内部评级所反映的被评级对象的风险特征。

①借款者的违约概率

②交易工具的违约损失率

③违约风险暴露

④预期损失和非预期损失

A. ①②　　B. ①④

C. ②③　　D. ③④

62. 证券公司风险的主要特征有（　　）。

①社会性　　②扩张性

③周期性　　④可操作性

A. ①②③　　B. ②③④

C. ①③④　　D. ①②③④

63. 下列（　　）属于我国证券公司风险管理主要规范文件。

①《关于证券公司风险资本准备计算标准的规定》

②《证券公司分类监管规定》

③《证券公司信用风险管理指引》

④《证券公司声誉风险管理指引》

A. ①②③　　B. ②③④

C. ①②③④　　D. ①③④

64. 与股利分配相关的 4 个日期有（　　）。

①股利宣告日　　②股份变动日

③除息除权日　　④股利派发日

⑤股权登记日

A. ②③④⑤　　B. ①③④⑤

C. ①②③⑤　　D. ①②③④

65. 下列（　　）会引起公司股份总数的变动并对股票价格产生影响。

①增发和定向增发

②配股

③公积金转增股本

④股份回购

⑤可转换债券转换为股票

⑥股票分割和合并

A. ①②③④⑤⑥　　B. ①②④⑤

C. ①②③⑤　　D. ①②③④⑥

66. 下列关于优先股的说法正确的有（　　）。

①投资风险相对较小

②股息收益可能会低于普通股

③表决权受限制

A. ①②③　　B. ①③

C. ①②　　D. ②

67. 股票价格指数的编制方法主要包括（　　）。

①算术平均法　　②几何平均法

③加权平均法　　④移动平均法

A. ①②③　　B. ①②④

C. ②③④　　D. ①③④

68. 以下属于经济指标类别的有（　　）。

①先行性指标　　②同步性指标

③滞后性指标　　④公司经营状况

A. ①②③　　B. ②③④

C. ①③④　　D. ①②④

69. 影响股票投资价值的内部因素有（　　）。

①净资产　　②盈利水平

③股利政策　　④股份分割

A. ①②③　　B. ②③④

C. ①③④　　D. ①②③④

70. 经济政策包括（　　）。

①货币政策　　②财政政策

③信贷政策　　④债务政策

⑤税收政策　　⑥利率与汇率政策

A. ①②③④⑤　　B. ②③④⑤⑥

C. ①③④⑤⑥　　D. ①②③④⑤⑥

71. 国家股从资金来源上主要有（　　）。

①财政部门的预算拨款补助

②现有国企改组股份公司时所拥有的净资产

③现阶段有权代表国家投资的政府部门向新组建的股份公司的投资

④社会公众认购的股份

A. ①②　　B. ①③

C. ②③　　D. ①④

72. 下列关于股票的流动性说法错误的有（　　）。

①通常情况下，大盘股的流动性比小盘股差

②通常情况下，小盘股的流动性比大盘股差

③通常情况下，非上市公司股票的流动性比上市公司股票差

④通常情况下，上市公司股票的流动性比非上市公司股票差

A. ①③ B. ①④

C. ②④ D. ②③

73. 证券交易所上市规定的上市条件中对发行人的（　　）提出要求。

①经营年限 ②财务状况

③公司治理 ④诚信记录

⑤注册时间 ⑥最低公开发行比例

A. ①③④⑤⑥ B. ①②④⑤⑥

C. ②③④⑤⑥ D. ①②③④⑥

74. 深圳证券交易所于2020年12月31日发布的《深圳证券交易所创业板股票上市规则（2020年12月修订）》规定，发行人申请在深交所创业板上市，应当符合下列（　　）条件。

①符合中国证监会规定的创业板发行条件

②发行后股本总额不低于3000万元

③公开发行的股份达到公司股份总数的25%以上

④公司股本总额超过4亿元的，公开发行股份比例为10%以上

⑤市值及财务指标符合《深交所创业板股票上市规则》规定的标准

⑥深交所要求的其他上市条件

A. ①③④⑤⑥ B. ①②④⑤⑥

C. ②③④⑤⑥ D. ①②③④⑤⑥

75. 上交所和深交所于2020年12月31日发布《上海证券交易所股票上市规则》《深圳证券交易所股票上市规则》的目的包括（　　）。

①进一步完善退市标准

②简化退市程序

③加大退市监管力度

④保护投资者权益

⑤落实新《证券法》关于退市的规定

A. ①③④⑤ B. ①②④⑤

C. ②③④⑤ D. ①②③④⑤

76. 下列关于非公开发行债券的说法，正确的有（　　）。

①非公开发行的公司债券应当向专业投资者发行

②非公开发行公司债券不得采用广告、公开劝诱和变相公开方式

③非公开发行公司债券，每次发行对象不得超过200人

④非公开发行公司债券，承销机构或自行销售的发行人应当在每次发行完成后5个

工作日内向中国证券业协会报备

A. ①②③④　　B. ①②③

C. ②③④　　D. ①②④

77. 下列关于采用竞争性招标方式发行国债的说法正确的有（　　）。

①如无特殊规定，竞争性招标时间为招标日上午 10:35—11:35

②竞争性招标方式包括单一价格、修正的多重价格招标方式（即混合式），招标标的为利率或价格

③单一标位最低投标限额为 0.1 亿元，最高投标限额为 50 亿元

④投标量变动幅度为 0.1 亿元的整数倍

A. ①②③④　　B. ①②③

C. ②③④　　D. ①②④

78. 下列关于记账式国债追加投标的说法正确的有（　　）。

①如无特殊规定，10 年期以下期限（含）记账式国债可以进行追加发行

②竞争性招标结束后 20 分钟内，国债承销团甲类成员有权通过投标追加承销当期（次）国债

③追加承销额应为 0.1 亿元的整数倍

④追加投标为数量投标，国债承销团甲类成员按照竞争性招标确定的票面利率或发行价格承销

A. ①②③④　　B. ①②③

C. ②③④　　D. ①②④

79. 下列关于采用代销方式发行国债的方式正确的有（　　）。

①国债发行主体委托代销者代为向社会出售债券

②代销者只是按预定的发行条件，于约定日期内代为推销

③代销期终止，若有未销出余额，全部退给发行主体

④代销者不承担任何风险与责任

A. ①②③④　　B. ①②③

C. ②③④　　D. ①②④

80. 以下（　　）属于我国企业债券和公司债券的区别。

①发行主体不同　　②发行制度和监管机构不同

③募集资金用途不同　　④发行期限不同

⑤发行定价方式不同　　⑥担保要求不同

⑦发行市场不同

A. ①②③④　　B. ①②③④⑤⑥⑦

C. ②③④⑤　　D. ①②③④⑥

81. 下列关于我国国债在进行竞争性招标时的利率格式和竞标时间，说法正确的有

（　　）。

①竞争性招标确定的票面利率保留 2 位小数

②一年以下（含）期限国债发行价格保留 3 位小数

③一年（不含）以上期限国债发行价格保留 2 位小数

④竞争性招标时间为招标日上午 10:35—11:35

A. ①②③④　　B. ①②③

C. ②③④　　D. ①②④

82. 下列关于国债招标方式发行中对于承销团成员承销额的限定，说法错误的有（　　）。

①对国债承销团成员额度进行分配时，取整至 0.1 亿元

②对国债承销团成员额度进行分配时，取整至 1 亿元

③有资格的承销团成员追加承销额时应为 0.1 亿元的整数倍

④有资格的承销团成员追加承销额时应为 1 亿元的整数倍

A. ①③　　B. ②③

C. ②④　　D. ①④

83. 中央国债登记结算有限责任公司的义务包括（　　）。

①设置账簿

②为客户保守商业秘密

③保存完整业务记录

④切实保护客户债券安全

A. ①②③④　　B. ①②③

C. ②③④　　D. ①②④

84. 以下因素会影响债券现金流的有（　　）。

①债券的面值　　②债券的票面利率

③计付息间隔　　④债券的税收待遇

A. ①②③④　　B. ①②③

C. ②③④　　D. ①②④

85. 下列关于利息计算的说法中，正确的是（　　）。

①对于中长期附息债券，我国交易所市场对附息债券的计息规定是全年天数统一按 365 天计算；利息累计天数规则是按实际天数计算，算头不算尾，闰年 2 月 29 日不计息

②短期债券通常全年天数定为 360 天，半年定为 180 天

③我国目前对于贴现发行的零息债券按照实际天数计算累计利息，闰年 2 月 29 日也计利息

④我国目前对于贴现发行的零息债券按照实际天数计算累计利息，闰年 2 月 29 日

不计利息

A. ①②③④　　B. ①②③

C. ②③④　　D. ①②④

86. 我国中期债券的偿还期限包括（　　）。

①15 年　　②2 年

③3 年　　④4 年

A. ①②③④　　B. ①②③

C. ②③④　　D. ①②④

87. 目前，我国国债发行方式包括（　　）。

①招标方式（向国债一级承销商发行可上市国债）

②承销方式（向商业银行和财政部所属国债经营机构等销售不上市的凭证式储蓄国债）

③定向招募方式（向社会保障机构和保险公司定向出售国债）

A. ①②③　　B. ①②

C. ②③　　D. ①③

88. 关于封闭式基金和开放式基金的区别，下列说法正确的有（　　）。

①期限以及发行规模的限制不同

②基金份额交易方式不同

③价格形成方式不同

④激励约束机制与投资策略不同

A. ①②③　　B. ②③④

C. ①②④　　D. ①②③④

89. 以下关于 ETF 和 LOF 的说法错误的有（　　）。

①ETF 和 LOF 都是指数型基金

②LOF 采用实物申购、赎回机制

③ETF 的申购和赎回均以现金进行

④ETF 实行一级市场、二级市场并存的交易制度

A. ①②③　　B. ②③④

C. ①②④　　D. ①③④

90. 中国证监会对基金机构的监管包括对（　　）的监管。

①基金管理人　　②基金托管人

③基金服务机构

A. ①②　　B. ②③

C. ①③　　D. ①②③

91. 关于封闭式基金的交易，下列说法正确的有（　　）。

①封闭式基金的交易遵从“价格优先、时间优先”的原则

②投资者买卖封闭式基金必须开立深、沪证券账户或深、沪基金账户及资金账户

③封闭式基金的交易需要收取印花税

④封闭式基金的单笔最大数量应低于 50 万份

A. ①② B. ②③④

C. ①②③④ D. ①③

92.《货币市场基金管理暂行规定》中规定：“对于每日按照面值进行报价的货币市场基金，可以在基金合同中将收益分配的方式约定为（ ），并应当（ ）进行收益分配。”

①现金分红 ②红利再投资

③每周 ④每日

A. ①③ B. ①④

C. ②③ D. ②④

93. 关于基金资产估值中的侧袋机制的启用监管和评估，下列说法中正确的有（ ）。

①基金管理人应当确保拟纳入侧袋账户的资产属于特定资产

②基金托管人应当依照法律法规和基金合同约定，加强对侧袋机制启用、特定资产处置和信息披露等方面的复核和监督

③基金管理人应当针对侧袋机制的实施条件、发起部门、决策程序、业务流程等事项，制定清晰的内部制度与明确的授权分工，更新相应系统设置，建立与基金托管人等外部机构的沟通机制

④不满足中国证监会规定和基金合同约定实施条件的，不得启用侧袋机制

A. ①③④ B. ①②③

C. ②③④ D. ①②③④

94. 证券投资基金与股票、债券的区别包括（ ）。

①反映的经济关系不同

②筹集资金的投向不同

③收益风险水平不同

A. ①② B. ②③

C. ①③ D. ①②③

95. 基金的募集一般要经过的步骤包括（ ）。

①基金募集申请

②基金注册

③基金份额的发售

④基金合同生效

A. ①②③　　B. ①②④
C. ②③④　　D. ①②③④

96. 关于基金合同生效，下列说法正确的有（　　）。

①基金募集期限届满，基金募集份额总额不少于 1 亿份

②基金份额持有人的人数不少于 200 人

③基金管理人应当自募集期限届满之日起 10 日内聘请法定验资机构验资

④基金募集失败，基金管理人应当以固有财产承担因募集行为而产生的债务和费用，并在基金募集期限届满后 30 日内返还投资者已缴纳的款项，并加计银行同期存款利息

A. ①②③　　B. ①②④
C. ②③④　　D. ①②③④

97. 甲投资者投资 700000. 00 元认购股票型基金，基金份额初始面值为 1 元，对应认购费率为 1. 30%，在募集期间产生利息 70. 00 元，下列选项正确的有（　　）。

①认购费用为 8983. 22 元

②净认购金额为 691016. 78 元

③认购份额为 691086. 78 元

④净认购金额为 691016. 78 元

A. ①②③　　B. ①②
C. ②③④　　D. ①③④

98. 关于基金运作过程中涉及的费用，下列说法正确的有（　　）。

①在基金运作过程中涉及的费用包括基金销售过程中发生的由基金投资者承担的费用和基金管理过程中发生的费用

②基金销售过程中发生的由基金投资者承担的费用不参与基金的会计核算

③基金管理过程中发生的费用需要直接从基金资产中列支

④需要直接从基金资产中列支

A. ①②③　　B. ①②
C. ②③④　　D. ①②③④

99. 关于不列入基金管理过程中发生费用的项目，下列说法中正确的有（　　）。

①基金管理人和基金托管人因未履行或未完全履行义务导致的费用支出或基金财产的损失

②基金管理人和基金托管人处理与基金运作无关的事项发生的费用

③基金合同生效前的相关费用，包括但不限于验资费、会计师和律师费、信息披露费等费用

A. ①②③　　B. ①②
C. ②③　　D. ①③

100. 基金投资面临的外部风险包括（　　）。

①市场风险　　②政策风险

③信用风险　　④经营风险

A. ①②③　　B. ①②

C. ②③④　　D. ①②③④

模拟试卷（九）参考答案与解析

1. 参考答案：B

考点：考查全球金融市场与金融体系。

2. 参考答案：A

考点：考查全球金融体系的主要参与者。

3. 参考答案：B

考点：考查国务院金融稳定发展委员会相关知识。2017 年 7 月第五次全国金融工作会议提出设立国务院金融稳定发展委员会。

4. 参考答案：C

考点：考查中国资本市场场外市场。相对于公募基金，私募基金在运作上具有较大的灵活性，它既可以投资于衍生金融产品进行买空卖空交易，也可以进行汇率、商品期货投机交易等。

5. 参考答案：D

考点：考查证券公司的主要业务。证券包销，是指证券公司将发行人的证券按照协议全部购入或者在承销期结束时将售后剩余证券全部自行购入的承销方式，证券代销，是指证券公司代发行人发售证券，在承销期结束时，将未售出的证券全部退还给发行人的承销方式。

6. 参考答案：D

考点：首次公开发行股票，区别于上市公司在股票发行上市后进行的包括配股、增发在内的股权再融资。

7. 参考答案：C

考点：战略投资者是指具有同行业或相关行业较强的重要战略性资源，与上市公司谋求双方协调互补的长期共同战略利益，愿意长期持有上市公司较大比例股份，愿意并且有能力认真履行相应职责，委派董事实际参与公司治理，提升上市公司治理水平，帮助上市公司显著提高公司质量和内在价值，具有良好诚信记录，最近 3 年未受到证监会行政处罚或被追究刑事责任的投资者。

8. 参考答案：D

考点：考查机构投资者的内容。按机构投资者业务与资本市场的关系，可分为金融机构投资者和非金融机构投资者。战略机构投资者是因机构投资者与股票市场的配售关系演化而来的。一般机构投资者相比较战略投资者的定义，条件更为宽松。

9. 参考答案：C

考点：考查压力测试的原则。

10. 参考答案：B

考点：考查压力测试的步骤。

11. 参考答案：A

考点：考查压力测试采用的方法。根据不同的压力情景，证券公司压力测试可采用敏感性分析和情景分析等方法。

12. 参考答案：A

考点：考查波动性分析的主要方法。

13 参考答案：D

考点：考查 A 股定义。A 股，即人民币普通股，是指由中国境内公司发行、上市，境内机构和个人以人民币购买交易的股票。

14. 参考答案：B

考点：考查行业分类。上市公司按二级分类，分别列入 19 个门类。

15. 参考答案：A

考点：考查基本分析法。

16. 参考答案：A

考点：考查股票的特征。收益性是股票最基本的特征，它是指股票可以为持有人带来收益的特性。持有股票的目的在于获取收益。

17. 参考答案：D

考点：考查股票的特征。

18. 参考答案：D

考点：考查股利分配存在的 4 个相关日期。股权登记日，即统计和确认参加本期股利分配的股东的日期，在此日期持有公司股票的股东方能享受股利发放。

19. 参考答案：A

考点：考查普通股的定义。

20. 参考答案：C

考点：考查深圳证券交易所的股价指数。深证综合指数于 1991 年 4 月 4 日发布，以在深圳证券交易所主板、中小板、创业板上市的全部股票为样本股，以样本股发行总股本为权数进行加权逐日连锁计算。

21. 参考答案：A

考点：考查我国股票的类型。

22. 参考答案：A

考点：发行人是依法设立且持续经营3年以上的股份有限公司，具备健全且运行良好的组织机构，相关机构和人员能够依法履行职责。

23. 参考答案：B

考点：一般来说，股票价格与股利水平成正比。

24. 参考答案：C

考点：预期公司盈利减少，股票市场价格下降。

25. 参考答案：D

考点：竞价原则中，证券交易所内的证券竞价交易按“价格优先、时间优先”的原则撮合成交。

26. 参考答案：B

考点：中国证监会同意注册的决定自作出之日起两年内有效，发行人应当在注册决定有效期内发行公司债券，并自主选择发行时点。

27. 参考答案：B

考点：非公开发行的公司债券每次发行对象不得超过200人。

28. 参考答案：C

考点：非公开发行公司债券，承销机构或自行销售的发行人应当在每次发行完成后5个工作日内向中国证券业协会报备。

29. 参考答案：A

考点：考查国债的发行方式。目前，记账式国债发行采用竞争性招标方式，储蓄国债发行采用代销方式。

30. 参考答案：B

考点：如无特殊规定，10年期以下期限（含）记账式国债可以进行追加发行。

31. 参考答案：A

考点：考查财政部代理发行地方政府债券的发行方式。财政部代理发行地方政府债券，面向记账式国债承销团招标发行，采用单一价格招标方式，招标标的为利率，全场最高中标利率为当期地方债票面利率，各中标承销团成员按面值承销。

32. 参考答案：C

考点：财政部代理地方政府债券发行招标后债权确立。

33. 参考答案：A

考点：考查地方政府债券的种类。

34. 参考答案：D

考点：考查金融债券的发行方式。金融债券可在全国银行间债券市场公开发行或定向发行，可以采取一次足额发行或限额内分期发行的方式。

35. 参考答案：A

考点：考查证券公司次级债券的发行条件。

36. 参考答案：A

考点：考查商业银行资本补充债券的定义。资本补充债券是指银行业金融机构为满足资本监管要求而发行的、对特定触发事件下债券偿付事宜作出约定的金融债券，包括但不限于无固定期限资本债券和二级资本债券。

37. 参考答案：A

考点：考查债券的分类。债券按付息方式分类，可以分为零息债券、附息债券和息票累积债券。

38. 参考答案：D

考点：考查储蓄国债（电子式）与记账式国债的不同点。

39. 参考答案：B

考点：考查私募基金合格投资者。

40. 参考答案：B

考点：考查私募基金市场的概念。

41. 参考答案：C

考点：考查封闭基金的固定存续期间。

42. 参考答案：D

考点：考查按照简易程序注册的基金的审查时间。

43. 参考答案：C

考点：考查基金份额发售的限制。

44. 参考答案：D

考点：考查基金份额净值的概念及重要性。

45. 参考答案：A

考点：考查证券投资基金分类中的特殊类型基金中的 MOM 产品。

46. 参考答案：C

考点：考查基金份额登记机构的管理要求。

47. 参考答案：D

考点：考查基金资产估价中侧袋机制中特定资产的范围。

48. 参考答案：C

考点：考查基金信息临时披露中具体的重大事件。

49. 参考答案：C

考点：考查证券投资基金的分类。

50. 参考答案：A

考点：考查基金的监管机构。

51. 参考答案：D

考点：考查我国金融市场的发展现状。

52. 参考答案：B

考点：考查创新型货币政策工具。SLO 以 7 天期内短期回购为主，遇节假日可适当延长操作期限，采用市场化利率招标方式开展操作。TLF 于 2017 年 1 月 20 日由中国人民银行创设，向现金投放中占比高的几家大型商业银行提供临时性流动性支持，以满足春节前后现金投放的集中需求。

53. 参考答案：D

考点：考查证券公司业务国际化。

54. 参考答案：D

考点：考查银行业金融机构。按照《商业银行个人理财业务管理暂行办法》的规定，商业银行可以向个人客户提供综合理财服务，向特定目标客户群销售理财计划，接受客户的委托与授权，按照与客户事先约定的投资计划与方式进行投资和资产管理。

55. 参考答案：D

考点：我国对申请合格境外投资者资格所应具备的条件要求如下：（1）财务稳健，资信良好，具备证券期货投资经验。（2）境内投资业务主要负责人员符合申请人所在境外地区有关从业资格的要求（如有）。（3）治理结构、内部控制和合规管理制度健全有效，按照规定指定督察员负责对申请人境内投资行为的合法合规性进行监督。（4）经营行为规范，近三年或者自成立以来未受到监管机构的重大处罚。（5）不存在对境内资本市场运行产生重大影响的情形。

56. 参考答案：D

考点：金融风险具有如下一般特征：隐蔽性、扩散性、加速性、不确定性、可管理性以及周期性。

57. 参考答案：B

考点：考查风险与金融产品和投资的关系。

58. 参考答案：D

考点：考查对现代风险管理基本理念的理解。投资是“以风险换收益”。

59. 参考答案：A

考点：从市场层面衡量流动性风险的指标包括买卖价差法、换手率、冲击成本。

60. 参考答案：D

考点：略投资者应当符合下列情形之一：能够给上市公司带来国际国内领先的核心技术资源，显著增强上市公司的核心竞争力和创新能力，带动上市公司的产业技术升级，显著提升上市公司的盈利能力；能够给上市公司带来国际国内领先的市场、渠道、品牌等战略性资源，大幅促进上市公司市场拓展，推动实现上市公司销售业绩大幅提升。

61. 参考答案：D

考点：考查对内部评级的理解。内部评级所反映的被评级对象的风险特征主要是借款者的违约概率和交易工具的违约损失率。

62. 参考答案；A

考点：考查证券公司风险的主要特征。

63. 参考答案：C

考点：考查我国证券公司风险管理主要规范文件。

64. 参考答案：B

考点：考查股利分配。股利分配存在 4 个相关日期：（1）股利宣告日，即公司董事会将分红派息的消息公布于众的时间。（2）股权登记日，即统计和确认参加本期股利分配的股东的日期，在此日期持有公司股票的股东方能享受股利发放。（3）除息除权日，通常为股权登记日之后的 1 个工作日，本日之后（含本日）买入的股票不再享有本期股利。（4）股利派发日，即股利正式发放给股东的日期。根据证券存管和资金划转的效率不同，通常会在几个工作日之内到达股东账户。

65. 参考答案：A

考点：考查股份变动知识点。

66. 参考答案：A

考点：考查优先股知识点。

67. 参考答案：A

考点：编制股票价格指数的方法不包括移动平均法。

68. 参考答案：A

考点：经济指标分为三类：第一，先行性指标；第二，同步性指标；第三，滞后性指标。

69. 参考答案：D

考点：影响股票投资价值的内部因素主要包括公司净资产、盈利水平、股利政策、股份分割、增资和减资以及并购重组等。

70. 参考答案：D

考点：经济政策主要包括货币政策、财政政策、信贷政策、债务政策、税收政策、利率与汇率政策、产业政策、收入分配政策等。

71. 参考答案：C

考点：考查国家股的资金来源。其资金来源不包括财政部门的预算拨款补助和社会公众认购的股份。

72. 参考答案：B

考点：考查对股票流动性的理解。通常情况下，大盘股的流动性比小盘股强，上市公司股票流动性比非上市公司强。

73. 参考答案：D

考点：证券交易所上市规则规定的上市条件，上市应当对发行人的经营年限、财务状况、最低公开发行比例和公司治理、诚信记录等提出要求。

74. 参考答案：D

考点：深圳证券交易所于2020年12月31日发布的《深圳证券交易所创业板股票上市规则（2020年12月修订）》规定，发行人申请在深交所创业板上市，应当符合下列条件。（1）符合中国证监会规定的创业板发行条件。（2）发行后股本总额不低于3000万元。（3）公开发行的股份达到公司股份总数的25%以上；公司股本总额超过4亿元的，公开发行股份比例为10%以上。（4）市值及财务指标符合《深交所创业板股票上市规则》规定的标准。（5）深交所要求的其他上市条件。

75. 参考答案：D

考点：为进一步完善退市标准，简化退市程序，加大退市监管力度，保护投资者权益，落实新《证券法》关于退市的规定，上交所和深交所于2020年12月31日发布并实施修订后的《上海证券交易所股票上市规则》《深圳证券交易所股票上市规则》，对股票退市规则进行改革和优化。

76. 参考答案：A

考点：考查非公开发行公司债券的要求。

77. 参考答案：A

考点：考查采用竞争性招标方式发行国债。

78. 参考答案：A

考点：考查记账式国债的追加投标。

79. 参考答案：A

考点：考查国债发行的代销方式。

80. 参考答案：B

考点：考查我国企业债券和公司债券的区别。

81. 参考答案：A

考点：考查国债竞争性招标的利率格式和竞标时间。竞争性招标确定的票面利率保留2位小数，一年（含）以下期限国债发行价格保留3位小数，一年（不含）以上期限国债发行价格保留2位小数。如无特殊规定，竞争性招标时间为招标日上午10:35—11:35。

82. 参考答案：C

考点：考查国债竞争性招标相关内容。

83. 参考答案：A

考点：考查中央国债登记结算有限责任公司的义务。

84. 参考答案：A

考点：考查影响债券现金流的因素。

85. 参考答案：B

考点：考查利息计算的规定。我国目前对于贴现发行的零息债券按照实际天数计算累计利息，闰年 2 月 29 日也计利息。

86. 参考答案：C

考点：考查中期债券的偿还期限。我国短期企业债券的偿还期限在 1 年以内，偿还期限在 1 年以上 5 年以下的为中期企业债券，偿还期限在 5 年以上的为长期企业债券。

87. 参考答案：A

考点：考查我国国债的发行方式。目前，我国国债发行方式包括招标方式（向国债一级承销商发行可上市国债）、承销方式（向商业银行和财政部所属国债经营机构等销售不上市的凭证式储蓄国债）、定向招募方式（向社会保障机构和保险公司定向出售国债）。

88. 参考答案：D

考点：考查封闭式基金与开放式基金的区别。

89. 参考答案：A

考点：考查 ETF 与 LOF 的区别与联系。

90. 参考答案：D

考点：考查中国证监会负责监管的基金机构。

91. 参考答案：A

考点：考查封闭式基金交易的问题。

92. 参考答案：D

考点：考查货币市场基金的利润分配方式。

93. 参考答案：D

考点：考查基金资产估值中的侧袋机制的启用监管和评估。

94. 参考答案：D

考点：考查证券投资基金与股票、债券的区别。

95. 参考答案：D

考点：考查基金的募集和认购。

96. 参考答案：C

考点：考查基金合同生效的相关要求。

97. 参考答案：A

考点：考查开放式基金认购份额的计算。

98. 参考答案：D

考点：考查基金运作过程中涉及的费用。

99. 参考答案：A

考点：考查不得列入基金管理过程中发生费用的项目。

100. 参考答案：D

考点：考查基金投资面临的外部风险。

《金融市场基础知识》模拟试卷（十）

一、选择题（共50题，每题1分，共50分。以下各选项中，只有一项符合题目要求，不选、错选均不得分）

1. 下列国际资金流动方式中属于国际长期资金流动的是（　　）。

A. 贸易资金的流动

B. 在国际证券市场上发行和交易中长期有价证券所形成的国际资本流动

C. 利用各国金融市场上利率差异与汇率差异进行套利活动而引起的短期资本流动

D. 投资者利用国际市场上金融资产或商品价格的波动，进行高抛低吸而形成的资金流动

2. 下列国际资金流动方式中不属于国际短期资金流动的是（　　）。

A. 以获得国外企业的实际控制权为目的的国际资本流动

B. 保值性资金的流动

C. 贸易资金的流动

D. 套利性资金的流动

3. 以下关于中国资本市场场内市场的描述错误的是（　　）。

A. 场外市场是指在集中的交易场所之外进行证券交易的市场，没有集中的交易场所和市场制度，又被称为店头市场或者柜台市场

B. 场外交易市场在挂牌条件上通常不对企业规模和盈利情况设置门槛，更加注重企业的成长性

C. 场外交易市场通常对其信息披露频率和内容的要求较低，监管较为宽松，市场透明度不及交易所市场

D. 目前的场外交易市场为了不形成混合交易模式，单纯采用集中报价、分散成交的做市商模式

4. 下列有关科创板上市条件的表述错误的是（　　）。

A. 发行后股本总额不低于人民币3000万元

B. 首次公开发行的股份达到公司股份总数的10%以上

C. 公司股本总额超过人民币4亿元的，首次公开发行股份的比例为10%以上

D. 市值和财务指标满足规定的标准

5. 下列关于证券金融公司业务合同的说法不正确的是（　　）。

A. 证券金融公司应当与证券公司签订转融通业务合同，约定转融通的资金数额、标的证券的种类和数量、期限、费率、保证金的比例、证券权益处理办法、违约责任等事项

B. 证券金融公司不必制定转融通业务合同标准格式，报中国证监会备案

C. 证券金融公司应当按照国家宏观政策，根据市场状况和风险控制需要，确定和调整转融通费率和保证金的比例

D. 证券金融公司可以与证券公司对转融通标的证券暂停交易、终止交易和其他特殊情形下转融通期限的顺延或者缩短作出约定

6. 以下关于证券金融公司保证金规定的说法错误的是（　　）。

A. 证券金融公司开展转融通业务，应当向证券公司收取一定比例的保证金

B. 保证金可以证券充抵，但货币资金占应收取保证金的比例不得低于30%

C. 证券金融公司应当确定并公布可充抵保证金证券的种类和折算率

D. 证券金融公司可以与证券登记结算机构签订合同，委托证券登记结算机构代为管理保证金

7. 下列关于证券公司的表述的说法错误的是（　　）。

A. 证券公司不得进行内幕交易、市场操纵、利益输送等违法违规行为及不正当交易活动

B. 证券公司向客户融资融券，应当向客户收取一定比例的保证金，保证金可以证券充抵

C. 证券公司应当以自有资金全资设立另类子公司，可以采用股份代持等其他方式变相与其他投资者共同出资设立另类子公司

D. 证券公司为期货公司介绍客户时，应当向客户明示其与期货公司的介绍业务委托关系，解释期货交易的方式、流程及风险，不得作获利保证、共担风险等承诺，不得虚假宣传、误导客户

8. 为筹措资金而发行债券、股票等证券的发行主体是（　　）。

A. 证券参与者　　B. 证券发行人

C. 证券投资者　　D. 证券监管者

9. 具有同行业或相关行业较强的重要战略性资源，与上市公司谋求双方协调互补的长期共同战略利益，愿意长期持有上市公司较大比例股份，愿意并且有能力认真履行相应职责的主体是指（　　）。

A. 一般机构投资者　　B. 战略投资者

C. 金融机构投资者　　D. 特殊投资者

10. 下列不属于信用风险构成要素的是（　　）。

A. 违约损失率　　B. 违约风险暴露

C. 违约概率　　D. 预期风险

11. 下列不属于传统信用风险评估方法的是（　　）。

A. 信用打分模型　　B. 信用评级

C. 专家系统　　D. 5Cs

12. 以下（　　）不属于5Cs 系统。

A. 还款能力　　B. 抵押

C. 经营环境　　D. 预算

13. 以下关于核准制的各项说法错误的是（　　）。

A. 核准制是介于注册制和审批制之间的中间形式

B. 没有取消指标和额度管理，并引进证券中介机构的责任，判断企业是否达到股票发行的条件

C. 证券监管机构同时对股票发行的合规性和适销性条件进行实质性审查，并有权否决股票发行的申请

D. 证券监管机构对申报文件的真实性、准确性、完整性和及时性进行审查

14. 以下关于股票发行监管制度的各项说法错误的是（　　）。

A. 审批制是完全计划发行的模式

B. 核准制是从审批制向注册制过渡的中间模式

C. 核准制是依照法定条件进行证券发行申请注册的模式

D. 每一种发行监管制度都对应一定的市场发展状况

15. 以下关于配股的各项说法错误的是（　　）。

A. 配股，是指上市公司向原股东配售股份的行为

B. 拟配售股份数量不超过本次配售股份前股本总额的20%

C. 控股股东应当在股东大会召开前公开承诺认配股份的数量

D. 采用《证券法》规定的代销方式发行

16. 根据《上海证券交易所股票上市规则（2020 年 12 月修订)》《深圳证券交易所股票上市规则（2020 年修订)》，以下不属于强制退市的是（　　）。

A. 违规类强制退市　　B. 财务类强制退市

C. 规范类强制退市　　D. 重大违法类强制退市

17. 下列关于证券存管的说法错误的是（　　）。

A. 证券托管是指投资者将持有的证券委托给证券公司保管，并由投资者代为处理有关证券权益事务的行为

B. 证券存管是指证券公司将投资者交给其保管的证券以及自身持有的证券统一交给证券登记结算机构保管，并由后者代为处理有关证券权益事务的行为

C. 在账户记录上，由于实现了无纸化，证券登记结算机构一般以证券公司为单位，

采用电脑记账方式记载证券公司交给其的证券

D. 证券公司也采用电脑记账的方式记载投资者的证券。对股权、债权变更引起的证券转移，通过账面予以划转

18. 关于证券开盘价和收盘价的说法错误的是（　　）。

A. 证券的开盘价为当日该证券的第一笔成交价格

B. 证券的开盘价通过连续竞价方式产生，不能通过连续竞价产生开盘价的，以集合竞价方式产生

C. 证券的收盘价通过集合竞价的方式产生

D. 当日无成交的，以前收盘价为当日收盘价

19. 根据《上海证券交易所科创板股票交易特别规定》，科创板股票竞价交易实行价格涨跌幅限制，涨跌幅比例为（　　）。

A. 5%　　B. 10%

C. 20%　　D. 30%

20. 下列关于编制步骤的说法，错误的是（　　）。

A. 第一步，选择样本股

B. 第二步，选定某基期，并以一定方法计算基期平均股价或市值

C. 第三步，计算计算期平均股价或市值，并作必要的修正

D. 第四步，选择某一有代表性或股价相对稳定的日期为基期

21. 按样本股票在市场上的不同地位赋予其不同的权数，即地位重要的权数大，地位次要的权数小；然后将各样本股票的价格与其权数相乘后求和，再与总权数相除，得到按加权平均法计算的报告期和基期的平均股价；最后据此计算股票价格指数。该计算方法是（　　）。

A. 算数平均法　　B. 一次平均法

C. 加权平均法　　D. 几何平均法

22. 下列关于我国沪深300指数的说法错误的是（　　）。

A. 计算样本空间内股票最近一年（新股为上市第四个交易日以来）的A股日均成交金额与A股日均总市值

B. 对样本空间股票在最近一年的A股日均成交金额由高到低排名，剔除排名后60%股票

C. 对剩余股票按照最近一年A股日均总市值由高到低排名，选取前300名股票作为指数样本

D. 沪深300指数样本按照以下方法选择经营状况良好、无违法违规事件、财务报告无重大问题、股票价格无明显异常波动或市场操纵的公司

23. 以下对公开发行股票的特点表述错误的是（　　）。

A. 发行条件比较严格　　B. 发行程序比较简单

C. 登记核准的时间较长　　　　　　D. 发行费用较高

24. 以下（　　）不属于首次公开发行股票并在主板（中小企业板）上市应满足的条件。

A. 发行前股本总额不少于人民币 3000 万元

B. 最近一期末无形资产（扣除土地使用权、水面养殖权和采矿权等后）占净资产的比例不高于 30%

C. 最近一期末不存在未弥补亏损

D. 发行人的经营成果对税收优惠不存在严重依赖

25. 以下（　　）不属于上市公司不得向特定对象发行股票的情形。

A. 擅自改变前次募集资金用途未作纠正，或者未经股东大会认可

B. 最近三年财务报表的编制和披露在重大方面不符合企业会计准则或者相关信息披露规则的规定

C. 最近一年财务会计报告被出具否定意见或者无法表示意见的审计报告

D. 现任董事、监事和高级管理人员最近三年受到中国证监会行政处罚

26. 我国《上市公司证券发行管理办法》规定，可转换债券自发行结束之日起（　　）个月后方可转换为公司股票。

A. 3　　　　　　B. 6

C. 9　　　　　　D. 12

27. 可转换债券应半年或 1 年付息 1 次，到期后（　　）个工作日内应偿还未转股债券的本金及最后 1 期利息。

A. 5　　　　　　B. 10

C. 15　　　　　　D. 30

28. 下列关于可转换债券的说法错误的是（　　）。

A. 可转换债券的期限最短为 1 年，最长为 6 年

B. 可转换债券自发行结束之日起 6 个月后方可转换为公司股票

C. 可转换债券应半年或 1 年付息 1 次

D. 可转换债券的票面利率一般高于相同条件的不可转换债券

29. 如果某可转换债券面额为 1000 元，规定其转换价格为 20 元，则转换比例为（　　）。

A. 20　　　　　　B. 50

C. 80　　　　　　D. 100

30. 下列关于风险与金融机构的说法错误的是（　　）。

A. 金融机构的本质是承担和经营风险的企业

B. 风险管理是金融机构的核心竞争力

C. 金融机构不可以从单个项目上规避风险

D. 对金融机构而言，风险可以被视为一种商业经营的资源

31. 公司债券的发债利率没有明确的限制，由发行人和保荐人通过市场询价确定；企业债券的定价存在利率限制，要求发债利率不高于同期银行存款利率的（　　）。

A. 30%　　B. 40%

C. 50%　　D. 60%

32. 金融租赁公司和汽车金融公司发行金融债券后，资本充足率均应不低于（　　）。

A. 3%　　B. 5%

C. 8%　　D. 10%

33. 地方政府一般债券，单一期限债券的发行规模不得超过一般债券当年发行规模的（　　）。

A. 30%　　B. 40%

C. 50%　　D. 20%

34. 债券贴现率是投资者对该债券要求的最低回报率，也被称为必要回报率。债券必要报酬率为（　　）之和。

A. 票面利率、预期通货膨胀率、风险溢价、真实无风险收益率

B. 预期通货膨胀率、风险溢价、真实无风险收益率

C. 票面利率、风险溢价、真实无风险收益率

D. 票面利率、预期通货膨胀率、风险溢价

35. 收益率曲线的基本类型有（　　）。

A. 正向的、反向的、水平的、拱形的

B. 正向的、水平的、拱形的

C. 正向的、反向的、拱形的

D. 正向的、反向的、水平的

36. 据利息支付方式的不同，金融债券可分为（　　）。

A. 附息金融债券和贴现金融债券

B. 普通金融债券和累进利息金融债券

C. 附息金融债券、普通金融债券和累进利息金融债券

D. 附息金融债券、贴现金融债券和累进利息金融债券

37. 债券按付息方式分类，可以分为（　　）。

A. 零息债券、附息债券和息票累积债券

B. 零息债券和息票累积债券

C. 零息债券和附息债券

D. 零息债券、附息债券和记账式债券

38. 按照《国务院关于加强地方政府性债务管理的意见》，地方政府举债采取政府

债券方式：有一定收益的公益性事业发展确需政府举债专项债务的，由地方政府通过发行（　　）融资，以对应的政府性基金或专项收入偿还。

A. 专项债券　　B. 特定债券

C. 专门债券　　D. 一般债券

39. 下列关于直接融资对金融市场的影响说法错误的有（ ）。

A. 直接融资和间接融资比例反映了一国金融体系配置的效率是否与实体经济相匹配

B. 通过市场主体充分博弈直接进行交易，更有利于合理引导资源配置，发挥市场筛选作用

C. 我国目前可通过提高直接融资比重，特别是发展多种股权融资方式能够弥补间接融资的不足

D. 降低直接融资比重平衡金融体系结构，有利于金融和经济的平稳运行

40. 基金募集失败，基金管理人应当以固有财产承担因募集行为而产生的债务和费用，并在基金募集期限届满后（　　）内返还投资者已缴纳的款项，并加计（　　）利息。

A. 30 日　金融机构同期贷款

B. 30 日　银行同期存款

C. 10 日　金融机构同期贷款

D. 10 日　银行同期贷款

41. 基金管理人应当在基金份额发售的（　　）前公布招募说明书、基金合同及其他有关文件。

A. 7 日　　B. 10 日

C. 15 日　　D. 3 日

42. 关于封闭式基金的交易，下列说法错误的是（　　）。

A. 沪、深证券交易所对封闭式基金交易实行 10% 的涨跌幅限制

B. 达成交易后，相应的基金交割与资金交收在交易日的下一个营业日（T+1）完成

C. 投资者买卖封闭式基金必须开立深、沪证券账户或深、沪基金账户及资金账户

D. 基金账户可以用于股票、基金、国债及其他债券的认购及交易

43. 基金投资面临的外部风险不包括（　　）。

A. 市场风险　　B. 政策风险

C. 信用风险　　D. 合规风险

44. 1774 年，世界上第一个投资基金诞生于（　　）。

A. 美国　　B. 瑞士

C. 荷兰　　D. 英国

45. 在 QDII 制度中，单只基金、集合管理计划持有同一家银行的存款不得超过基金、集合计划净值的（　　），在基金、集合计划托管账户的存款可以不受上述限制。

A. 50%　　　　B. 30%

C. 20%　　　　D. 10%

46. 关于特殊类型基金中的 MOM 产品，下列说法错误的是（　　）。

A. 母管理人是产品管理人，履行法定的受托责任

B. 子管理人是母公司的投资顾问，属于基金服务机构

C. 子管理人受母管理人委托提供投资建议等基金服务

D. MOM 产品只能通过公开募集方式设立

47. 支付机构从事基金销售业务，应当向（　　）备案。

A. 国务院证券监督管理机构

B. 中国证监会

C. 中国证券业协会

D. 基金业协会

48. 2020 年 8 月 1 日起执行的《公开募集证券投资基金侧袋机制指引（试行）》，是对（　　）估值问题的针对性解决方案。

A. 活跃证券　　　　B. 不活跃证券

C. 债券　　　　D. 股票

49. 以下关于基金份额登记机构的说法中，基金管理人变更基金份额登记机构的，应当在变更完成（　　）个工作日内向中国证监会报告。

A. 5　　　　B. 10

C. 7　　　　D. 14

50. 基金独立销售机构需要向住所地中国证监会派出机构备案，但是下列情况中不需要备案的是（　　）。

A. 变更公司章程、名称、住所、组织形式、经营范围、注册资本、高级管理人员

B. 设立、撤销分支机构，变更分支机构名称、营业场所

C. 持有 0.1% 股权份额的股东变更姓名、名称，或者质押所持独立基金销售机构的股权

D. 对外进行股权投资或者提供担保

二、组合选择题（共 50 题，每题 1 分，共 50 分。以下各选项中，只有一项符合题目要求，不选、错选均不得分）

51. 我国金融衍生品市场按资产类别划分主要包括利率类衍生品、权益类衍生品、货币类衍生品、信用类衍生品，下列属于利息类衍生品的有（　　）。

①场内国债期货　　　　②场外利率远期

③利率互换产品　　④股票期权

A. ①②③　　B. ②③④

C. ①③④　　D. ①②③④

52. 以下属于一般性货币政策工具的有（　　）。

①存款准备金制度　　②再贴现政策

③公开市场业务　　④中期借贷便利（MLF）

A. ①②③　　B. ②③④

C. ①②④　　D. ①②③④

53. 属于我国的场外交易市场的有（　　）。

①区域性股权市场　　②券商柜台市场

③机构间私募产品报价与服务系统　　④私募基金市场

A. ①②③　　B. ①②④

C. ②③④　　D. ①②③④

54. 下面关于证券市场融资活动的特点的表述不正确的有（　　）。

①证券市场融资是一种间接融资

②证券市场融资是一种强市场性的融资活动

③证券市场融资是在由各种证券中介机构组成的证券中介服务体系的支持下完成的

④证券市场融资活动的权利义务主体有资金赤字单位、资金盈余单位和证券交易机构

A. ①④　　B. ①②④

C. ②③　　D. ①②③④

55. 关于证券市场投资者，下列说法正确的有（　　）。

①以取得利息、股息或资本收益为目的

②购买并持有有价证券

③承担证券投资风险

④行使证券权利

A. ①②③　　B. ①②④

C. ①③④　　D. ①②③④

56. 战略投资者应当符合的条件包括（　　）。

①能够给上市公司带来国际国内领先的核心技术资源

②显著增强上市公司的核心竞争力和创新能力

③带动上市公司的产业技术升级，显著提升上市公司的盈利能力

④能够给上市公司带来国际国内领先的市场、渠道、品牌等战略性资源

A. ①②③　　B. ②③④

C. ①②④　　D. ①②③④

57. 在我国，政府机构类投资者参与证券投资的主要目的通常包括（　　）。

①调剂资金余缺　②实施宏观调控

③谋求高盈利　④实行特定的产业政策

A. ①②③　B. ①③④

C. ②③④　D. ①②④

58. “QFII、RQFII 办法”及配套规则修订内容主要涉及（　　）。

①降低准入门槛，便利投资运作　②优化备案事项管理，强化数据报送要求

③稳步有序扩大投资范围　④加强持续监管

A. ①②④　B. ②③④

C. ①③④　D. ①②③

59. 以下属于操作风险的有（　　）。

①外部事件　②人员

③流程　④管理层想法

A. ①②③　B. ①③④

C. ②③④　D. ①②③④

60. 按照风险因素划分，金融风险包括（　　）。

①经济风险　②流动性风险

③信用风险　④市场风险

A. ①②③　B. ①②④

C. ②③④　D. ①②③④

61. 流动性是金融市场的生命力所在，金融市场的流动性为投资者提供了转让和买卖金融资产的机会，也为筹资者提供了筹资的必要前提。广义上，流动性包括（　　）。

①资产的流动性　②人员的流动性

③机构的流动性　④市场的流动性

A. ①②③　B. ①③④

C. ②③④　D. ①②④

62. 以下不属于流动性风险衡量的有（　　）。

①融资流动性风险　②资产流动性风险

③敏感性分析　④波动性分析

A. ①②　B. ①③

C. ②③　D. ③④

63. 现代信用风险转移方法包括（　　）。

①TRP　②辛迪加贷款

③信用关联票据　④信用远期协议

A. ①②③ B. ①③④

C. ②③④ D. ①②④

64. 在交易类强制退市中，上市公司出现（　　）情形之一的，证券交易所决定终止其股票上市。

①在证券交易所仅发行 A 股股票的上市公司，连续 120 个交易日通过交易所交易系统实现的累计股票成交量低于 500 万股，或者连续 20 个交易日的每日股票收盘价均低于人民币 1 元

②在证券交易所仅发行 B 股股票的上市公司，连续 120 个交易日通过交易所交易系统实现的累计股票成交量低于 100 万股，或者连续 20 个交易日的每日股票收盘价均低于人民币 1 元

③在证券交易所既发行 A 股股票又发行 B 股股票的上市公司，其 A、B 股股票的成交量或者收盘价同时触及前述第①项和第②项规定的标准

④上市公司股东数量连续 20 个交易日每日均低于 2000 人

⑤上市公司连续 20 个交易日在交易所的每日股票收盘总市值均低于人民币 3 亿元。

⑥证券交易所认定的其他情形

A. ①③④⑤⑥

B. ①②④⑤⑥

C. ②③④⑤⑥

D. ①②③④⑤⑥

65. 以下（　　）属于技术分析三个假设。

①市场的行为包含一切信息

②价格沿趋势移动

③历史会重复

④股票价格走势稳定

A. ①②③ B. ②③④

C. ①③④ D. ①②④

66. 境外上市外资股不包括（　　）。

①A 股 ②N 股

③H 股 ④S 股

⑤B 股 ⑥L 股

A. ①⑥ B. ②⑤

C. ②④ D. ①⑤

67. 根据《上海证券交易所股票上市规则（2020 年 12 月修订）》《深圳证券交易所股票上市规则（2020 年修订）》，以下（　　）属于可以向证券交易所申请主动退市的情形。

①上市公司股东大会决议主动撤回其股票在证券交易所的交易，并决定继续在该交易所交易

②上市公司股东大会决议主动撤回其股票在证券交易所的交易，并转而申请在其他交易场所交易或转让

③上市公司向所有股东发出回购全部股份或部分股份的要约，导致公司股本总额、股权分布等发生变化，不再具备上市条件

④中国证监会和证券交易所认可的其他主动终止上市情形

A. ①②③　　B. ②③④

C. ①③④　　D. ①②④

68. 以下关于强制退市的说法正确的有（　　）。

①证券交易所为维护公开交易股票的总体质量与市场信心，保护投资者除了中小投资者的权益

②依照规则要求交投不活跃、股权分布不合理、市值过低而不再适合公开交易的股票应终止交易

③特别是对于存在严重违法违规行为的公司，证券交易所可以依法强制其股票退出市场交易

④股票退市包括主动退市和强制退市

A. ①②③　　B. ②③④

C. ①③④　　D. ①②④

69. 以下属于重大违法类强制退市的情形有（　　）。

①上市公司存在欺诈发行

②上市公司有重大信息披露违法

③上市公司有其他严重损害证券市场秩序的重大违法行为

④上市公司有违规交易行为

A. ①②③　　B. ②③④

C. ①③④　　D. ①②④

70. 以下属于重大违法类强制退市情形，涉及（　　）领域。

①国家安全　　②公共安全

③环境安全　　④公众健康安全

A. ①②③　　B. ②③④

C. ①③④　　D. ①②④

71. 下列关于开立证券账户的基本原则和要求的说法正确的有（　　）。

① 合法性是指只有国家法律允许进行证券交易的自然人和法人才能开立证券账户

②对国家法律法规不准许开户的对象，中国结算公司及其开户代理机构不得予以开户

③真实性是指投资者开立证券账户时所提供的资料必须真实有效，不得有虚假隐匿

④目前，投资者在我国证券市场上进行证券交易时不必采用实名制

A. ①②③　　B. ②③④

C. ①③④　　D. ①②④

72. 在财务类强制退市中，上市公司出现（　　）情形的，证券交易所对其股票实施退市风险警示。

①最近一个会计年度经审计的净利润为负值且营业收入低于人民币 1 亿元，或追溯重述后最近一个会计年度净利润为负值且营业收入低于人民币 1 亿元

②最近一个会计年度经审计的期末净资产为负值，或追溯重述后最近一个会计年度期末净资产为负值

③最近一个会计年度的财务会计报告被出具无法表示意见或否定意见的审计报告

④中国证监会行政处罚决定书表明公司已披露的最近一个会计年度经审计的年度报告存在虚假记载、误导性陈述或者重大遗漏，但该年度相关财务指标实际并未触及第①项、第②项情形的

⑤证券交易所认定的其他情形

A. ①③④⑤　　B. ①②④⑤

C. ②③④⑤　　D. ①②③⑤

73. 下列不属于委托执行内容的有（　　）。

①申报原则　　②申报方式

③申报时间　　④申报金额

A. ①②③　　B. ②③④

C. ①③④　　D. ①②④

74. 下列选项中不属于债券特点的有（　　）。

①到期不用还本付息　　②剩余财产无优先权

③利息来源于税前　　④不容易判断本质

A. ①②③　　B. ②③④

C. ①③④　　D. ①②④

75. 上海证券交易所的股价指数包括（　　）。

①上证综指　　②上证 50

③上证 180　　④上证 280

A. ①②③　　B. ②③④

C. ①③④　　D. ①②④

76. 下列关于可转换债券的说法正确的有（　　）。

①可转换债券的期限最短为 1 年，最长为 10 年

②可转换债券自发行结束之日起 6 个月后方可转换为公司股票

③可转换债券的票面利率一般低于相同条件的不可转换债券

④可转换债券到期后5个工作日内应偿还未转股债券的本金及最后1期利息

A. ①②③

B. ②③④

C. ①②③④

D. ①②④

77. 可转换债券的票面利率（或可转换优先股票的股息率）是指可转换债券作为一种债券的票面年利率（或优先股票股息率），由发行人根据（　　）确定。

①当前市场利率水平

②公司债券资信等级

③发行条款

A. ①②③　　B. ①③

C. ②③　　D. ①②

78. 转换价格修正是指发行公司在发行可转换债券后，由于公司的（　　）及其他原因导致发行人股份发生变动，引起公司股票名义价格下降时而对转换价格所进行的必要调整。

①送股、配股　　②增发股票

③分立、合并　　④拆细

A. ①②③④　　B. ①②③

C. ②③④　　D. ①②④

79. 可转债的转换价格在以下（　　）情况下可以进行调整。

①当公司发生派送股票股利、转增股本、增发新股或配股、派送现金股利等情况（不包括因可转债转股而增加的股本）

②当公司发生股份回购、合并、分立或任何其他情形使公司股份类别、数量或股东权益发生变化从而可能影响可转债持有人的债权利益或转股衍生权益时

③在可转债存续期间，当公司股票在任意连续30个交易日中有15个交易日的收盘价低于当期转股价格一定比例（80%～85%）时

A. ①②③　　B. ①②

C. ②③　　D. ①③

80. 公开发行公司债券，应当符合的条件包括（　　）。

①具备健全且运行良好的组织机构

②最近三年平均可分配利润足以支付公司债券一年的利息

③具有合理的资产负债结构和正常的现金流量

④国务院规定的其他条件

A. ①②③④　　B. ①③④

C. ②③④　　D. ①②④

81. 下列关于国际债券的说法正确的有（　　）。

①国际债券筹集资金的来源比国内债券广泛

②国际债券的发行规模一般都比较大

③发行人筹集到的资金是一种可通用的自由外汇资金

④国际债券不存在汇率风险

A. ①②③　　B. ①③④

C. ②③④　　D. ①②④

82. 下列关于外国债券的说法错误的有（　　）。

①外国债券是借款人在本国以外的某一国家发行以本国货币为面值的债券

②它的特点是债券发行人和面值货币属于同一个国家

③在英国发行以英镑计价的外国债券被称为“扬基债券”

④在中国发行的以人民币计价的外国债券被称为“熊猫债券”

A. ①②③　　B. ①③④

C. ②③④　　D. ①②④

83. 资产证券化交易比较复杂，涉及的当事人较多。关于相关当事人在证券化过程中具有的重要作用的说法错误的有（　　）。

①如果证券化交易涉及金额较大，可能会组成承销团

②服务机构通常由第三方担任

③信用增级机构通常由发起人担任

④受托人是资产支持证券的真正发行人

A. ①②③　　B. ①③④

C. ②③④　　D. ①②④

84. 以下（　　）属于受托人在资产证券化中的主要职责。

①把服务机构存入 SPV 账户中的现金流转付给投资者

②定期向受托管理人和投资者提供有关特定资产组合的财务报告

③对没有立即转付的款项进行再投资

④公布违约事宜，并采取保护投资者利益的法律行为

A. ①②③　　B. ①③④

C. ②③④　　D. ①②④

85. 国债发行以单一价格方式招标时，下面说法正确的有（　　）。

①标的为利率时，全场最高中标利率为当期（次）国债票面利率

②标的为利率时，全场最低中标利率为当期（次）国债票面利率

③标的为价格时，全场最高中标价格为当期（次）国债发行价格

④标的为价格时，全场最低中标价格为当期（次）国债发行价格

A. ①③　　B. ②③

C. ②④　　D. ①④

86. 下列属于我国非金融企业债务融资工具的特点的有（　　）。

①融资工具发行对象均为作为银行间债券市场成员的机构投资者

②融资工具发行参与方包括审计师事务所、律师事务所、主承销商、评级机构、增信机构等中介服务机构

③定价市场化

④发行方式市场化

A. ①②③　　B. ①③④

C. ②③④　　D. ①②③④

87. 因为债券筹资的筹资数额巨大，所以对发行主体的资信评级是必不可少的一个环节。评级的主要内容包括（　　）。

①企业素质　　②经营能力

③获利能力　　④偿债能力

A. ①②③　　B. ①③④

C. ②③④　　D. ①②③④

88. 以下关于封闭式基金的说法错误的有（　　）。

①封闭式基金的基金份额在封闭期内可以赎回

②持有人可以进行场外交易

③封闭式基金的存续周期不固定

④封闭式基金的基金规模在封闭期限内未经法定程序认可不能增加发行

A. ①②③　　B. ②③④

C. ①②④　　D. ①③④

89. 按基金的投资目标划分，可将证券投资基金分为（　　）等。

①成长型基金

②收入型基金

③平衡型基金

A. ①②③　　B. ②③

C. ①②　　D. ①③

90. 基金资产估值需要考虑的因素包括（　　）。

①估值频率

②交易价格的公允性

③估值方法的一致性及公开性

A. ①②　　B. ②③

C. ①②③　　D. ①③

91. 一般而言，基金投资管理的流程包含（　　）环节。

①研究部门提供研究报告

②投资决策委员会决定基金总体投资计划

③基金经理拟订投资组合具体方案

④交易部门依据基金经理的投资指令执行交易

A. ①②　　B. ②③④

C. ①②③④　　D. ①③

92. 基金合同的主要披露事项包括（　　）。

①募集基金的目的和名称　　②基金运作方式

③基金份额发售日期　　④基金份额持有人

A. ①②　　B. ②③④

C. ①②③④　　D. ①③

93. MOM 管理人中管理人产品是指证券期货经营机构（即管理人）管理的同时符合以下（　　）特征的公募基金或者私募资管产品。

①部分或全部资产委托给两个或两个以上符合条件的第三方资产管理机构（即投资顾问）提供投资建议服务

②部分或全部资产委托给一个符合条件的第三方资产管理机构（即投资顾问）提供投资建议服务

③资产划分成两个或两个以上资产单元，每一个资产单元单独开立证券期货账户

④资产划分成两个或两个以上资产单元，共同使用同一个证券期货账户

A. ①　　B. ①③

C. ②③　　D. ①④

94. 公募 REITs 产品应当同时符合的特征包括（　　）。

①80% 以上基金资产投资于基础设施资产支持证券，并持有其全部份额；基金通过基础设施资产支持证券持有基础设施项目公司全部股权

②基金通过资产支持证券和项目公司等载体取得基础设施项目完全所有权或经营权利

③基金管理人主动运营管理基础设施项目，以获取基础设施项目租金、收费等稳定现金流为主要目的

④采取封闭式运作，收益分配比例不低于合并后基金年度可供分配金额的 90%

A. ①②　　B. ①②④

C. ②③④　　D. ①②③④

95. 基金销售机构应当选择具备下列（　　）条件的商业银行或者支付机构办理基金销售支付业务。

①制定了有效的风险控制制度，有安全、高效的办理支付业务的信息系统

②商业银行取得基金销售业务资格，支付机构取得支付业务许可证

③最近 3 年没有受到刑事处罚或者重大行政处罚；最近 1 年没有被采取重大行政监管措施；没有因重大违法违规行为处于整改期间，或者因涉嫌重大违法违规行为正在被监管机构调查

④中国证监会规定的其他条件

A. ①②③　　B. ①②③④

C. ②③④　　D. ①②④

96. 基金份额登记机构应当确保基金份额的（　　）业务处理安全、准确、及时、高效。

①登记　　②存管

③结算

A. ①②③　　B. ①②

C. ②③　　D. ①③

97. 基金份额登记机构的主要职责包括（　　）。

①建立并管理投资人基金份额账户

②负责基金份额的登记、基金交易确认

③代理发放红利、建立并保管基金份额持有人名册

④服务协议约定的其他职责以及中国证监会规定的其他职责

A. ①②③　　B. ①②④

C. ②③④　　D. ①②③④

98. 关于基金资产估值中的侧袋机制，下列选项中正确的有（　　）。

①侧袋机制，是将基金投资组合中的特定资产从原有账户分离至一个专门账户进行处置清算，目的在于有效隔离并化解风险

②属于非流动性风险管理工具

③侧袋机制实施期间，原有账户被称为主袋账户，专门账户被称为侧袋账户

④侧袋机制是对不活跃证券估值问题的针对性解决方案

A. ①③④　　B. ①②③

C. ②③④　　D. ①②③④

99. 中国证监会各地方证监局主要负责的机构的监管对象包含（　　）。

①注册地在辖区的证券公司（含证券业务子公司）、公募基金销售机构

②证券公司、公募基金销售机构设立在辖区的分支机构

③主要运营地在辖区的基金管理公司及其全部分支机构、各类子公司，主要运营地在辖区的具有公募基金管理资格的其他机构（证券公司除外）、公募基金托管机构（证券公司除外）及其全部分支机构

④注册地在辖区的证券公司在辖区内外设立的各类非证券业务子公司（含其下设

机构），以及注册地在辖区的公募基金的销售支付、份额登记、估值、投资顾问、评价、信息技术系统服务机构等服务机构及其全部分支机构

A. ①③④　　B. ①②③

C. ②③④　　D. ①②③④

100. 独立基金销售机构发生的下列（　　）事项，应当在5个工作日内向住所地中国证监会派出机构备案。

①新增持有5%以上股权的股东，变更控股股东、实际控制人

②持有5%以上股权的股东变更姓名、名称，或者质押所持独立基金销售机构的股权

③设立、撤销分支机构，变更分支机构名称、营业场所

④对外进行股权投资或者提供担保

A. ①③④　　B. ①②③

C. ②③④　　D. ①②③④

模拟试卷（十）参考答案与解析

1. 参考答案：B

考点：考查国际资金流动方式。其他属于国际短期资金流动。

2. 参考答案：A

考点：考查国际资金流动方式。

3. 参考答案：D

考点：考查中国资本市场场外市场。目前的场外交易市场早已不再单纯地采用集中报价、分散成交的做市商模式，而是掺杂自动竞价撮合，形成混合交易模式。

4. 参考答案：B

考点：考查科创板上市条件。首次公开发行的股份达到公司股份总数的25%以上；

5. 参考答案：B

考点：考查证券服务机构－证券金融公司概述。证券金融公司应当制定转融通业务合同标准格式，报证监会备案。

6. 参考答案：B

考点：考查证券金融公司保证金规定。保证金可以证券充抵，但货币资金占应收取保证金的比例不得低于15%。

7. 参考答案：C

考点：证券公司的私募投资基金业务和另类投资业务，证券公司应当以自有资金全资设立另类子公司，不得采用股份代持等其他方式变相与其他投资者共同出资设立另类子公司。

8. 参考答案：B

考点：证券发行人是指为筹措资金而发行债券、股票等证券的发行主体。

9. 参考答案：B

考点：战略投资者是指具有同行业或相关行业较强的重要战略性资源，与上市公司谋求双方协调互补的长期共同战略利益，愿意长期持有上市公司较大比例股份，愿意并且有能力认真履行相应职责。

10. 参考答案：D

考点：考查信用风险构成要素。

11. 参考答案：B

考点：考查信用风险评估方法。

12. 参考答案 D

考点：考查 5Cs 概念。

13. 参考答案：B

考点：核准制取消了指标和额度管理，并引进证券中介机构的责任，判断企业是否达到股票发行的条件。

14. 参考答案：C

考点：注册制是依照法定条件进行证券发行申请注册的模式。

15. 参考答案：B

考点：拟配售股份数量不超过本次配售股份前股本总额的 30%。

16. 参考答案：A

考点：考查强制退市分为交易类强制退市、财务类强制退市、规范类强制退市和重大违法类强制退市四类情形。

17. 参考答案：A

考点：证券托管是指投资者将持有的证券委托给证券公司保管，并由后者代为处理有关证券权益事务的行为。

18. 参考答案：B

考点：证券的开盘价通过集合竞价方式产生，不能通过集合竞价产生开盘价的，以连续竞价方式产生。

19. 参考答案：C

考点：根据《上海证券交易所科创板股票交易特别规定》，科创板股票竞价交易实行价格涨跌幅限制，涨跌幅比例为 20%。

20. 参考答案：D

考点：考查指数化。如果计算股价指数，就需要将计算期的平均股价或市值转化为指数值，即将基期平均股价或市值定为某一常数，并据此计算计算期股价的指数值。

21. 参考答案：C

考点：考查加权平均法的内涵。

22. 参考答案：B

考点：对样本空间股票在最近一年的 A 股日均成交金额由高到低排名，剔除排名后 50% 股票。

23. 参考答案：B

考点：公开发行股票发行程序比较复杂。

24. 参考答案：B

考点：最近一期末无形资产（扣除土地使用权、水面养殖权和采矿权等后）占净资产的比例不高于 20%。

25. 参考答案：B

考点：考查不得向特定对象发行股票的情形，包括最近一年财务报表的编制和披露在重大方面不符合企业会计准则或者相关信息披露规则的规定。

26. 参考答案：B

考点：我国《上市公司证券发行管理办法》规定，可转换债券自发行结束之日起 6 个月后方可转换为公司股票。

27. 参考答案：A

考点：可转换债券应半年或 1 年付息 1 次，到期后 5 个工作日内应偿还未转股债券的本金及最后 1 期利息。

28. 参考答案：D

考点：考查转换债券的定义、票面利率。可转换债券的票面利率（或可转换优先股票的股息率）一般低于相同条件的不可转换债券（或不可转换优先股票）。

29. 参考答案：B

考点：考查转换比例的计算。转换比例 = 可转换债券面值 ÷ 转换价格。

30. 参考答案：C

考点：考查现代风险管理理念中关于风险与金融机构。金融机构尽管可以从单个项目上规避风险，但是不可能规避或不承担任何风险。

31. 参考答案：B

考点：考查企业债券和公司债券的发行定价方式。

32. 参考答案：C

考点：考查金融租赁公司和汽车金融公司发行金融债券应具备的条件。金融租赁公司和汽车金融公司发行金融债券后，资本充足率均应不低于 8%。

33. 参考答案：A

考点：考查地方政府一般债券规模的限制要求。

34. 参考答案：B

考点：考查债券的必要报酬率。

35. 参考答案：A

考点：考查收益率曲线的基本类型。

36. 参考答案：A

考点：考查金融债券的分类。根据利息支付方式的不同，金融债券可分为附息金融债券和贴现金融债券。

37. 参考答案：A

考点：考查债券的分类。债券按付息方式分类，可以分为零息债券、附息债券和息票累积债券。

38. 参考答案：A

考点：考查地方政府债券的种类。

39. 参考答案：D

考点：本题主要考查直接融资对金融市场的影响。提高直接融资比重平衡金融体系结构，可以起到分散过度集中于银行的金融风险作用，有利于金融和经济的平稳运行。

40. 参考答案：B

考点：考查募集基金失败后还款时限以及利息计算。

41. 参考答案：D

考点：考查招募说明书等文件的公布时间。

42. 参考答案：D

考点：考查封闭式基金的交易。

43. 参考答案：D

考点：考查封闭式基金的交易。

44. 参考答案：C

考点：考查证券投资基金的起源。

45. 参考答案：C

考点：考查在 QDII 制度中，单只基金、集合管理计划持有同一家银行的存款不得超过基金、集合计划净值的 20%。

46. 参考答案：D

考点：考查证券投资基金分类中的特殊类型基金中的 MOM 产品。

47. 参考答案：B

考点：考查基金销售支付机构管理规则。

48. 参考答案：B

考点：考查基金资产估价中侧袋机制的应用范围。

49. 参考答案：B

考点：考查基金份额登记机构。

50. 参考答案：C

考点：考查基金监管内容中的独立基金销售机构需要向住所地中国证监会派出机构备案的情况。持有 5% 以上股权的股东变更姓名、名称，或者质押所持独立基金销售机构的股权才需要备案。

51. 参考答案：A

考点：考查我国金融衍生品市场。

52. 参考答案：A

考点：考查货币政策。

53. 参考答案：D

考点：考查中国资本市场场外市场。

54. 参考答案：A

考点：证券市场融资活动的特点主要有：证券市场是一种直接融资，是一种强市场性的融资活动，是在由各种证券中介机构及证券交易所等组成的证券服务体系的支持下完成的。资金赤字单位和盈余单位直接接触，形成直接的权利和义务关系，而没有另外的权利义务主体介入其中。

55. 参考答案：D

考点：考查证券市场投资者的概念和特点。证券市场投资者是指以取得利息、股息或资本收益为目的，购买并持有有价证券，承担证券投资风险并行使证券权利的主体。

56. 参考答案：D

考点：战略投资者应当符合下列情形之一：能够给上市公司带来国际国内领先的核心技术资源，显著增强上市公司的核心竞争力和创新能力，带动上市公司的产业技术升级，显著提升上市公司的盈利能力；能够给上市公司带来国际国内领先的市场、渠道、品牌等战略性资源，大幅促进上市公司市场拓展，推动实现上市公司销售业绩大幅提升。

57. 参考答案：D

考点：考查政府机构类投资者。政府机构类投资者的特点是，通常很少考虑盈利，参与证券投资的目的主要是为了调剂资金余缺、实施宏观调控、实行特定产业政策等要求。

58. 参考答案：C

考点：“QFII、RQFII 办法”及配套规则修订内容主要涉及以下方面：一是降低准入门槛，便利投资运作。取消委托中介机构数量限制，优化备案事项管理，减少数据报送要求。二是稳步有序扩大投资范围。三是加强持续监管。

59. 参考答案：A

考点；考查操作风险的分类。操作风险是指由不完善或有问题的内部流程、人员和系统以及外部事件所造成损失的风险。

60. 参考答案：C

考点：考查风险的分类。按照风险因素，可将金融风险分为市场风险、信用风险、操作风险、流动性风险等类型。

61. 参考答案：B

考点：考查金融市场的流动性。

62. 参考答案：D

考点：考查流动性风险衡量。

63. 参考答案：B

考点：现代信用风险转移方法包括 TRP、信用关联票据和信用远期协议。

64. 参考答案：D

考点：考查关于交易类强制退市情形。

65. 参考答案：A

考点：技术分析的三个假设是：市场的行为包含一切信息；价格沿趋势移动；历史会重复。

66. 参考答案：D

考点：境外上市外资股主要由 H 股、N 股、L 股、S 股等构成。

67. 参考答案：B

考点：在可以向证券交易所申请主动退市的情形中，上市公司股东大会决议主动撤回其股票在证券交易所的交易，并决定不再在该交易所交易属于该情形。

68. 参考答案：B

考点：证券交易所为维护公开交易股票的总体质量与市场信心，保护投资者特别是中小投资者合法权益。

69. 参考答案：A

考点：重大违法类强制退市的情形有上市公司存在欺诈发行、重大信息披露违法或者其他严重损害证券市场秩序的重大违法行为，且严重影响上市地位，其股票应当被终止上市的情形。违规交易行为不属于该情形。

70. 参考答案：D

考点：上市公司存在涉及国家安全、公共安全、生态安全、生产安全和公众健康安全等领域的违法行为，情节恶劣，严重损害国家利益、社会公共利益，或者严重影响上市地位，其股票应当被终止上市的情形。

71. 参考答案：A

考点：目前，投资者在我国证券市场上进行证券交易时采用实名制。

72. 参考答案：D

考点：在财务类强制退市的情形中，如果中国证监会行政处罚决定书表明公司已披露的最近一个会计年度经审计的年度报告存在虚假记载、误导性陈述或者重大遗漏，导致该年度指标触及了第①项、第②项情形的，证券交易所需要对其股票实施退市风险警示。

73. 参考答案：A

考点：委托执行内容不包括申报金额。

74. 参考答案：D

考点：债券的利息来源于税前。其余属于优先股的特点。

75. 参考答案：A

考点：上海证券交易所的股价指数是反映上海证券交易所上市股票价格整体水平和变动趋势的指标，包括上证综指、上证 50、上证 180、上证 380 指数等为核心的上证指数体系。

76. 参考答案：B

考点：考查可转换债券的定义及要素。

77. 参考答案：A

考点：考查确定可转换债券票面利率的考虑因素。

78. 参考答案：A

考点：考查转换价格修正的原因。

79. 参考答案：A

考点：考查公司可转换债券转换价格的三种调整情况。

80. 参考答案：A

考点：考查公开发行公司债券的条件。

81. 参考答案：A

考点：考查国际债券的特征。汇率风险是国际债券的重要风险。

82. 参考答案：A

考点：考查外国债券的知识。外国债券是指某一国家借款人在本国以外的某一国家发行以该国货币为面值的债券。它的特点是债券发行人属于一个国家，债券的面值货币和发行市场属于另一个国家。在英国发行以英镑计价的外国债券被称为“猛犬债券”。

83. 参考答案：C

考点：考查资产证券化参与者的职能。服务机构通常由发起人担任；信用增级机构分别是发起人和独立的第三方；特殊目的机构是资产支持证券的真正发行。

84. 参考答案：B

考点：考查受托人在资产证券化中的主要职责。定期向受托管理人和投资者提供有关特定资产组合的财务报告属于服务机构在资产证券化中的主要职责。

85. 参考答案：D

考点：考查国债竞争性招标时确定的发行价格和利率。单一价格招标方式下，标的为利率时，全场最高中标利率为当期（次）国债票面利率，各中标国债承销团成员均按面值承销；标的为价格时，全场最低中标价格为当期（次）国债发行价格，各中标机构均按发行价格承销。

86. 参考答案：D

考点：考查我国非金融企业债务融资工具的特点。

87. 参考答案：D

考点：考查债券评级的主要内容。

88. 参考答案：A

考点：考查封闭式基金的特点，封闭式基金的持有人只能在证券交易场所交易。

89. 参考答案：A

考点：考查证券投资基金的分类。

90. 参考答案：C

考点：考查基金资产估值需考虑的因素。

91. 参考答案：C

考点：考查基金投资管理。

92. 参考答案：C

考点：考查基金合同的披露事项。

93. 参考答案：B

考点：考查证券投资基金分类中的特殊类型基金中的不动产投资信托基金。MOM管理人中管理人产品，是指证券期货经营机构（即管理人）管理的同时符合以下两方面特征的公募基金或者私募资管产品：（1）部分或全部资产委托给两个或两个以上符合条件的第三方资产管理机构（即投资顾问）提供投资建议服务。（2）资产划分成两个或两个以上资产单元，每一个资产单元单独开立证券期货账户。

94. 参考答案：D

考点：考查证券投资基金分类中的特殊类型基金中的不动产投资信托基金。

95. 参考答案：B

考点：考查基金销售支付机构应当具备的条件。

96. 参考答案：A

考点：考查基金份额登记机构的职责。

97. 参考答案：D

考点：考查基金份额登记机构的职责。

98. 参考答案：A

考点：考查基金资产估值中侧袋机制的具体解释。

99. 参考答案：D

考点：考查中国证监会负责监管的机构的具体类型。

100. 参考答案：D

考点：考查基金监管内容中的独立基金销售机构需要向住所地中国证监会派出机构备案的情况。